湖北推动文旅、体旅、商旅融合发展对策研究

吴 钟 著

中国纺织出版社有限公司

内 容 提 要

旅游产业牵涉部门广，关联度高，而旅游行业本身所拥有的资源是极其有限的。湖北推动文旅、体旅、商旅融合发展具有先发优势，但在思想认识、产业形态、空间形态、要素保障等方面仍面临一系列问题。结合湖北实际，《湖北推动文旅、体旅、商旅融合发展对策研究》以湖北省作为研究对象，从培育新业态、重塑新场景、厚植新优势、激活新方式等方面，分析湖北推动文旅、体旅、商旅融合发展现状及存在的问题，最后提出了湖北推动文旅、体旅、商旅融合发展思路与相关实施措施和建议。

图书在版编目(CIP)数据

湖北推动文旅、体旅、商旅融合发展对策研究 / 吴钟著. -- 北京：中国纺织出版社有限公司，2023.1
ISBN 978-7-5229-0317-0

Ⅰ.①湖… Ⅱ.①吴… Ⅲ.①旅游文化—旅游业发展—研究—中国②体育—旅游业发展—研究—中国③商务旅游—旅游业发展—研究—中国 Ⅳ.①F592.3

中国国家版本馆 CIP 数据核字（2023）第 020786 号

责任编辑：张 宏　责任校对：高 涵　责任印制：储志伟

中国纺织出版社有限公司出版发行
地址：北京市朝阳区百子湾东里 A407 号楼　邮政编码：100124
销售电话：010—67004422　传真：010—87155801
http://www.c-textilep.com
中国纺织出版社天猫旗舰店
官方微博 http://weibo.com/2119887771
三河市宏盛印务有限公司印刷　各地新华书店经销
2023 年 1 月第 1 版第 1 次印刷
开本：787×1092　1/16　印张：10.75
字数：218 千字　定价：98.00 元

凡购本书，如有缺页、倒页、脱页，由本社图书营销中心调换

前 言

湖北是一个旅游资源十分丰富的省份，国家级资源就拥有261处、国家级景区71个，著名景区、景点有长江三峡（西陵峡和巫峡的东段）、三峡大坝、神农架、武当山、清江画廊、屈原故里、昭君故里、古隆中等，三国文化、楚文化等文化旅游资源在全国独占鳌头。但旅游发展情况不尽如人意，与周边的四川、湖南、河南、安徽、陕西等省份存在较大差距。客观来说，近几年来湖北旅游虽然有一定的发展，但是发展速度较慢，湖北省旅游业发展的现状与其丰富的旅游资源、优越的地理区位很不相符。究其原因，主要是湖北旅游发展的一些瓶颈问题没有得到很好解决，如旅游管理体制的制约；旅游开发缺乏资源整合，没有进行有序合理开发；湖北旅游的重心地区"一江两山"之间的交通、鄂西南地区的旅游交通存在问题；旅游整体形象不够鲜明，缺乏品牌塑造；旅游产品缺乏特色，缺少有足够吸引力的拳头产品；旅游营销力度小，缺乏创新和大的区域联合营销；旅游企业小、散、弱、差，没有形成大型的旅游集团公司等，这些问题严重制约着湖北旅游产业的发展。

随着大众旅游黄金时期的到来，我国旅游产业进入大发展时期，旅游市场由单纯的观光旅游进入生态旅游、休闲度假旅游时期。随着信息时代的到来，人们获取旅游目的地信息方式也日趋多样化，一个新颖而有吸引力的区域旅游整体形象对游客旅游目的地选择的影响也越来越大，游客选择旅游目的地不仅仅考虑其知名度、旅游产品特色，还注重其给人的整体形象感受及旅游的环境、旅游线路的吸引力等，在这种情况下，湖北有必要抓住这次契机，在旅游产业发展上实现突破。旅游产业牵涉部门广，关联度高，而旅游行业本身所拥有的资源是极其有限的。湖北推动文旅、体旅、商旅融合发展具有先发优势，但在思想认识、产业业态、空间形态、要素保障等方面仍面临一系列问题。本书以湖北省作为研究对象，从培育新业态、重塑新场景、厚植新优势、激活新方式等方面，分析湖北推动文旅、体旅、商旅融合发展现状及其存在的问题，最后提出了湖北推动文旅、体旅、商旅融合发展思路与相关实施措施和建议。

著　者
2022年6月

目 录

第一章 导论 ··· 1
  第一节 研究背景 ·· 1
  第二节 研究综述 ·· 2

第二章 旅游与产业融合发展的理论 ·· 8
  第一节 旅游与产业融合发展基础分析 ··· 8
  第二节 旅游与产业融合发展系统分析 ·· 21
  第三节 旅游与产业融合发展模式分析 ·· 27

第三章 湖北旅游产业发展的概述 ·· 33
  第一节 湖北省旅游资源概况 ·· 33
  第二节 湖北省产业规模 ··· 37
  第三节 湖北文旅、体旅、商旅融合发展的内涵 ······························· 40

第四章 湖北文化和旅游融合发展 ·· 53
  第一节 湖北省文化产业发展概况 ·· 53
  第二节 湖北省旅游与文化产业融合发展现状 ································· 58
  第三节 湖北省旅游与文化产业深度融合发展对策 ·························· 65

第五章 湖北体育和旅游融合发展 ·· 73
  第一节 湖北省体育产业发展概况 ·· 73
  第二节 湖北省旅游与体育产业融合发展现状 ································· 76
  第三节 湖北省旅游与体育产业深度融合发展对策 ·························· 84

第六章 湖北商品和旅游融合发展 ·· 103
  第一节 湖北省商品产业发展概况 ·· 103

第二节 湖北省旅游与商品产业融合发展现状 · 104

第三节 湖北省旅游与商品产业深度融合发展对策 · 111

第七章 湖北推动文旅、体旅、商旅融合发展的策略 · 123

第一节 产动力体系对策 · 123

第二节 保障体系对策 · 129

第三节 供求体系对策 · 138

第四节 科技体系对策 · 156

参考文献 · 164

第一章　导论

第一节　研究背景

　　旅游业是综合性产业，它可以带动第一、第二、第三产业协同发展，是推动我国未来经济发展的重要动力。在中国特色社会主义市场经济不断发展的今天，再加上国内外环境不断变化，旅游业对我国社会主义经济发展核心作用越来越明显。我国提出要力争从旅游大国转变为世界旅游强国，树立独具中国特色的旅游品牌，增强我国经济文化软实力及旅游产品国家市场的竞争力。这样的环境条件为旅游产业的改革发展提供了平台，为今后旅游业的发展扫除了障碍。

　　湖北省地处我国中部地区，位于长江中部，素有"千湖之省"之称，拥有丰富的旅游资源，有山地、丘陵、平原等多种地理类型，不管是自然景观还是人文景观都独具特色。近几年来，湖北省旅游业在相关部门领导下，旅游产业得到了迅速发展，不仅增加了就业岗位，解决了人民就业问题，而且促进了相关产业经济协同发展。

　　从集中发布一批品牌旅游线路，精心推出一批提档升级的新晋A级旅游景区，到不断加快旅游产品升级，开展独具特色的"强体验多互动"夜游项目，再到组织援鄂医疗队返鄂旅游，星级饭店开设绿色通道礼让外省宾朋，游客感受到了湖北人民的热情和荆楚文化的魅力。参加活动的390家A级旅游景区累计接待游客7440.63万人次，景区综合收入为71.35亿元。在湖北省旅游经济规模不断扩大的今天，人民消费需求日益多元化，旅游业也出现许多问题，阻碍旅游经济的发展，主要是湖北省的旅游管理体制改革的滞后性与快速发展的旅游业的矛盾日益突出，迫切需要转变旅游管理部门的职能及管理观念，通过旅游管理体制的协调创新来激发旅游业产业经济发展的新活力，进而带动旅游产业快速发展。

　　旅游业未来发展前景十分广阔，是绿色无污染、可持续发展的产业，具有内生的创新引领性、协调带动性、开放互动性、环境友好性、共建共享性五大发展特征，可以带动大量相关产业协同发展，湖北省正在大力发展区域旅游、生态旅游、休闲旅游、乡村旅游、红色旅游等多位一体的旅游发展模式，服务需求日益多样化的旅游群体，满足大众化、多样化、特色化、休闲化的市场需求。但是，湖北省旅游资源总体呈现大而散的局面，未能将其优越的资源优势转化为产业优势，与旅游发达省份相比，甚至与周边邻省相比，在旅游产业规模、旅游资源开发和旅游市场结构等方面存在明显差距，其旅游品牌形象、旅游实际收益值与其旅游资源大省的地位不相称。

因此，有必要从分析湖北省旅游资源入手，对其进行科学整合，时不我待地深挖湖北特色旅游产品，运用丰富的促销手段，加大宣传促销力度，积极探索"商旅""体旅""文旅"合作的新路子。

第二节　研究综述

一、国内研究综述

（一）国内产业融合研究现状

目前，国内产业融合研究成果集中体现在以下领域。

1. 产业融合的内涵

岭言认为，不同产业之间通过相互影响、作用，逐渐融合成为富有活力的新整体的过程是产业融合[1]；厉无畏认为，产业融合发生在产业内部的行业间或是不同的产业间，通过高新技术的作用，发生了相互交叉、渗透甚至融为一体的现象，产生了"1+1>2"的生产经济效应，最终导致一个新产业的诞生[2]；周振华指出，在产业边界模糊化和经济结构服务化的基础上，产业融合是产业之间建立的新型竞争合作关系，获得更好的社会经济效应[3]；于刃刚等认为产业融合是产业边界逐渐模糊化甚至消失的过程[4]；胡永佳认为产业融合是将社会分工由产业之间逐渐变成产业内部分工的过程；周勇是从微观层面着手研究，认为产业融合是企业将自身产业要素和相关产业及企业的资源条件整合并开发运用，从而带动形成新的产业化发展的一种创新行为；王琪延、徐玲认为，产业融合的基础是产业之间具有一定的关联性。

2. 产业融合的类型

厉无畏、王振将产业融合分为发生在产业间的延伸融合、同一产业内部的重组融合和高新技术所导致的渗透性融合[5]；马健认为按照产业融合程度，可以分为虚假融合、部分融合和完全融合[6]；胡金星依据三个不同分类标准划分了产业融合的类型：从系统的角度可以分为结构性融合和功能性融合，从模块的角度可以分为互补性融合与替代性融合，从宏微观角度可以分成制度融合和标准融合[7]。

3. 产业融合的效应

余东华认为产业融合的效应主要有提高产业绩效，扩大经济增长的社会效应和改善产业系统的企业行为[8]；陈柳钦将产业融合的效应分为创新优化、组织结构、竞争能力、

---

[1] 岭言. "产业融合发展"——美国新经济的活力之源 [J]. 工厂管理，2001（3）：25-26.
[2] 厉无畏. 产业融合与产业创新 [J]. 上海管理科学：2002（4）：4-6.
[3] 周振华. 产业融合：产业发展及经济增长的新动力 [J]. 中国工业经济，2003（4）：46-52.
[4] 于刃刚，李玉红，麻卫华，等. 产业融合论北京 [M]. 北京：人民出版社，2006.
[5] 厉无畏，王振. 中国产业发展前沿问题 [M]. 上海：上海人民出版社，2003.
[6] 马建. 产业融合论 [M]. 南京：南京大学出版社，2006.
[7] 胡金星. 产业融合的内在机制研究——基于自组织理论的视角 [D]. 上海：复旦大学，2007.
[8] 余东华. 产业融合与产业组织结构优化 [J]. 天津社会科学，2005（3）：72-76.

消费能力、竞争结构和区域一体化效应六大类；唐昭霞、朱家德指出，推进推动产业结构优化升级，促进多个产业部门同步协调发展，是产业融合的主要效应；郑明高把产业融合效应归纳为：拓展产业价值链、提升产业竞争力、加剧市场竞争、推动经济一体化发展和催生新的合作形态等[1]。

（二）国内旅游产业融合研究现状

国内关于旅游产业融合的研究成果集中在以下五个方面。

1. 概念界定

颜林柯认为，旅游产业融合发生在旅游内部不同的行业间或者是旅游与其他产业间，通过相互交叉、渗透改造了原有产业形态或者形成新的产业的一种动态发展过程[2]；程锦等指出旅游产业融合指的是在旅游内部的不同行业间或是旅游与其他的产业所发生的相互影响、关联和渗透，并形成一个新的产业形态的过程[3]；李锋则认为，旅游产业融合是为了实现更优发展，旅游产业及企业运用新手段和新技术，在业务市场、资本市场、旅游资源和旅游人才等方面的动态互动发展过程。

2. 类型研究

杨颖指出，旅游产业融合有两种类型：一种是旅游和其他服务业融合，如会展旅游、教育旅游等；另一种是旅游和第一产业和第二产业的融合，如农业旅游、工业旅游等[4]；何建民认为，旅游产业融合有在本地的融合、跨行政区的融合、产业内部的融合和产业之间的融合4种形式[5]；王德刚根据旅游与农业融合程度的不同，将其分成观光旅游、休闲农业和创意农业三个层次的融合，并认为旅游与农业的高度融合表现为创意农业旅游。

3. 模式研究

董桂玲研究旅游和动漫产业的融合模式，认为二者是通过产业之间功能的互补以及延伸发生融合发展[6]；宋娜则认为，旅游产业融合有三种模式，分别是发生在旅游业内部的重组融合、旅游与其他产业之间的延伸融合和旅游与高新技术之间的替代融合[7]；而程晓丽、祝亚雯则认为，两大产业融合模式有重组融合、延伸融合与渗透融合三种[8]；朱海艳在其博士学位论文中提出旅游产业融合发展有旅游产业主动融合、互动融合和被动融合三种模式，并对这三种模式的形成机理进行了系统分析[9]。

4. 机制研究

杨颖认为，闲暇时间的二重性、企业对经济利益的追求以及旅游活动的体验性是推

---

[1] 郑明高. 产业融合：产业经济发展的新趋势 [M]. 北京：中国经济出版社，2011.
[2] 颜林柯. 中国旅游产业转型年度报告：2005：走向开放与联合的中国旅游业 [M]. 北京，旅游教育出版社，2006.
[3] 程锦，陆林，朱付彪. 旅游产业融合研究进展与启示 [J]. 旅游学刊，2011（26）：13-19.
[4] 杨颖. 产业融合：旅游业发展趋势的新视角 [J]. 旅游科学，2008（22）：6-10.
[5] 何建民. 我国旅游产业融合发展的形式、动因、路径、障碍及机制 [J]. 旅游学刊，2011（4）：8-9.
[6] 董桂玲. 动漫业和旅游业产业融合的动力机制研究 [J]. 经济研究导刊，2009（32）：40-40，68.
[7] 宋娜. 旅游产业融合方式与实现机制研究 [J]. 江苏商论，2011（9）：121-123.
[8] 程晓丽，祝亚雯. 安徽省旅游产业与文化产业融合发展研究 [J]. 经济地理，2012（32）：161-165.
[9] 朱海艳. 旅游产业融合模式研究 [D]. 西安：西北大学博士学位论文，2014.

动旅游产业融合发展的主要动因❶；陆晓清在研究旅游产业与网络游戏产业的融合发展时，指出了市场需求、经济管制放松和技术创新是融合的主要动力❷；徐虹则研究认为，旅游产业融合发展过程中的障碍主要存在政策制度、市场需求和企业能力三个方面❸。

5. 路径研究

陈琳认为，农业旅游能够把有关农业活动的行为与事物发展成为旅游活动，从而促进旅游与农业的融合互动发展；李美云则认为，景区景点和动漫产业之间的融合突破了原有的产业边界，促进了技术手段的创新发展；麻学锋认为可以通过市场、资源、技术和功能四种路径实现旅游产业融合发展❹；李锋、陈太政、辛欣认为，旅游产业融合创新程度是旅游产业结构演化过程中的序参量，旅游产业融合创新和旅游产业结构升级之间具有协同效应❺。

（三）旅游与文化产业融合研究现状

目前，对旅游与文化产业融合的研究相对比较少，其中比较具有代表性的成果有：杨娇研究了我国旅游与文化创意产业的融合发展，分析并总结了两大产业融合的具体模式，进而提出推动深入融合发展的相应对策❻；张海燕、王忠云则从基本概念着手，界定了旅游与文化产业的概念与边界，并基于值链理论，探讨两大产业融合发展过程，最后有针对性地提出旅游与文化产业融合的发展措施❼；鲍洪杰、王生鹏研究旅游与文化产业融合发展之间的耦合关系，首次应用定量研究方法来研究两大产业的融合发展，并构建了旅游与文化产业融合发展的耦合度评价模型，根据判断标准定量分析了两大产业的融合发展现状❽；阎友兵分析了旅游与文化产业融合发展的原则以及影响因素，认为二者之间的耦合性是融合发展基础条件，需求则是融合发展的促进因素，并构建两大产业融合发展模式，最后提出相关发展战略❾；黄细嘉、周青认为，构建以融合路径、融合模式、融合动力为核心的"三位一体"的产业融合机制，是旅游与文化两大产业协调发展的基本途径；张二妮、王长寿运用灰色关联分析的方法，实证分析了陕西省旅游产业与文化产业的融合发展，并认为旅游从业人员总数对文化产业发展影响最大，其次是星级饭店数、旅行社数、旅客总人数❿。

---

❶ 杨颖. 产业融合: 旅游业发展趋势的新视角 [J]. 旅游科学, 2008（22）: 6-10.
❷ 陆晓清. 论网络游戏业与旅游业的产业融合 [J]. 湖北邮电大学学报: 社会科学版, 2009（21）: 42-45.
❸ 徐虹, 范清. 我国旅游产业融合的障碍因素及其竞争力提升策略研究 [J]. 旅游科学, 2008（22）: 1-5.
❹ 麻学锋, 张世兵, 龙茂兴. 旅游产业融合路径分析 [J]. 经济地理, 2010（30）: 678-681.
❺ 李锋, 陈太政, 辛欣. 旅游产业融合与旅游产业结构演化关系研究——以西安旅游产业为例 [J]. 旅游学刊, 2013（1）: 69-76.
❻ 杨娇. 旅游产业与文化创意产业融合发展研究 [D]. 杭州: 浙江工商大学旅游学院, 2008.
❼ 张海燕, 王忠云. 旅游产业与文化产业融合发展研究 [J]. 资源开发与市场, 2010（26）: 322-326.
❽ 鲍洪杰, 王生鹏. 文化产业与旅游产业的耦合分析 [J]. 工业技术经济, 2010（29）: 74-78.
❾ 阎友兵, 谭鲁飞, 张颖辉. 旅游产业与文化产业联动发展的战略思考 [J]. 湖南财政经济学院学报, 2011（27）: 55-60.
❿ 张二妮, 王长寿. 陕西省文化产业与旅游产业融合的关联分析 [J]. 西安工业大学学报, 2014（1）: 53-56.

二、国外研究综述

（一）产业融合研究现状

在市场经济作用下，产业融合是信息技术不断发展和变革的必然产物。国外产业融合的研究始于20世纪70年代，最开始是用"市场融合"来描述不同产业之间产生的相互交叉、渗透现象。Rosenberg 和 Amisse 最早对产业融合进行定义的，在1977年从技术融合角度首次正式提出"产业融合"。经过一个多世纪的发展，国外对产业融合的研究取得了一些成果，主要体现在以下三个方面。

1. 概念界定

欧洲委员会定义产业融合是从市场、产业联盟和技术网络等角度实现的融合❶；Raghuram G. Rajan 指出，产业融合是在新数字技术的前提下，通过网络来实现新旧通信服务的现象；美国学者 Yoffie 则认为，产业融合是产品之间由于技术的进步和创新所导致的融合；植草益认为产业融合发生在不同的企业会行业之间的互动关系，这种关系既有合作又有竞争❷；Lind 认为产业融合是在消除市场准入障碍之后，产业边界逐渐模糊化甚至消失，导致不同产业之间发生的汇合或者合并的现象。

2. 产业融合的类型

Stieglitz 认为，产业融合可以分为需求方的产品融合和市场供给方的技术融合；StieghtzNils 则认为，产业融合可以分为替代性融合和互补性融合；Hacklin 等认为，可以将产业融合分为技术融合、产品融合、知识融合和应用融合四大类。

3. 产业融合的动力

目前，学者们研究成果集中体现在以下三点。

第一点，管制放松，Lei 认为市场准入壁垒的降低可能会带来新的商业模式或者新产品；Theilen 指出社会变革、新技术、自由化、全球化、放松管制、价值链的市场变动以及法律变化是影响产业融合的基本因素。

第二点，技术的创新，Hauschildt and Salomo（2007）认为不断发展的技术使得企业能够提供融合型新产品。

第三点，商业模式的创新，Doganova and Eyquem-Renault（2009）认为产业融合的动因是商业模式创新与技术进步。

（二）旅游与文化产业融合研究现状

国外学者主要是从遗产旅游、可持续发展和综合性研究三方面来研究旅游与文化产业融合。

1. 遗产旅游研究

Cheryl M. Hargrove（2002）从遗产旅游定义入手研究，分析遗产旅游发展迅速的原因，

---

❶ 胡永佳. 产业融合的思想源流：马克思与马歇尔 [J]. 中共中央党校学报，2008（4）：70-73.
❷ 植草益. 信息通讯业的产业融合 [J]. 中国工业经济，2001（2）：24-27.

并指出作为文化传承的一种方式，遗产旅游拥有广阔的市场发展前景。Chhabra 指出，遗产资源的原真性决定了遗产旅游产品的质量以及旅游者的满意度，因此遗产旅游是否成功取决于景区原真状态的高低。Kaley 探讨研究了遗产旅游本土化的合理性以及其重要意义，认为文化遗产资源能够提升旅游产品的价值存在和文化内涵。

2. 可持续发展

Ondimu 认为，旅游规划和开发应该在保护文化遗产资源的前提条件下进行，确保其可持续发展❶；Khalid S.Al-Hagla 认为发展的可持续性是文化旅游存在的价值意义；Asli Gurel Ucer 认为原真的体验性、社会福利的可量化性和公众利益长远性使文化旅游能促进当地文化的持续发展，并保护与传承了当地的文化价值观；Brian 认为公共管理机构对文物旅游发展的有很大程度的影响❷。

3. 其他研究

Valerie Iorn-franc 认为区域规划与管理会影响旅游的发展，并且很多经济因素都能影响到文化旅游的发展，反过来文化旅游的发展又能带动经济的发展；Median 则是通过个案研究，证明产业融合对不同旅游者的影响作用不同；Apostolakis 认为，在利用遗产资源来发展旅游业的过程中，旅游角色的真实性对塑造遗产旅游形象并促使旅游者形成遗产旅游动机起着至关重要的作用❸；Greg Richards 则认为创意改变了文化旅游，从有形资源转变成无形文化，并转移到日常生活的各个方面❹。

三、研究评述

目前国内外学者对产业融合的研究，主要把产业融合的定义、原因、过程和管制政策作为其研究对象和领域。现有研究可能存在以下不足：是关于技术融合的研究比较多，重点探讨了技术进步对产业融合发展的作用和技术创新与产业融合发展的关系；相反对包括文化和旅游在内服务性产业之间的融合研究比较少，且产业研究范围局限性比较大。但是随着经济社会的进步，不能再继续停留在过去的研究成果上，将技术进步当作产业融合的必备前提条件或者核心推动力，特别是在研究旅游与文化产业融合发展过程中，不能把技术进步作为两大产业融合的基础，需要在已有研究成果的基础上，寻求新的突破，并拓宽产业融合的产业对象范围。

对旅游产业融合的研究，国内目前已有的研究成果比较丰富，但是还有待加强系统的理论研究，应该紧跟国内外旅游产业融合发展实践的步伐，创新研究方法，突破现有的研究思维，力争早日形成系统的理论研究成果。

国内外逐渐开始对旅游与文化两大产业融合展开系统的研究，初步描述和探讨了旅

---

❶ Ondimu R.Successful cultural relics: critical factors for the 1990s. R and D Management, 2002, 22 (3): 221-239.
❷ Brian G, Alan F. Managing heritage tourism. Annals of Tourism Research, 2007, 27 (3): 682-708.
❸ Apostolakis A. The convergence process in heritage tourism. Annals of Tourism Research, 2008, 30 (4): 795-812.
❹ Greg Richards. Creativity and tourism. Annals of Tourism Research, 2011, 38 (4): 1225-1253.

游与文化产业融合这一现象,并且多数是从旅游与文化产业融合的实践中总结出来的,探讨两者融合的服务内容和项目设计比较多,且研究所用的概念大多是旅游与文化产业的特有名词,如服务、创意、管理、规划、生产、市场、旅游形象等。在未来的研究进程中,要强化旅游与文化两大产业融合的基础理论研究,应用定量研究方法,逐步建立完善的研究体系。

第二章　旅游与产业融合发展的理论

第一节　旅游与产业融合发展基础分析

一、产业融合理论

产业融合作为一种经济现象，一直备受国内外学者的关注。在马克思和亚当·斯密关于分工理论、马歇尔等人在产业集群理论等众多理论研究中均有涉猎。然而，经过这么多年的研究，国内外都没有形成一套具体的关于产业融合理论内容的阐述，能够得到大家的公认。国内外学术界针对产业融合理论的研究主要体现在融合的概念、原因、过程、模式及结果影响等方面。

（一）产业融合的概念

1985年，英国学者赛哈尔认为"某一种技术范式向不同的产业扩散，促使这些产业出现技术创新，进而产生产业融合。"[1] 20世纪90年代，融合开始日益受到学者重视，从产业间渗透、产业边界融合、产品整合到市场融合，研究内容从原本的电子信息通信、印刷、计算机等延伸到金融业、房地产业、旅游业、文娱业等相关行业，产业融合的研究不断扩展同时不断深入。美国学者格利斯坦和卡恩（1997）指出，"产业融合即为了适应产业增长而发生的产业边界的收缩或消失。"1997年，欧洲委员会绿皮书提出了产业融合三个角度的重合，分别是技术网络平台、合并及市场，并针对性地提出了发展趋势，认为融合不仅仅涉及技术领域，而是一种促进就业的新手段，需要社会运作的服务共同参与的一种新的方式。Chio&Valikangas（2001）认为，"基于价值主张、技术、市场、服务和管制等因素的干预，产业边界会收缩直至消失的过程。"Hooper（2003）研究指出："产业融合涵盖的五个维度，分别是基础技术融合、设备融合、网络融合、管制融合、企业融合。"林德（2005）认为，"技术革命变革引发了产业边界的重新界定，产业融合可以创造新的市场需求、扩大原本的市场范围，让原本的传统产业延长生命周期实现产业创新。"傅玉辉（2008）认为，"产业融合在产业边界的突破——新产业形态中都起到了革命性作用，在物质融合、结构融合、组织融合、制度融合等协同合作基础之上电信和传媒产业之间实现了产业融合。"[2] 刘雪婷认为，"产业融合已经突破信息技术的局限，成为经济领域的普遍现象。不仅能够催生新产品，扩宽新市场，使多个产业边界模糊化，最终实现产业整合。"[3] 从产业发展的角度研究，厉无畏认为，"产业融合是通过资源、市场、

---

[1] 李美云. 国外产业融合研究新进展 [J]. 外国经济与管理：2005（12）：12-20.
[2] 傅玉辉. 大媒体产业：从媒介融合到产业融合 [M]. 北京：中国广播电视出版社，2008：3-35.
[3] 刘雪婷. 中国旅游产业融合发展机制理论及其应用研究 [D]. 成都：西南财经大学，2011.

技术等相互渗透、交叉、重组,使不同产业实现融合形成新兴产业的动态过程。"❶李美云对产业融合给出了概念:"狭义概念指,数字技术发展过程中两种及以上产业的界限被打破,产业间阻碍变得模糊;中义概念指,服务部门的机构变化;广义概念指,广泛的内容和范围,或产业的演化发展。"❷产业融合带来新的机遇,施永红以长三角地区为例,研究了文化融合现象,通过文化资源整合,使城市群功能得以完善,区域竞争力进一步增强。产业融合最初的概念是由马克思和马歇尔提出的,《资本论》中最早提出了分工的问题,分工可以使工作内容细化,从而提高效率,让已经分来的工业可以再次重新整合。马歇尔提出,每个行业界限都可以越过并且会随着分工的细化使得分界线逐渐缩小。伴随第三次技术革命,产业融合现象不断加剧,理论研究也层出不穷,产业融合不断走进大众视野。

总的来讲,产业是由企业提供类似的产品或服务,在相同或者相关价值链上活动的企业组成。融合是将一个或多个元素的聚合,不同事物融为一体的过程,产业融合就是这么一个复杂、多变且不以人的意识为转移的长期发展过程。

(二)产业融合的类型

格林斯滕和汉纳(1997)认为,"产业融合包括替代性融合、互补性融合"。之后胡汉辉、邢华(2003)把产业融合分为产业渗透、产业交叉、产业重组三种组合形式。❸胡永佳(2007)认为,产业融合的三种基本形式分别是横向融合、纵向融合、混合融合。王丹(2008)认为,"产业融合的三种形态是改造型融合、互补型融合、替代型融合"。❹植草益(2001)从多种角度对产业融合进行多种形式的分类。

1. 按产业性质进行分类

格林斯滕和汉纳(1997)按产业性质将产业融合分为两个维度,替代性融合与互补性融合。在此基础上,Pennings & Puranam(2001)引入全新的两个维度——需求和供给,构成一个全新的矩阵,分别是需求替代性融合、需求互补性融合、供给替代性融合和供给替代性融合。Stienglitz(2003)将产业融合分为技术替代性融合、技术互补性融合、产品替代性融合、产品互补性融合共四种。

2. 按产业融合的过程进行分类

Malhotra(2001)将产业融合分为功能性融合与机构性融合,功能性融合(functional convergence)是当购买者认为两个产业的产品具有替代性或互补性发生的融合;机构性融合(institutional convergence)是假设企业间产品存在相关性,那么在生产、销售等环节会发生融合。根据融合程度不同,也分为两项的高度融合、高功能和低机构以及低功能高机构三种不同融合形式,分别代表了融合的程度。

---

❶ 厉无畏,王慧敏.产业发展的趋势研判与理性思考[J].中国工业经济,2002(4):5-11.
❷ 李美云.国外产业融合研究新进展[J].外国经济与管理,2005.12:12-20.
❸ 胡汉辉,邢华.产业融合理论以及我国发展信息产业的启示[J].中国工业经济,2003(2):16-21.
❹ 王丹.产业融合背景下的企业并购研究[D].上海:上海社会科学院博士论文,2008(5):4-5.

3. 根据融合技术的新奇性程度分类

按照融合技术的新奇程度对产业融合进行分类，也有许多专家涉足，Hacklinetal.（2005）将产业融合分为应用融合、横向融合、潜在融合三类。应用融合基于问题提出已解决方案形成新的创造力，例如，平板电脑；横向融合指的是新技术和已知技术组合，从而产生横向加强的融合类型，例如，无人驾驶汽车；潜在融合指的是全新技术的融合，进而产生的新技术并且带来突破性的解决方案。

（三）产业融合的驱动力

波特等认为，技术创新和技术融合是产业融合发生的主要动力。哈梅尔认为，政府放松管制、经济全球化、私有化、新技术应用正在使产业边界变得毫无意义。Yoffie(1997)将政策管制、技术创新、管理创新和战略联盟等作为产业融合的动力。植草益(2001)认为，不同领域的产业由于技术领域的不断创新具有可以相互代替的关系，产业融合与技术创新和相关政策放松造成的产业边缘模糊有着直接关系，可以为企业提供扩大规模、开拓市场、开发新产品的有利条件，帮助企业演化出更新更好的格局。❶马健（2002）认为，产业融合被产品特征和市场需求共同所左右，不仅可以改变原本的竞合关系，而且造成产业边界的模糊化甚至产业被重新划分。产业融合的发生普遍认为，由以下几种情况驱动，技术融合和业务融合造成的竞合关系的改变；市场融合造成的需求侧改变；产业管制环境变化造成竞争环境的改善。

1. 技术融合和业务融合

技术融合是产业融合的先决条件，只有在技术创新开发出替代性产品或者服务的时候，才可能对原本产业的技术线路和竞合关系发生改变。技术融合只是产业融合的诱发因素，更加需要调整原本的发展战略，整合物质、人力、技术、管理等各方面的资源，才能不断研发新产品，扩展新业务，提升竞争力。

2. 市场融合

技术融合和业务融合为产业融合提供了基本的技术支撑，是产业融合的先决条件，但是产业融合得以实现，必要条件则是市场融合。只有创造足够的市场需求，才能让技术融合和市场融合的价值得到体现。因此，企业应该建立新型的竞争合作网络，实现资源共享，控制市场风险。

总体而言，早期的产业融合主要内容是技术融合、业务融合与市场融合，技术创新、商业模式的转变是产业融合的外在表现形式。当一个产业技术溢出，同时能够设计出顶级的商业模式，那么很有可能产出新的产业融合。

3. 产业管制环境的变化

产业管制的放松让原本自然垄断产业可以凭借自身技术和经营优势互相介入，只有当竞争不断被激化，产业间的竞争规制才会逐渐趋于同步，才能进一步为产业融合扫清

---

❶ 植草益.信息通信业的产业融合[J].中国工业经济，2001（2）：24—27.

障碍。

（四）产业融合的效应

产业之间的高速融合带来了产业边界的快速消失，迫使企业不断改变新技术，寻找新顾客群体，满足新的消费需求。因此，对经济增长、战略革新都有不可忽视的影响。

1. 产业融合是产业创新和经济增长的主要动力

伴随技术的不断溢出，企业乃至国家都需要进行战略规划，采取必要的行动，减缓经济环境的不确定性，助推经济增长。但是同时也会导致新市场进入者的爆炸性增长，容易造成市场不均衡，企业不断死亡、聚拢，以此来增加市场活力，助推经济增长。

2. 产业融合是产业转型和结构调整的重要手段

产业融合无论在单个企业还是在整个行业中都会产生重要影响，在微观方面可以提高一个企业的效率，宏观方面可以改变一个行业甚至一个国家的产业结构和经济增长方式。产业融合是传统行业创新发展的重要手段，许多学者总结了产业融合的效应，例如，陈柳钦总结出了产业融合的六大效应，即创新性优化效应、竞争性结构效应、组织性结构效应、竞争性能力效应、消费能力效应、区域效应。胡永佳则认为，产业融合会带来新的竞合关系的改变，有利于优化市场结构，促进产业结构升级。

3. 产业融合是降低成本和提高效率的有效途径

模糊的产业边界让跨学科研究提供越来越多的可能性，甚至成立了许多新型学科和新型的商业领域，这个趋势为提高公用资产的利用率提供了可能，有利于他们降低成本和提高效率。

（五）产业融合的特征

产业能够实现融合的必要条件分别是技术创新和管制放松。融合的内在动力是技术进步，起着决定性作用，是促进融合的主要矛盾；放松监管则是在主要矛盾作用下的诱导性因素。只有在两方同时促进下，才能打破产业间的壁垒，为之间的渗透、交叉乃至融合提供可能。产业融合的多发区域为产业边界与交叉处，以往的产业革命主要是自身产业内部的变化，现代以电子信息革命为代表的信息化革命，显著特点就是它的强交融性。改变了原本的交互模式，将相互独立的行业相互渗透，造就产业融合的发生。产业融合改变了原本的竞争合作关系，让融合后的产业无论从数量还是质量上都呈现指数级的增长，虚拟企业、战略联盟等多种全新的组织形式开始涌现。

（六）产业融合的障碍

目前，许多产业间的融合都具备了融合发生的前提条件，但是在实践中，很多融合无论在广度还是深度上都未达到期待的水平。这表明，这些驱动因素是产业融合的必要条件，但绝非充分条件，还存在许多制约产业融合的障碍因素。

1. 信息化水平不高

对于产业融合来讲，信息化的发展水平决定了产业融合程度的高低。中国信息化起步于20世纪90年代，之后进入飞速发展时期，取得了举世瞩目的成绩。但是信息化水平落后于许多产业的实际发展水平，而且区域间差异比较明显，不利于产业间大面积的融合。

2. 相关制度有待加强

伴随需求供给端多元化的需求特征，客观上要求组织结构形成有利于及时沟通和反馈的制度安排，以最快的速度生产适销对路的产品，满足现实需求。这就需要不断优化制度建设，这是实现产业融合的基础条件，以便提出制度保障。但是，目前制度不健全的现象还大面积存在，条块分割、行业壁垒仍然屡见不鲜，各个行业出于自身利益考虑，行业间的垄断仍然难以打破，导致协调不畅，综合发展机制薄弱，难以迅速把握社会需求，实现快速的跨界融合。

3. 复合型人才匮乏

人才匮乏也是重要原因。产业融合首先要具有先进的理念、开阔的视野、丰富的经验以及较强的协调能力等具有综合素质较高的复合型人才。但是，我国现在的人才队伍当中依然存在高层次应用人才培养不足的难题。

产业融合从原本的传统行业开始，伴随信息时代的到来，产业融合速度也在不断加剧，面积也不断扩大，从原本的制造业逐步延伸到服务业、金融业等领域。不断渗透、转移，成为第三次科学技术革命的显著成果，也成为经济学研究的重要课题。从最初的渗透造成了产业边界的模糊与整合，到产品整合、业务整合、企业整合到最后的市场融合，研究边界逐步打破，研究内容日益宽泛，研究深度也日益加深。产业融合为新兴产业发展起到了积极的作用，有利于产业间新型竞合关系的构建，提升经济总体发展水平。

总体而言，产业在不断融合，技术创新、管制放松是融合的重要动力来源。随着产业生产的不断融合，技术、管理、企业、业务、市场等方面也开始走上融合发展之路。

二、竞争优势理论

美国哈佛学院教授迈克尔波特认为，比较优势理论并不能很好地解释产业竞争力的来源，因为在"产业竞争中，生产要素非但不再扮演决定性的角色，其价值也在快速消退中"。

波特在出版的《竞争战略》《竞争优势》《全球产业中的竞争》《国家竞争优势》三本书中，系统提出了一系列国家产业竞争力分析的方法。在《国家竞争优势》一书中，波特根据对10多个国家100多个产业的竞争力研究提出了著名的"钻石模型"理论，又称竞争优势理论。波特认为，一国的产业竞争力由生产要素、需求条件、相关和支持性产业、企业战略、结构和同业竞争构成，同时政府和机遇也是影响一国产业竞争力的因素（见图2-1）。

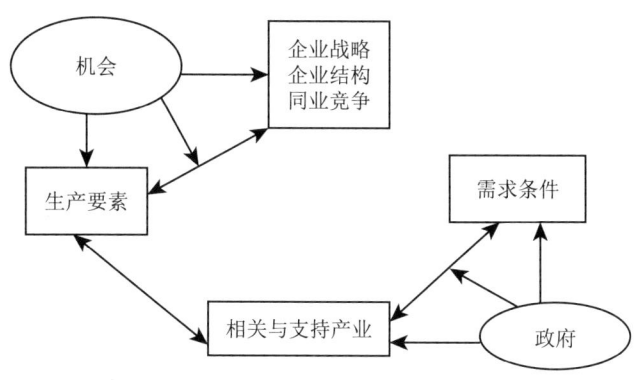

图 2-1 波特"钻石模型"

（一）生产要素

波特把生产要素分为初级生产要素和高级生产要素，前者主要是指只需要简单的私人及社会投资就能获得的要素，在旅游产业竞争力的表现中，因为是比较容易获得的要素，所以其竞争力比较低；高级生产要素是指需要付出很大代价才能获得的要素，具有较强的竞争力，如知识和技术型人才等。因此，波特认为高级生产要素是决定产业竞争力大小的关键。

（二）需求条件

需求条件主要包括市场需求的结构和消费者的行为特点等，主要是指国内市场对该产业产品或服务的需求情况。这种需求状况不仅对一国产品或服务的规模产生影响，而且重要的是对该国产品或服务的创新速度与范围产生影响。

（三）相关产业和辅助产业的状况

相关产业和辅助产业是指为某一产业提供投入，存在前向、后向或旁侧支持与帮助的关联产业，他们与该产业形成相互扶持、相互促进的产业价值链。现代社会的专业化分工必然使某一产业的发展与其他产业的发展存在千丝万缕的联系。

（四）企业战略、企业结构和同业竞争

是指某一产业内部的企业在一个国家中组织形式和管理形态以及国内竞争对手的表现。例如，企业是在获取资源和持有技术上的情况；企业拥有的获得最新商机所需信息的渠道；企业独有的企业文化，强而有力的团队；企业能够具有持续投资的能力和创新的压力等。

（五）机会

机会主要是指一些突发性因素，包括基础科技的发展创新、外国政府的重大决策，作为产业竞争力形成条件之一的机会一般与一个国家的环境无关，也并非企业的内部能力，政府对机会这一因素也不能左右。

（六）政府

政府的角色是指政府对其他因素的干扰。政府对于产业竞争力的影响主要表现在两个方面：其一，政府制定本地产品的规格和标准之后，影响到消费者的需求状态；其二，政府在很多方面本来就是该产品的生产者或消费者，这些角色使得政府行为促进或阻碍产业的发展。

三、产业链理论

（一）产业链的概念综合分析

不同学者都提出了产业链的定义，但是它们之间存在一定的联系和差异，这种差异有大有小。从某一方面来说，这些定义都有一定的科学性，但是在解决某些问题时有着一些不足，究其原因主要表现在：一是这些学者所处时代不同，当时所提出的定义在当时企业和社会发展阶段是比较准确的，具有很好的参考性。但是随着社会的发展，这些关于产业链的定义不适合现在企业或者行业的发展。二是不同的学者所处的行业不同，拥有的专业知识不同。这样，这些学者所研究的视角不同，侧重点也就不同。往往这样的定义对于某个行业来说是准确的，但是对其他行业来说，则有着很大的局限性。

从上述研究中可以看出，虽然它们所提出的产业链概念不同，但是他们所提出的产业链定义中存在很多的相同点：第一，产业链涉及不同的企业，并且这些企业呈上、中、下游关系；第二，产业链中涉及不同的行业；第三，产业链是一个不断增值的过程；第四，产业链是围绕用户需要的某一最终产品进行的生产交易活动。同时存在很多不同点：第一，从不同的视角给出了产业链的定义。在研究产业链的时候可以分别从供应链、价值链、产业前后技术经济关联、核心竞争力、生产工艺流程等进行研究。第二，研究的出发点不同。有的学者研究产业链理论是在研究区域产业发展时研究的，而有的学者是在研究特定产业时研究的，还有的是在研究产业关联、产业集群或者产业链的构建整合等。总之，从非常丰富的研究内容作为出发点来研究产业链概念。第三，研究所考虑的基本因素不同。不同学者给出的产业链定义或多或少都包括了产业链的某个特性，但是都是就所研究内容的某个特性为主要研究内容，比较片面。

产业链的结构组成，通俗来说，是指产业链的整个构成过程，也即某个产品实现最终交易的整个发生过程，从原材料供应到产品的最终消费的整个价值增值过程。随着社会的发展和科技的进步，任何一种产品的生产过程都不是一个企业所能独立完成的，它需要依靠上游或者下游企业的协助，但是又对上下游企业无法实施控制。在整个产品的产业链中，某个企业有自己的强势环节，同时也存在薄弱环节，这样企业就需要发挥自己的优势，同时在自己薄弱环节下功夫，增加自己在整个产业链中的占有比例，争取更大的利润空间。

产业链的结构一般由整个产业链条中的上游原材料和物资供应者、中间起关键作用的核心企业、其他相关企业和部门和下游销售商、客户组成的。核心企业和其他相关企业形成的是一种横向关系，而上、中和下游企业形成的是一种纵向关系。

产业链结构的一般组成形式如图2-2所示。

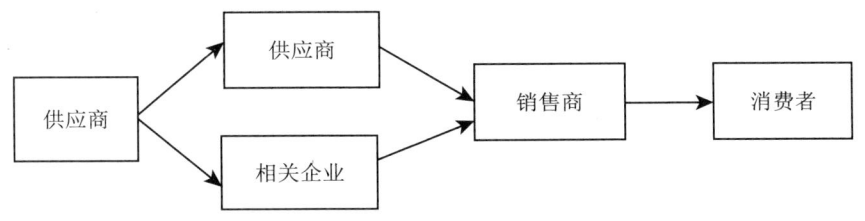

图2-2 产业链结构的一般形式

通过上面的一般组织形式，我们可以得到多种不同的更加复杂的产业链条形式，其中包括多种链条的嵌套模式。然而，对于企业的产业链来说，重点是优化产业结构，深入挖掘产业链的各个环节的价值，提高生产利润，从图2-3的产业链单链条示意图中可以直接看出。

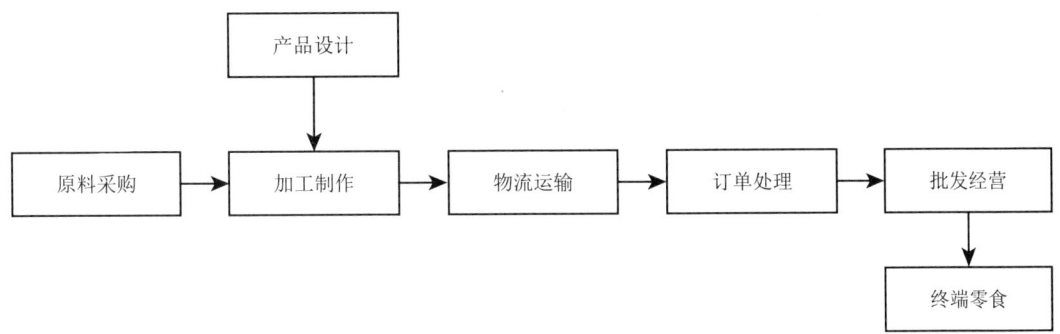

图2-3 单链条示意图

产业链的组织性质，通过对中间组织的深入分析及企业与市场的对比分析，刘富贵在《产业链基本理论研究》中提到产业链是一种介于企业和市场的中间组织。这种中间组织的优劣可以用交易成本和激励程度来衡量，从综合来看，产业链的这种中间组织交易成本较低、竞争程度激烈，便于企业间的优先创新，要强于一般市场上的企业。产业链内部企业形成一个完整的机制，纵向协作、横向竞争，极大限度地减少成本，实现资源、技术优势互补，形成一个有机整体。

综上所述，可以得到产业链是某个行业的上下游企业以产品为对象，从其最初形成到最终满足消费者需求，通过协作和竞争实现不同企业的有机组合，实现价值增值的一种中间组织。

从产业链的定义中，我们可知产业链的一般特性如下。

产业链的功能载体是企业。产业链是由具有一定联系的、进行专业分工的上下游企业组成的。

产业链中的企业可以是同一个行业的，也可以是不同行业的。在现代社会，就某个产品一般来说，基础原材料供应属于种植业或者是一般的采集业，其次产品生产设计的技术及机器属于工业，再经历储藏运输，最后到市场上销售，这些属于第三产业（见图2-4）。

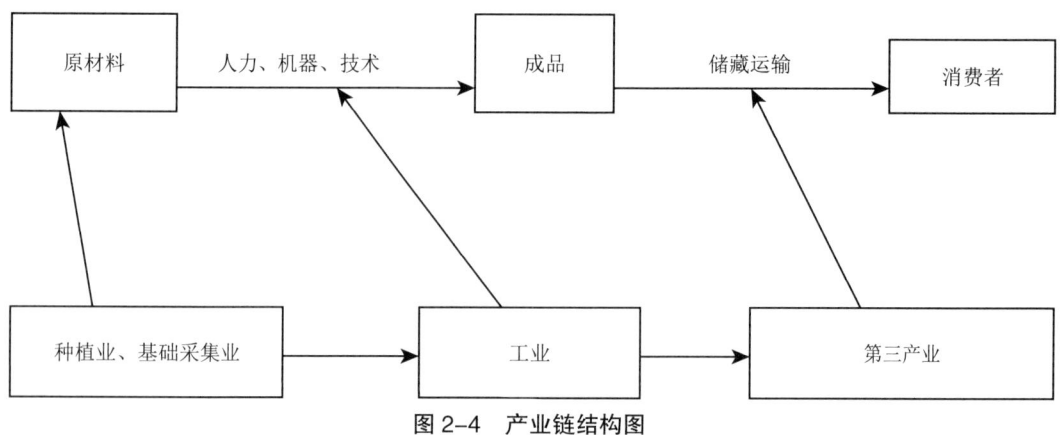

图 2-4 产业链结构图

产业链中的各个企业既相互联系，又相互竞争。他们分享共有的基础设施、技术及信息，又依靠自身获得更多信息和技术，提高竞争力，争取在产业链的整个增值过程中分享更多份额。

产业链中的上下游企业之间不是简单地由资金、半成品和成品联系在一起的，而是一种有机组合，是一个战略联盟，其关系是极其复杂的。

一般的产业链是由多条链条组合在一起的。因为在一条产业链中，可能存在多个原材料供应商，存在多个生产主体，最终产品可能有多个销售商卖出，因此一条产业链往往呈网状。

产业链的最终目的是满足消费者需求，因此整个产品的生产过程是按用户需求来生产的。只有消费者购买了该产品，价值增值过程才真正完成。

产业链中包括供应链、价值链、产品链、结构链、信息链、物流链，这些是产业链的内涵链。不同的产业链，其起主导作用的内涵链是不同的。产业链是一个复合链条，起主要作用的内涵链可能是一个，也可能是两个及多个。

产业链是一个价值增值过程。其存在和发展的目的是创造价值，产业链从其最基础的上游企业开始，就开始创造价值，各个环节价值的增值程度不同，直到产品被消费者消费才完成增值过程。

（二）产业链的类型

基于不同视角和不同行业的产业链内涵不同，对于产业链的分类也不同。目前，我国学者对于产业链的类型研究已有很多，主要包括以下几种。

李心芹等从不同产业链上的企业间的供需角度分析，认为他们之间产生交易是源于资源和产品的需求，将产业链的类型分为四种：资源导向、市场导向、产品导向和需求导向。

潘云成认为，价值链是产业链的核心，产业链上起主导作用的有技术、产品和服务，可以根据这三类进行产业链类型分类，还有刘大可、龚勤林、潘成云、郁义鸿、刘贵富等学者分别从不同的视角对产业链进行分类，见表 2-1。

表 2-1 不同视角下的产业链类型

作者	视角	类型
李新芹等	不同产业链上企业的供需	资源导向、市场导向
		产品导向、需求导向
刘大可	供应商的地位	垄断性、竞争性、互相依赖性
龚勤林	主要生产要素	劳动力主导、技术主导、资本主导、综合型
潘成云	产业链中的价值链	技术指导、产品主导、服务主导
郁义鸿	根据产品的属性	类型Ⅰ、类型Ⅱ、类型Ⅲ
刘贵富	分别从产业链的形成机制、所处行业、层次范围、企业关联结构、龙头企业地位、生态特性	自组织形成的和他组织形成的
		农业产业链、中观产业链、微观产业链
		技术推动、资源带动、需求拉动、综合联动型
		王国式、共和式、联邦式
		生态产业链和非生产产业链

当然，除了表 2-1 中的分类外，还有各种各样的分类，根据产业链的形状、产业链的功能、产业链所处的企业名称、企业生产的主要产品名称等。产业链之所以存在这么多类型，会有这么多学者研究，是因为我国国民经济包含 42 个部门，涉及多种产业，它们的产业链除了存在相同点外，更多的是有着自己的特征，众多对产业链的研究理论对于研究特殊产业的产业链能够提供一些帮助。对于同一个产业来说，从不同的视角来看，有着不同类型的产业链，这些类型的重要程度是有区别的，研究某个重要的产业链类型可以做到事半功倍，因此对于细分行业的产业链的实际意义往往最大。为此本文认为除了上述分类外，产业链还可以从以下微观方面进行分类。

按产业链核心企业名称分类，产业链可分为一汽产业链、诺基亚产业链、长虹产业链、IBM 产业链等。

按产业链业务流分类，产业链可分为物流链、信息链、资金链、技术链、价值链、组织链、人才链。

按产业链涉及的内容分类可分为：供应链：采购—运输—储存—配送；销售链：总销——级分销—二级分销—批发—零售；代理链：总代理—分代理—代理；生产链：零件—部件—总装链；管理链：总部—地区总部—生产基地等。

按具体产品分类：猪肉产业链、羊肉产业链、衬衣产业链、自行车产业链、汽车产业链、牛奶产业链等。

这样的分类方法对于研究具体行业产业链、制定行业发展政策，研究行业之间的相互关系具有一定的研究意义。企业可以结合自身发展情况，从微观层面进行自身产业链的研究。

四、旅游系统理论

系统论的中心论点是将研究对象当作一个整体来分析，认为该整体是由相互关联的各部分组合而成的包含一定结构和功能的有机体，构成这个有机体的各个组成部分称为子系统，最低级的组成部分为各系统的各要素。

（一）旅游系统的结构

旅游系统的性质是以旅游目的地的吸引力为核心，以人流的异地移动性为特征，以闲暇消费为手段，具有较为稳定的结构和功能的一种现代经济、社会、环境的边缘组合系统。旅游系统由环境结构、板块结构和层次结构所构成。

1. 环境结构

旅游系统的环境结构即旅游系统所在区域的社会经济大环境系统。所在区域的旅游资源比较特征、区位关系、外部交通条件、市场特性与规模、竞争环境、资金技术环境、体制与政策条件等因素，按一定的时间、空间方式，以一定的作用力影响着该旅游系统环境结构中资金与旅游者的流入量，构成了该旅游系统的基本生存条件。政策与技术环境影响着该旅游系统各要素相互联系的广度和深度。因此，旅游系统的环境结构影响着、甚至在一定程度上决定着旅游系统的性质、结构、层次、功能和发展速度。

2. 层次结构

在激烈的旅游市场竞争条件下，旅游系统日趋演变成为多维、多层次、多变量的复杂系统，特别是各国政策介入竞争激烈的旅游市场以后，该复杂性日趋提高。它主要表现为旅游系统逐渐形成了分工明确的层次结构，旅游系统的整体自控力和竞争力由此显著提高。

高级层次是国家或地方政府、学术团体，该层次对旅游系统的内部结构组合与运行效率的影响一直在不断增强，在很多国家和地区起着主导作用。中间层次包括旅游设施体系、旅游产业系统旅游信息系统及行业组织等，它们是保障旅游系统有序运行的中间环节。基本层次是旅游系统协调运行的微观基础，如淡水生态系统、森林系统、旅行社、开发商、旅游者人群、劳动力、接待地社区等，它们的协调运作使旅游系统充满生机和活力。

高级层次、中间层次和基本层次之间的功能转化力度和效应，取决于旅游规划的实施机制对旅游系统的计划、协调、组织、督察、服务的权限及能力。

3. 板块结构

旅游系统的板块结构由旅游者、旅游目的地、旅游企事业三大集合体构成。其中，旅游者是旅游主体，旅游目的地是客体，旅游企事业是联系主体和客体的媒介。

旅游者要素集包括就业状况、个性特征、收入、距离、休闲时间、偏爱、年龄、教育水平等因子，在一定条件下形成"闲暇时间—消费状况—偏爱"子结构，并汇成旅游动机。

旅游目的地要素集，包括自然要素（岩石圈、水圈、生物圈、大气圈）、基础设施、服务设施、项目设施、社会文化要素（环境符号、语言文字、生活风俗、规范信仰）。这些要素组合成自然吸引物—文化吸引物—实体支持结构，并汇成旅游吸引力。

旅游企事业要素集，包括从事信息、交通、服务、环境保护、开发、经营、卫生、治安、防灾、科教、文化的企业和事业机构。这些要素组合成为社会、经济、环境的特色产品及经营管理体系。它使旅游资源区转变为旅游区，是旅游吸引力的生产者和介绍者，是接待旅游的服务者，是旅游系统的管理者。旅游企事业要素集通过生产者—服务者—管理者子结构，汇成旅游联结力。

（二）旅游系统的功能

旅游系统的功能可以按旅游资源类型、效益类型、运行方式、产业地位等方法进行各种目的的多种分类和分析研究。本着认识旅游规划的目的，从旅游系统结构的社会目的和运行机能的角度着眼，旅游系统的主要功能至少包括三大方面，即流转功能、竞争功能和效益增值功能。

1. 流转功能

旅游系统的流转功能包括人流、信息流、物质流、能量流和价值流"五流"的流动和转化，它们作为旅游系统的基础功能，把旅游系统各因子联结成为有序的结构功能整体。旅游系统的内部运行是否正常，要看该旅游系统内部"五流"的运行是否合理、有效。

人流包括旅游客流、旅游就业人流两大部分旅游客流，从系统外部输入，它决定了旅游系统的市场流变特征以及对外部环境结构的依存方式，旅游就业人流除直接就业的人流以外，还涉及与旅游者有交流关系的当地居民。他们的知识、素质、服务意识、道德风尚、好客程度及社会自我维护水平，影响着旅游经历的质量，对旅游系统具有深远的影响。

信息流包括自然信息流和文化信息流两大类。自然信息流即各自然要素之间的信息流，如地质运动印记地貌信息、水圈循环信息、生态群落信息等。文化信息流是指人类活动所产生的信息流，包括历史信息、文化符号信息如风俗、礼仪等、经济信息促销、旅游指南、交通食宿信息等。从经济学的角度来看，信息流是旅游"商品"实现市场交换的中介，是旅游者之所以"选购"的主要目的，故在旅游系统中占有特别重要的地位。

物质流包括自然物质流、经济物质流、废弃物质流三大部分，自然物质流是指旅游系统的自然生态要素按营养物循环（生物、土壤、水、气）和地球化学大循环所构成的循环过程。这种物质流因不同的旅游系统类型而大不相同，如岩溶地貌生态系统、热带雨林系统、水土保护林系统、热泉矿泉生态系统等。经济物质流是通过各种生产性的投入产出链或生活消费链所形成的物质流。废弃物质流则是各种生产性、生活性废弃物所形成的物质流。在大规模分散的客流、高标准的生活消耗、大范围的"生态旅游"压力下，如何控制、降解或转移废弃物质流，是现代旅游系统面临的严峻挑战。

能量流中的自然能流包括水能、太阳能、风能、生物能，它们通过地球物理化和食物链循环形成自然生态系统。废弃能量流则是生产和生活消费过程中未被利用的能量，其中很多可以通过生态技术、工程技术加以控制、降解转化和再利用，该降解过程本身因其文明性而具有丰富的旅游资源价值。

价值流不仅包括经济，而且包括环境和社会价值流。经济价值流通过资金投入、物化加工、产出、市场交换及税收过程而形成货币流。环境价值流则有赖于社会经济对环境的投入，所实现的环境信息和生存价值可以通过环境经济学所提供的科学手段，以货币的形式加以度量。社会价值流则是现代旅游在生活、科学、教育、文化交流、医疗保健诸方面的价值投入、加工、交换和增值。

2. 竞争功能

旅游系统是风险性高、替代性强的社会经济环境边缘组合系统。旅游系统的竞争功能事关旅游系统的生存。在现代交通、信息和市场条件下，旅游系统的生存风险越来越高，市场竞争功能日趋增强该竞争功能的要素至少包括特色、区位、竞争环境、资金、技术、管理、内在质量和效益、发展时机。

3. 价值增值功能

旅游系统的社会目的是价值增值，它包括经济价值、环境价值和社会价值三个方面旅游系统的社会价值，通过旅游者消费闲暇时间和货币，将资源和信息吸收转化为阅历、知识、爱、精力，促进了教育、交流、和解（民族和解、家庭和睦、健康、觉悟环境觉悟、友爱互助等）和能力（独立生活能力、自然中的生存能力、探索与求助能力等），从而实现行万里路的社会价值增值。旅游目的地社会则通过地方文化研究、保护和开发，实现就业、社区管理、公用事业、教育、医疗、卫生、文化、体育事业的发展，从而促使社会开放、人格重塑和社会发展。

旅游系统的经济价值，与其他"无烟"的外向型产业、高科技产业一样，成为现代经济的热点而备受关注。因为它出售的只是"信息"，获取的是宝贵的外汇或外来财富。该外来财富不仅直接增加了地方税收，而且通过当地居民收入的增加和视野的开阔，也促进了当地社会消费需求的增长，激活了旅游系统内部的资金流转速率。

五、可持续发展理论

可持续发展理论是指当人类面临生态危机时对自己未来的发展道路所做出的正确选择，是人与自然界长期的共处中做出的正确的发展战略。

（一）概念及基本内涵

自20世纪80年代以来，人类越来越关注事关自身生存发展的生态环境，学者们也提出了可持续发展的概念，各个学科的学者将其引入了自己的研究领域并给其赋予了新的定义及内涵，自然科学从水资源、土地资源、森林资源等自然资源和人类生存的环境等生命支持系统角度,认为自然科学意义上的可持续发展"应以地球承载能力为限度";社会学家从社会公平的角度出发,他们认为可持续发展"应该把人的福利放在第一位"。目前被广泛接受的定义为:"既满足当代人的生活需求又不危及后代人满足其生活需求发展。"这个定义是从伦理和哲学角度提出来的,其包含了两个重要概念:一是"需要",尤其是关注全球贫困人群的基本生活需求,强调将此放在最首要的位置;二是"限制",社会组织环境和技术状况对当前环境满足眼前和未来需要的承载能力的限制。在可持续发展的内涵理解方面,宋健认为其应包括以下几个方面。

除促进经济高速发展之外,还应具备促进人类社会发展、维持生态环境健康稳固的能力。促进经济高速发展、维持社会进步与稳定生态环境三者之间密不可分。数量增长只是经济增长的一小部分,除此之外更应注重经济质量水平的提高。经济指标在数字上的增长是有限的,但依靠科技进步来提高社会进步发展才是可持续的。

自然资源中可再生资源是可持续发展的主要依赖。因此,必须努力保护生物的多样性,努力保持自然资源和生态环境,努力维护我们赖以生存的地球生态系统。

自然生态环境是人类赖以生存和经济社会发展的物质基础,就像空气和水对人类的生存是同等重要的,片刻都不能缺少。要维持经济社会和自然生态环境的协调发展以此来维持新的和平。控制人口急剧增长和消除贫穷,这是保护环境必须关心的重大问题。

综上所述,可持续发展的内涵可以理解为:以人类的永恒发展为中心、以"经济—社会—生态"三者长久地协调发展为基础的可持续发展。

(二)生态旅游产业的可持续发展

可持续发展是生态旅游发展的目标。这和传统意义上的旅游有着核心差异。传统意义上的旅游缺乏可持续发展的指导,虽说传统意义上的旅游业讲究社会、经济和生态环境三者的协同发展,但仅是关注这三者之间的横向联系,在长期效益上的纵向联系关注较少,即便是关注了,也未落到实处。而在可持续发展理论的指导下,生态旅游发展对经济、社会以及生态环境这三者之间的相互关系都十分关注,并且眼光长远地将可持续发展作为自身的发展目标,通过操作生态旅游能够将可持续发展真正落到实处。

第二节 旅游与产业融合发展系统分析

一、旅游与产业融合发展的相关概念

(一)旅游经济

1.旅游经济的含义

旅游经济是指由旅游者的旅游活动引起的,旅游者同旅游企业之间以及旅游企业同相关企业之间的经济联系。旅游企业为旅游者提供相应吃、住、行、游、购、娱乐等服务,而旅游者给付一定报酬,从而形成旅游者与旅游企业之间的经济联系。旅游企业为安排好旅游者的旅游活动，需要同有关其他企业或部门发生经济联系。这些经济联系便构成了旅游经济的内容，它是国民经济运行的一部分。

2.旅游经济的性质

旅游经济的性质包括以下几点：旅游经济是一种商品化的旅游活动；旅游经济是一种综合化的服务活动；旅游经济是一个相对独立的经济产业。

（二）旅游产业的概念与特征

1.旅游与旅游产业

旅游是一项内容丰富、形式多样、涉及面广的社会经济现象，是"人们为了休闲、商务和其他目的，离开他们惯常的环境，到某些地方去以及在某些地方停留，但连续不超过一年的活动"。旅游的基本要素包括：旅游的主体——旅游者；旅游的客体——旅游资源；媒介——旅游业。

旅游媒介是由旅游设施和各种专业人才构成的能为旅游活动提供各种服务的整个服务体系。旅游设施包括：旅游基础设施和旅游服务设施。旅游基础设施是指直接或间接为发展旅游业提供基础条件的公共设施，如道路、桥梁、机场、车站、码头、供水供电系统及邮电通信系统；旅游服务设施是指专为旅游活动服务的基本设施和设备，如宾馆、餐厅、娱乐场所、旅游购物商场、旅游班机和旅游汽车等。旅游业实际上是由许多直接和间接为旅游服务的企业和各种专业人才组成的服务体系。旅游资源的开发和建设为满足旅游者需求提供了可能，而旅游服务体系的建立为利用和发挥旅游资源的效用创造了必要条件，并通过一定的旅游经济体制和旅游政策实施，为旅游活动提供服务而实现其经济效益和社会效益，这就是一个国家（地区）的旅游业。

所以，旅游产业是一个以旅游资源为依托，以旅游设施为条件，为旅游者提供产品和服务的企业、组织（或机构）的集合。因此，旅游资源、旅游设施和旅游服务是旅游产业经营管理的三大基本要素。

2.旅游产业的构成及边界

旅游产业是为旅游需求实现提供产品和服务的企业、组织集合，但是，并不是所有为旅游需求实现提供产品和服务的企业和组织都属于旅游产业范畴，只是那些其经营目标主要是旅游者，经营收入主要来自旅游花费的企业和组织才构成旅游产业的重要组成部分。

但是，旅游产业涉及的行业相当广泛，几乎涉及第三产业所有的行业及第一、第二产业中的部分行业。在这众多行业中，有些完全依赖旅游活动而存在，如旅行社行业、旅馆业、旅游景点业等；有些则是没有旅游活动仍可继续存在，但企业规模会缩小，如交通、通信、商业饮食、文化娱乐、金融保险等行业。因此，旅游业的外延边界为旅行社业、旅馆业、旅游景点业的全部，交通业、通讯业、商业饮食业、文化娱乐业、金融保险业等行业为旅客提供服务的部分。这样，从行业与旅游产业相关程度的大小来看，依次应是旅行社业、旅游景点业、旅馆业、客运业、餐饮业、商业和文化娱乐业，涵盖了游、住、行、吃、购、娱旅游的六个要素。

3. 旅游产业的关联度

旅游业是一个关联性极强的产业，旅游业的关联带动功能表现在两个方面：一方面，是旅游业的发展需要有物资生产部门提供一定的物质基础；另一方面，旅游业作为一个服务性产业，在为旅游者服务的整个过程中，需要购买许多其他行业的服务和产品，从而推动这些行业市场需求的增加。因此，除包括支持其生存和发展的基本行业外，旅游产业的发展将带领其他诸多行业的发展。如交通运输业、旅游业的发展必将给交通运输设备提出新的要求，航空旅行、豪华邮轮、东方快车势必要给交通运输行业带来全新的理念和创新源泉；而旅游纪念品又会带动地方轻工业的发展。除此之外，信息行业的进步，金融、保险业的业务扩展等也都离不开旅游业的推动。在旅游产业发达的国家，旅游产业往往成为第三产业乃至整个国民经济中具先导性产业带动性的产业，在经济发展过程中，旅游产业也因此成为产业结构高级化的重要力量。

（三）旅游产业结构

1. 旅游产业结构与结构调整

旅游产业结构是指旅游产业各部门、各地区以及各种经济成分和经济活动各环节的构成及其相互比例关系。分析旅游产业的产业结构，在于保证旅游产业的总体发展规模与速度和国民经济发展的要求相适应、相协调，从而有利于旅游产业的快速发展。旅游产业内部结构发生变化，即结构调整的原因主要表现在三个方面。

第一，与物质生产部门的联系程度。旅游产业的经营活动，随着物质生产部门的高速发展，其增长速度必然上升。因为随着物质消费的增长，旅游消费必然增长。

第二，需求收入弹性。旅游需求是收入弹性较大的需求，随着经济的增长和收入的增长，其旅游需求增长必然加快。

第三，生产率上升率。生产率上升率高，社会财富必然增加得快，社会资金必然宽裕，资金和资源会不断流向旅游产业，从而使旅游业得到较快发展。但是，旅游产业的结构必须合理化，旅游产业结构也须由低级向高级化方向发展，才能保证旅游产业的发展既符合经济规律，又与国民经济各部门的发展相协调，从而达到振兴旅游产业的目的。

2. 旅游产业结构的合理化和高级化

（1）合理化与高级化的含义

旅游产业结构合理化是使旅游产业内部保持符合产业发展规律和内在联系的比例，保证旅游产业持续、协调发展，同时促使旅游产业在国民经济中的比例加大，保证旅游产业与其他产业协调发展。旅游产业结构合理化是一定历史条件和一定经济发展阶段上的合理化；同时又将旅游产业结构不断推向更高阶段的合理化。

旅游产业结构合理化包括三个层次：一是宏观结构的合理化，即旅游产业的总体发展必须与第一、第二产业发展的要求相协调，与经济发展相适应；二是旅游产业内部结构的合理化，即旅游产业构成协调配套并与经济发展的高度相适应；三是动态结构的合理化，即旅游产业结构合理化应是一个长期协调发展，并不断向高级化演化的过程。

（2）旅游产业结构高级化

产业结构高级化是指在旅游产业内部协调发展的条件下，新兴旅游景点和服务设施迅速发展，占有越来越重要的地位，传统旅游产业的技术水平不断提高，旅游产业产值在国民生产总值中所占比例不断提高的过程。旅游产业结构高级化是旅游产业技术构成由低度到高度发展的过程。科技进步是旅游产业结构演进、转换的动力，结构的高级化是科技不断进步的结果。

因此，它的基本标志是技术进步以及由此引起的旅游产业净值的增加。旅游产业结构高级化是一个永恒的动态过程；技术进步是实现旅游产业结构高级化的重要手段；新兴旅游产业的发展是旅游产业结构高级化的重要方面。

（3）旅游产业结构合理化与高级化的主要特征

旅游产业在国民经济中的地位和比例不断上升，旅游产业逐步发展成为国民经济的支柱产业和推动经济增长的动力，促使国民经济逐步走向协调发展。

旅游产业在组织结构上逐步趋向合理化表现为：旅游产业企业规模结构出现大型化、综合化发展势头；集团化经营集中度提高，为旅游产业获得规模效益奠定基础。旅游产业在技术结构上逐步趋于高级化：旅游产业技术结构的高级化，就是现代化技术、自动化技术、机械化技术等先进技术在旅游产业中逐步得到广泛应用，并占有较大比例的过程，是现代科技成果广泛应用于旅游产业的过程。

二、旅游与产业融合发展的价值链

产业融合最易发生在产业的交叉区域，进而改变了原有的产业链。文化产业价值链主要包括产品设计构思、生产制作、营销到消费者的消费体验等环节，这种文化产业价值链如图2-5所示。

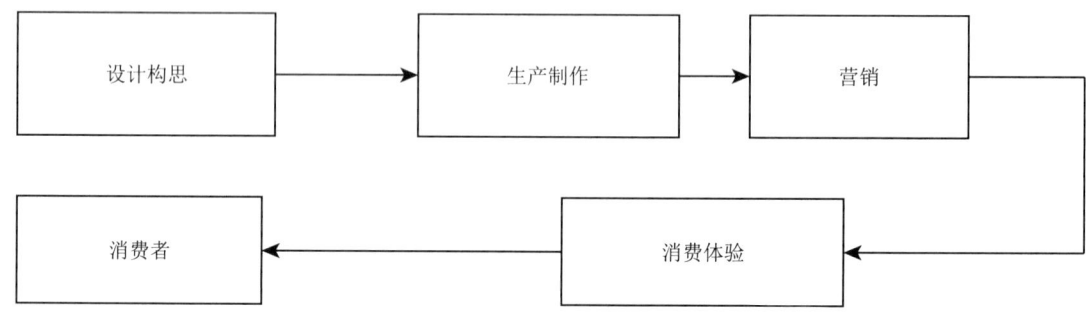

图2-5 文化产业价值链分析图

以文化产业价值链为基础展开分析，可知旅游与文化主要在生产和消费环节发生产业融合，如图2-6所示。

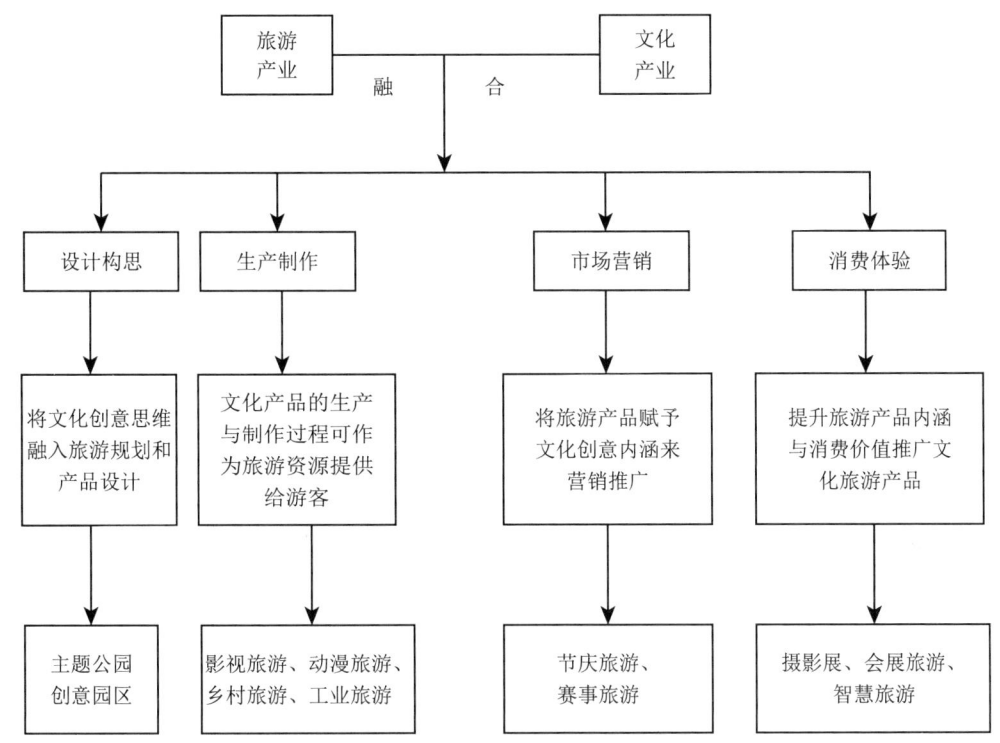

图 2-6 旅游与文化产业融合价值链图

文化产品本身具有的展示性和参与性,使文化产品能够很好地与旅游产业中的主题公园、会展活动和节庆赛事融合发展,形成文化主题公园游、会展旅游和节庆赛事旅游等,从而实现了两大产业的有效融合。

三、旅游与产业融合发展的动力系统

旅游与文化产业融合发展是由市场需求变化、文化旅游产业的外部环境氛围以及文化旅游产品和服务供给共同作用的结果。因此,市场需求产生的拉力、产业内部产生的推力和外部环境产生的支持力,共同构成了旅游文化产业融合发展的动力系统(见图2-7)。

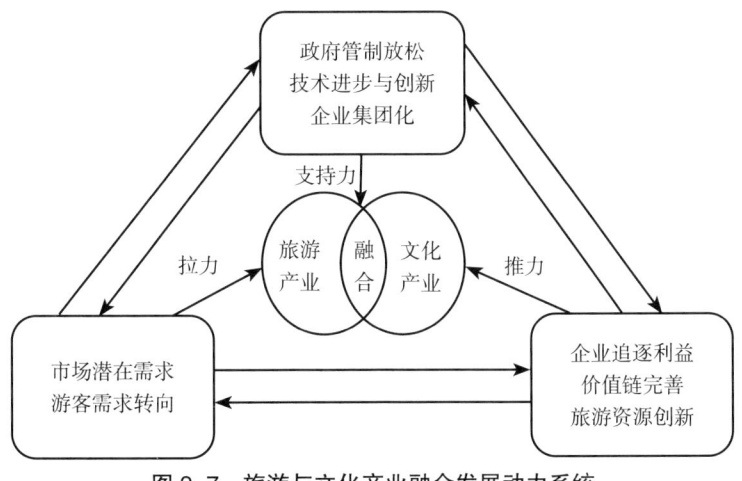

图 2-7 旅游与文化产业融合发展动力系统

（一）拉力系统

根据马斯洛的需求层次理论，随着闲暇时间和可自由支配收入增加，在消费者生理、安全等基础层次需求得到满足后，旅游和文化消费需求是其更高的精神层次需求，表现在对文化体验和休闲娱乐的需求，构成了两大产业融合发展的拉力系统。在休闲体验经济时代，随着收入不断增加，压力也与日俱增，生活节奏过快，人们在旅游过程中寻求亲近自然、放松身心以及提升自我，追求参与性强、更加个性化和更具文化体验性的旅游产品和服务，为延伸旅游产业链创造了机会。而将文化因素融入旅游产品和服务中，正好满足了旅游者追求文化和精神上享受的需求。旅游者需求的变化是两大产业融合发展的拉力。

（二）推力系统

推力系统是两大产业融合发展的动力，包括了文化旅游资源、企业和人才等要素。

1. 旅游资源观的改变

科技创新突飞猛进，人们的旅游需求也在不断变化，丰富了旅游资源的内涵，拓展了旅游资源的概念外延，扩宽了开发旅游产品及服务的思路。所有能够为人们提供放松身心、休息娱乐、休闲度假以及其他方式来消磨闲暇时间的一切客体，都能成为旅游资源。旅游资源概念的核心要素是就是能够对游客产生吸引力，把握了这一核心要素，旅游和文化企业联合起来打造了主题公园、旅游文化产业园区、影视基地、会展旅游、动漫主题乐园等旅游新业态，推动产业融合发展。

2. 文化旅游企业

企业对经济利益的追求是促进旅游与文化产业发生融合的直接动力。企业联盟、并购以及企业集团化为产业融合创造了条件。旅游者追求富含文化性、参与性、可体验性和多元性旅游产品，改变了旅游产业的外部市场环境。为了适应市场需求变化，旅游企业开发更具文化性、参与性和体验性的多元化旅游产品和服务，促进了两大产业融合发展。对于文化企业而言，文化产品展示性和参与性能够有效地与旅游产业融合，既能推广文化产业的内涵，也可以创造巨大的经济效益，从而成为融合发展的助推力。

（三）支持力系统

1. 政府政策引导和管制放松

在经济全球一体化的趋势下，我国政府逐渐放松对经济的管制，由管理者转变为引导者、促进者。在旅游产业发展中，相关政府部门不再过多干涉旅游产业的发展，并制定了一系列促进旅游发展的政策，充分发挥市场的调节作用。政策的支持为两大产业融合发展提供了重要的外部驱动力，为二者融合发展搭建了信息交流和共享平台。

首先，政府政策支持能够为两大产业发展提供良好的配套基础设施。

其次，政府政策和发展规划，吸引投资商投资开发文化旅游产品，为旅游与文化两大产业的融合发展创造机遇。

2. 技术进步

旅游产业是信息密集型和依托型的产业，而文化产业更是借助信息产业的更新进步不断发展。因此，技术进步是旅游与文化产业融合发展的重要驱动因素。

3. 集团化趋势

信息化社会，旅游与文化企业为了实现规模效应和企业利益最大化，不断进行企业并购和重组，形成大型旅游文化集团。旅游与文化企业的集团化发展也在无形中推进两大产业融合发展。在动力系统中，拉力和推力是两大产业融合发展的关键、核心环节，二者相互影响、作用，相辅相成。支持力系统是两大产业融合发展的催化剂。这三大系统之间相互协调与配合，推动旅游与文化产业深入融合发展。

第三节 旅游与产业融合发展模式分析

一、文体旅游产业融合发展的现实意义

（一）文体旅融合是经济高质量发展的内在要求

文化、体育、旅游都具有精神文化属性，以满足民众的精神文化需求为目的，具有天然耦合性和产业关联性。文化产业、体育产业、旅游产业都是改善民生的"幸福产业"，具有资源消耗低、带动系数大、综合效益好的绿色特征，资源相互利用率和产业重合度较高，多方位、多层面、多维度融合成为主流趋势。文体旅游产业融合以资本、创意、技术、市场为驱动，通过全要素的聚合与重组产生全新的"化合反应"，催生融合型的新业态、新产品、新市场，不仅拓展自身发展空间，而且带动其他产业共同发展，产生"1+1＞2、1+1+1＞3"的效果。文体旅游产业融合高效盘活存量资源，获得叠加效应和放大效应，在资源配置方式创新、供给体系质量提升、新旧动能转换中发挥带动作用。

（二）文体旅融合是中华文化传承创新的重要途径

当前，弘扬中华优秀传统文化还存在传承手段和方式比较单一的问题，传统文化或被视为"阳春白雪"难以为大众所感知，或是简单化、庸俗化、过度商业化对文化造成歪曲和损害。由于活化利用水平不高，现代化转化不足，严重影响了传统文化的生命力。文体旅融合是文化体验、文化认知与文化分享的重要形式，将传统人文精神与文化基因植入现代消费，在传统文化和当代价值之间建立"纽带"和"桥梁"，赋予传统文化以现代意义和当代表达，能够唤醒民众对传统文化的认同感和珍视感，是中华优秀传统文化传承创新的有效途径。

（三）文体旅融合是满足消费升级需求的有力支撑

随着我国消费结构升级，追求差异化的文化体验，健康有质量的生活方式，寻求身心愉悦、获得难忘体验，越来越成为大众消费的价值目标，满足多样化、个性化、品质化的消费升级需求，是文化、体育、旅游发展的内在要求。作为提升消费层次、释放消

费潜力的重点领域，文体旅融合创造新供给、满足新需求，已经成为拉动社会消费的新引擎。

二、文体旅融合的内涵、机制和模式

（一）文体旅游产业融合的内涵

产业融合是20世纪70年代以来，在高新技术推动下产生的产业经济现象，主要是指"数字融合""产业边界收缩或消失"以及"通过技术革新和放宽限制来降低行业间壁垒"。

作为一种全新的产业发展模式，产业融合对社会生产力进步与产业结构转型产生了深远影响。文化、体育、旅游产业兼具社会功能和经济功能，在产品特性、价值取向和受众对象上有相似性。文体旅融合本质上是在技术进步、市场需求等因素的驱动下，文化、体育、旅游产业相互促进、协同共生、向高附加值推升的动态过程。融合的核心是通过产业链的交叉、渗透、重组，获取资源重新配置效率，形成"文化＋旅游""体育＋旅游""文化＋体育"两业融合和"文化＋体育＋旅游"三业融合的新型价值链。从价值增值的角度，文体旅游产业融合主要分为替代性融合、互补性融合、结构性融合三种类型。

产业耦合是指两个或两个以上的系统运动方式之间，通过各种相互作用而彼此影响以至联合起来的现象，是在各子系统之间的良性互动下相互依赖、相互协调、相互促进的动态关系。文化产业、体育产业、旅游产业在三重维度上具有天然耦合性，即在时间上相伴继起，在空间上叠加互促，在速度上相互牵引。文体旅产业耦合关系可以用耦合度来表示，耦合度越高，则文体旅资源相互利用效率越高，获得的溢出效应也更多，较单一产业更具有竞争优势；耦合度越低，则文体旅产业的离散性越明显，产业要素和结构缺乏密切关联，产业之间相互带动作用弱（见图2-8）。

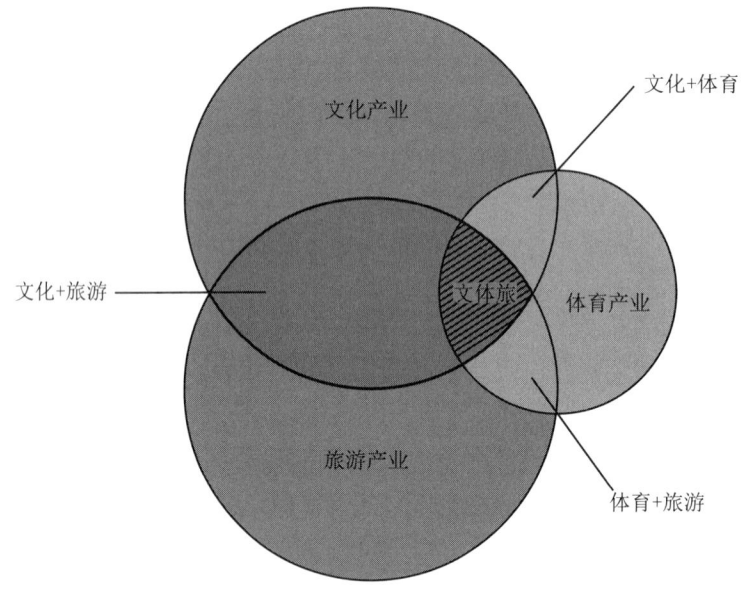

图2-8　文体旅产业融合示意图

（二）文体旅游产业融合的作用机制

机制是指事物发展的影响因素及其相互作用的关系。文体旅游产业融合的发生需要具备三个前提条件：一是文体旅资源要素的时空耦合；二是融合后的业态能够满足消费升级需求；三是文体旅产业形成利益共同点和市场契合点，才能从各自独立发展走向协同发展。从影响文体旅融合的内在因素和外在因素来看，具体表现为五大作用机制。

1. 资源共享机制

资源共享是融合的基础。文化、体育、旅游产业具有空间依赖性，依托各类通用性资产在一定地理空间集聚共享，能够实现有限资源效用的最大化。

一是区域资源共享，如自然资源、遗产资源、文物资源、基础设施、公共服务平台等有形资源和区域品牌等无形资源。

二是产业资源共享，如文创产品、运动项目、文体设施、文创产业集聚区、景区景点等有形资源以及传统民俗、赛事节会、文化品牌等无形资源，通过形成共生单元、共生界面、共生模式，获取文体旅资源重新配置效率。

2. 要素渗透机制

要素渗透机制是融合的纽带。现代产业要素跨界流动和配置，满足文体旅产业融合发展的要素需求，为业务与市场的融合奠定基础。

（1）内容渗透

IP(Intellectual property) 即知识产权或独特识别物，包括内容IP（文学、戏剧、影视、动漫、游戏等版权）、体育IP（赛事承办权和转播权、体育项目品牌、体育俱乐部和赛队等）、旅游IP（景区品牌、旅游演艺品牌、旅游商品品牌等），通过IP叠加延伸带动品牌、客群、流量和大数据协同，实现文体旅产业升级。

（2）技术渗透

大数据、云计算、物联网、人工智能、虚拟现实、增强现实、区块链等新一代信息技术，对文体旅价值链进行垂直整合，创新数字版权的交易和收益分配方式、用户付费机制等商业模式，形成价值共享平台，大幅降低交易成本，提高产业链协同效率。

3. 业态耦合机制

业态耦合是融合的支撑，文化、体育、旅游产业基于市场需求重构价值链，在产品和服务上建立供需链接，实现产业分工内部化。

（1）多元业态聚集

文化、体育、旅游市场主体通过跨业并购、竞争合作，进行"你中有我、我中有你"的跨业多元化经营，在更大范围配置和利用文化体育旅游资源，丰富产业内涵，实现范围经济和规模经济。

（2）融合业态新生

文化、体育、旅游产业链相互横向拓展、纵向延伸，打破产业边界交叉重组，创新商业模式实现功能互补,催生新的产品、服务和业态,赋予文化、体育、旅游产业新的附加值和更强的竞争力。

4. 市场叠加机制

市场叠加是融合的动力,文化、体育、旅游消费具有关联性,通过产业价值链的延伸寻求利益契合点,创造新的消费市场。利用旅游产业的营销手段和中介渠道营销文化产品、体育产品,借助文化产业的传播渠道营销体育产品和旅游产品,借助体育产业的事件平台营销文化产品、旅游产品,形成文化产品、体育产品、旅游产品的整合消费平台,使文体旅产业获得更大的市场份额和销售收入,实现文化、体育、旅游市场的延伸和重构。

5. 规制创新机制

规制创新是融合的保障,通过管理变革和组织变革实现管理方式的有机协同,建立适合文体旅融合发展的制度安排,促进原有产业边界的消融。

(1)管理并合

产业融合要求文化、体育、旅游发展在管理上的协同,破除部门管理的条块分割,减少产业之间进入壁垒和利益竞争,密切产业之间技术、资本合作,降低市场交易的制度成本。

(2)政策整合

产业融合要求政策法规和市场监管一体化,构建产业融合的政策框架、政策体系和规范标准,增强文体旅产业交叉准入的政策弹性,消除融合的制度梗阻,形成全新的竞争秩序。

(三)文体旅游产业融合的主要模式

文体旅游产业融合的显性表征是旅游产品体系更加丰富、旅游消费空间不断拓展、旅游业转型升级得到促进,隐性表征是文体旅供给质量提升和供给结构优化。文化为旅游提供内容产品和创意思维,旅游为文化提供传播渠道和产业转化的途径;文化为体育提供精神内涵和传播平台,体育为文化提供消费市场和素材来源;体育为旅游提供内容资源和客源市场,旅游为体育提供服务支撑和资源利用途径。从产业融合的角度,文体旅融合主要有一体化发展、产业重组、产业延伸、产业渗透四种模式,具体如表2-2所示。

表2-2 文体旅产业融合的主要模式

模式	内涵	核心资源	产品或业态
一体化发展	文体旅产业依托特定载体或空间,结成具有价值增值功能的战略关系链,实现一体化发展	土地、资本、技术、功能设施等	国家公园、特色小镇、文体旅游综合体、田园综合体等
产业重组	在同一标准或集合下,对文体旅资源要素进行重新配置,实现协同发展	赛事、节会举办权,景区景点品牌等	观赛型旅游、参赛型旅游、会展旅游等

续表

模式	内涵	核心资源	产品或业态
产业延伸	文体旅产业链相互延伸，实现功能互补，创造新的流量和附加值	影视IP、游乐园区、大型文体场馆、演艺服务、体育服务等	体育主题公园、影视主题公园等
产业渗透	文体旅产业链相互交叉，形成新的产业形态	景区、创意内容、自然资源、媒体平台、运动联盟等	旅游演艺、电子竞技、体育传媒、山地运动、冰雪运动等

三、国内外文体旅产业融合的案例经验

（一）文化+旅游

主要经验：挖掘地域文化元素并进行符号化、场景化开发，为旅游产品注入文化内涵。

案例：北京古北水镇。古北水镇位于北京市密云区古北口镇，依托司马台长城和鸳鸯湖水库，形成山水城结合的自然古村落。通过重建英华书院、杨无敌祠、震远镖局、司马小烧、八旗会馆等建筑群，打造镖局、酒坊、染坊、书院、会馆、民俗体验馆等载体，对北方小镇进行场景化营造，展示历史风貌和民俗文化，让游客可以亲身体验和感知传统文化的魅力，推动传统长城观光旅游向度假消费的转型。

（二）体育+旅游

主要经验：以体育赛事为吸引物发展参赛旅游和观赛旅游，增强旅游目的地功能。

案例一：普吉岛马拉松

普吉岛是泰国最大的海岛。2006年，为筹集善款援助海啸灾区，泰国依托普吉岛迷人的风光和丰富的旅游资源，创办了自主品牌赛事"普吉岛马拉松"。普吉岛马拉松的赛道从乡间林道经过，两旁的树林可遮挡太阳；参赛选手的补给极具特色，赛前有免费的意面派对，畅跑的途中可以品尝地道的泰式美食，在补给点还设置新鲜的热带水果。由于融入了地方特色文化资源，普吉岛马拉松吸引了众多跑步爱好者的关注，每年参赛选手和观赛游客越来越多，是亚洲规模最大的旅行马拉松赛事之一，热带海岛马拉松也成为普吉岛度假旅游的重要吸引物。

案例二：广州亚运会

2010年，第十六届亚运会在广州举办。利用亚运盛会契机，广州通过比赛设施和配套设施的建设开发城市旅游价值，发展观赛型旅游，向亚洲和世界展现了自身的独特魅力，成功带动了旅游目的地建设。亚运会举办期间，广州市旅游总收入超70亿元，接待总人数为866万人次，同比增长42.10%，其中过夜游客386.19万人次，同比增长32.22%。[1] 抽样调查显示，有32.26%的游客到广州的主要目的与亚运会有关，69.50%的游客会推荐亲戚朋友到广州旅游。[2]

---

[1] 广州亚运会期间旅游收入超70亿[J]. 空运商务，2010（22）.
[2] 新广州游后亚运持续火爆[N]. 南方日报，2010-12-15.

（三）文化＋体育

主要经验：整合电子竞技运动的线上线下资源进行泛娱乐开发，发展体育文化产业。

案例一：杭州电竞数娱小镇

杭州下城区规划建设中国（杭州）电竞数娱小镇，以电竞产业为核心，整合赛事、直播、综艺、动漫、文学、影视、音乐、明星粉丝经济、内容制作和旅游等在内的上下游环节，集聚电竞企业及机构，吸引电竞创新人才，引进培育电竞俱乐部，组织举办电竞赛事，搭建电竞产业发展平台，打造以电竞为主题的未来城市潮流文化娱乐新地标。目前，数娱电竞小镇已签约、入驻影视制作、网络科技、游戏制作、APP 开发、新媒体平台以及配套企业 83 家。

案例二：苏州电竞文化综合体

苏州电竞文化综合体位于苏州高新区，是以"电子竞技＋休闲体育"为特色的电竞文化综合体。依托文体场馆，电竞馆经营与高端赛事相结合，规划形成直播空间、电子竞技休闲空间、运动酒店、动漫文化区、新零售商业平台，开展电子竞技体育运动。通过引入具有较大影响力的全国性、国际性电竞赛事，打造电子竞技赛事体系，吸引国际国内高端电竞人才，孵化和扶持游戏互娱产业，开发智慧体育场馆、电竞产业、体育旅游等产业链，发展新体育经济。

（四）文化＋体育＋旅游

主要经验：以旅游品牌整合文创 IP、赛事 IP、会展 IP，提升流量和附加值。

案例一：ESPN 体育大世界

ESPN 体育大世界位于美国奥兰多迪士尼乐园内，每年举办各类赛事 200 余场，其中，有超过一半的收入来自迪士尼及旗下相关品牌的自由 IP 赛事，如迪士尼马拉松周末、迪士尼公主半程马拉松、星球大战半程马拉松、复仇者联盟半程马拉松等，以独特的赛道美景、迪士尼人物，吸引家庭、女性等不同体育消费人群。2016 年全年参赛人数已经超过了 30 万，直接运营收入超过 2.5 亿美元。通过游乐 IP 与赛事 IP 互动延伸，ESPN 体育大世界每年为迪士尼度假区贡献 75 万间酒店预订和超过 100 万张主题乐园门票。[1]

案例二：嘉兴桐乡乌镇

乌镇是中国首批十大历史文化名镇和国家 5A 级旅游景区，为了破解古镇旅游同质化竞争的困境，乌镇依托旅游品牌植入艺术、互联网、体育赛事等节庆会展 IP，举办乌镇戏剧节、首届世界互联网大会·乌镇峰会、中国乌镇·围棋峰会等一系列极具影响力的活动。通过"旅游小镇—文化小镇—会展小镇"的三次跃升，实现小镇旅游的转型升级。

---

[1] 在体育旅游的万亿市场"挖矿"迪士尼 5 个正确姿势. 搜狐财经 [DB/OL].

第三章　湖北旅游产业发展的概述

第一节　湖北省旅游资源概况

一、湖北地理交通状况分析

湖北位于长江中游，因地处洞庭湖以北，故称湖北。地跨东经108°21′42″—116°07′50″、北纬29°01′53″—33°16′47″。东西长约740公里，南北宽约470公里，总面积18.59万平方公里，占全国总面积的1.94%。中南部为江汉平原，其余为鄂西山地、鄂北网地与鄂东低山丘陵。

湖北东邻安徽，南接江西、湖南，西连重庆、四川，西北与陕西接壤，北与河南毗邻。从全国旅游资源分区上来讲，湖北属于"华中名山峡谷资源区"。

湖北现有12个省辖市、1个自治州、38个市辖区、24个县级市（其中3个省直管市）、38个县、2个自治县、1个林区。从旅游资源空间分布上来讲，大致可以将湖北省划分为武汉城市圈和鄂西生态文化圈，武汉城市圈包含：武汉、咸宁、黄冈、孝感、黄石、鄂州、仙桃、天门、潜江；鄂西生态文化圈包含：宜昌、十堰、襄阳、恩施、荆州、荆门、随州、神农架。

从交通状况上讲，武汉城市圈与省内外交通都比较便利，交通基础设施发达，至宜昌"两坝一峡"所在区域的高铁、高速设施也非常完善。鄂西生态文化圈所处为鄂西山地、丘陵地带，交通相对不太便利，基础设施薄弱。火车多经高架、隧道，行驶速度慢。公路多盘山而行，高速覆盖面较低。至宜昌"两坝一峡"所在区域的交通行程相对烦琐，但近年来随着各地交通基础设施的大力完善，交通便捷性正逐步提高。

二、湖北旅游资源的赋存状况

湖北地处我国地势第2阶梯和第3阶梯的过渡地带，地形呈显著的过渡性特征，山地、山原、丘岗、岗地、平原、湖泊等多种地貌并存。从地表结构来看，湖北地势东、西、北面凸起，中间低下并向南敞开，呈马蹄状多层环形结构，这种独特的自然地理条件决定了湖北旅游资源分布的均衡性，优美的自然风光、丰富的自然资源和优越的地理区位，为湖北成为南方人类最早的发源地之一留下了丰富的文物古迹。

（一）自然旅游资源

湖北自然旅游资源丰富，山岳、水域、动植物种类繁多，可分为以下内容。

1. 山岳景观

如有神农架、大洪山、武当山、九宫山、西山等山峦风光20余处，腾龙洞、黄金洞等岩溶洞穴以及自然遗迹、地质构造、生物化石景观多达20处。

2. 水域景观

如有长江三峡、清江、汉江、神龙溪等江河湖泊景观10余处，龙潭澡布、高岚飞澡、潜山温泉等泉水、瀑布景观15余处。

3. 动植物景观

如有神农架、大老岭、九宫山、向北山、万亩竹林等古老的森林资源和众多珍稀动植物资源。

（二）人文旅游资源

湖北的人文旅游资深中历史文物古迹、革命纪念地、民俗风情、现代工程景观齐全，且分布较为均衡，可分为以下几种类型。

1. 历史古迹

历史古迹有屈家岭、大澳、石家河等古文化遗址12处，西塞山、赤壁古战场、荆州古城等古战场古城遗址30余处，万寿宝塔、黄鹤楼、明显陵等古建筑、古墓葬约80处以及五祖寺、章华寺、灵泉寺等寺院观30处。

2. 革命文物

革命文物有翻北省博物馆、三峡诗文馆、赤壁之战陈列馆等10处，红安七里坪、武汉"八七"旧址等革命故地10余处，红安烈士陵园、大悟边区烈士陵园等5处。

3. 民俗风情

民俗风情有洪溯江汉风情、土家风情、神农炎帝节、土家吊脚楼、山区石板魔等民俗风情30余项。

4. 现代工程

其中最著名的有三峡、葛州坝、荆江分洪等大型现代工程。

三、湖北旅游资源的基本特征

（一）种类全、数量多、品位高

湖北旅游资源种类全，数量多，除溶洞、高原和草原外，其他各类旅游资源分布较为均衡，具有开发价值的景点1500余处。从自然资源来看，它兼有江南山水的秀丽和北国风光的壮观；从人文旅游资源来看，源远流长的长江文明，博大精深的楚文化，广泛分布的民俗风情、信仰文化以及各类现代化人文景观，使湖北旅游资源呈现高品位的特征。如玉泉山、九峰山、鹿门山、神农架等被列为国家级森林公园；长江三峡、大洪山、东湖、武当山、古隆中、九宫山被列为国家级风景名胜区，神农架、武当山还被联合国教科文组织分别列入"人与生物圈保护区网"与"世界文化和自然遗产目录"。

（二）景观地域分布差异显著

湖北西部为鄂西山地，景观起伏多变，自然风光优美：西北山峰高耸、峰奇岭秀、峡谷探洞、河流瀑布、曲溪流泉、溶洞石林、古木奇花、珍食异兽，尤以"华中屋脊"——神农架蕴藏着十分丰富的旅游资源。鄂西南山高谷深、山顶平广、峡谷宽谷相间排列、群山连绵、石灰岩广布、岩溶景观发育，自然资源由峡谷和溶洞组成。湖北中部呈现以江汉平原为主体的水乡平原景观，湖泊众多，农业旅游资源十分丰富，人文景观中以古三国、楚文化为主要特色，湖北东部除具有秀丽的山岳风光和河湖景观，还有丰富的历史古迹和文物资源，自然景观和人文景观较好地组合在一起。

（三）旅游资源开发基础较好

湖北旅游资源发展至今，已经具备了良好的开发基础。以武汉、宜昌为依托的两个旅游区经过多年投资开发，已形成了较好的旅游网络，鄂西北以十堰和神农架为依托的旅游网络初具雏形。鄂东以黄石、黄冈、鄂州为顶点构成的金三角旅游网络尚待形成，鄂南以咸宁为依托的旅游区已具备良好的发展基础；鄂中以荆沙、襄阳为中心城市构成的旅游网络发展势态良好。目前，已开发的国家级风景名胜区 6 个，国家历史文化名城 5 个，国家重点文物保护单位 20 余个，占全国总数的 5% 以上。

四、湖北旅游分区

旅游区是一个多层次和多类型的旅游经济地域系统，是指含有若干共性特征的旅游景点与旅游接待设施组成的地域单元，它包括旅游对象和各种基础设施。我国旅游区划分为一级旅游区划——旅游地带，二级旅游区划——旅游省和三级旅游区划——旅游区。根据湖北省旅游资源特色、发展现状和社会经济地域系统条件，对湖北省的旅游资源进行分区。

（一）分区原则

旅游的分区原则简要介绍如下。

1. 主导景观相对一致

旅游资源是多种多样的，通过对其自然、历史、文化和经济等因素的综合分析，选取能反映该区域旅游资源特色的主导景观，然后根据这一主导景观的地域分布组合情况确定旅游区的地域范围。

2. 区内差异相对最小。区域旅游环境因地而异，差异很大，但仍可划分出若干相似性较大而差异性最小的地区。不同旅游区的主导景观应有重大差异，而同一旅游区内自然、历史、文化、资源潜力与开发方向应基本一致。

3. 旅游分区与行政区划相结合

区域旅游业的发展受区域行政主管部门的制约，同时其发展战略措施的实施需得到行政机构的支持。因此，旅游分区应尽量保持与行政区划的相对完整性，以避免因行政归属问题发生纠纷。

4. 旅游分区与区域远景发展相结合

旅游分区是一项实践性很强的工作，主要目的是预测各个旅游区的远景发展方向，为旅游区的进一步合理开发利用和规划提供科学依据。因此，开展旅游分区要着眼于现状和未来，并与之保持一致。

（二）分区条件

旅游分区条件应以旅游中心城市为依托，因此，必须正确评价和筛选旅游中心城市，以及其辐射能力旅游中心城市的筛选应以旅游从业人口、旅游资源丰度、旅游景点数量、交通、住宿、旅行社、旅游商店、客流量及人均旅游消费等为标准。

根据相关旅游统计资料分析，通过旅游中心城市综合实力的比较，结合旅游生产力布局的要求和旅游城市分布状况，可将湖北省旅游中心城市（一级）确定为武汉、宜昌、荆沙、十堰。

旅游中心城市辐射能力的空间联系主要有：自然联系、经济联系、交通联系和社会联系，其辐射能力强度与距离呈负相关关系，而与本身的知名度和综合实力呈正相关关系。

结合现行的行政区划、旅游交通、空间距离、城市综合实力、潜在游客等因子进行定性分析，可确定旅游中心城市的辐射范围。

（三）分区方案

根据旅游分区原则，旅游中心城市的筛选及其辐射能力的确定，并结合旅游者观赏游览的连续性等，可将湖北省划分为四大旅游区，即鄂东综合旅游区、鄂西北山岳风光旅游区、鄂中名胜古迹旅游区和鄂西南峡谷溶洞与民俗风情旅游区。

1. 鄂东综合旅游区

该景区是以自然风光、名胜古迹和革命纪念地为主的综合旅游区，旅游中心城市为武汉，二级区划为武汉旅游区、鄂东南旅游区、鄂东北旅游区，旅游中心分别为武汉、咸宁、孝感。该景区辖武汉市、鄂州市、黄石市、咸宁地区、孝感市、黄冈市；所辖景区有东湖景区、龟山—蛇山—洪山风景区、汉口商业都市风景区、龙阳湖风景区、木兰山—盘龙城风景区、道观河风景区、龙泉山风景区、西北风景区、铜绿山古矿冶遗址风景区。

2. 鄂中名胜古迹旅游区

该区是以古三国和楚文化为主要特征、自然风光为辅的旅游区，旅游中心地为荆沙，二级划分为荆沙旅游区、襄阳旅游区和荆门旅游区，旅游中心分别为荆沙、襄樊、荆门。该景区辖荆沙市、荆门市、襄樊市、随州市，所辖景区有荆沙游览区、洪湖水上风情旅游区、大洪山风景区、襄阳风景区、神农故里—随州风景区、荆门风景区。

3. 鄂西北山岳风光旅游区

该区的旅游中心城市为十堰，二级区划为武当山旅游区和神农架旅游区，其旅游中心分别为十堰和松柏镇，该景区辖十堰市和神农架林区，所辖景区有武当山道教名胜风景区、十堰现代汽车工业游览区、神农架生态考察风景区。

4.鄂西南峡谷溶洞与民俗风情旅游区

该区是以岩溶洞穴与民俗风情景观为主题的旅游区旅游中心城市为宜昌，二级区划为三峡旅游区、清江旅游区，旅游中心分别为宜昌和恩施。该景区辖宜昌市和鄂西自治州，所辖景区包括三峡—葛洲坝风景区、当阳风景区、清江风景区、鄂西土家民俗风情游览区。

第二节 湖北省产业规模

一、湖北旅游产业发展的现状

回顾湖北旅游产业的发展历程，自1954年4月15日中国国际旅行社总部在北京成立，全国设有14个分支社，其中湖北有国旅汉口分社和国旅宜昌支社，占比为1/7，可见当时湖北旅游业在全国的地位举足轻重。

近年来，随着人民生活水平的不断提高，人们外出旅游已经成为刚性需求。2019年，全国旅游人次已突破50亿，其中，湖北省接待旅游者达到7.27亿人次，同比增长13.80%；湖北省的旅游收入为6344.33亿元，同比增长15%[1]，为了更清晰地了解湖北省旅游业近年来的发展历程，下面呈现湖北省2014—2020年国内旅游人数及增长率（见表3-1）。

表3-1 2014—2020年全国和湖北省国内旅游人数及同比增长率（亿人次）

时间	湖北省国内旅游人数	湖北省同比增长率（%）	全国国内旅游人数	全国同比增长率（%）
2014	4.06	18.70	32.62	10.3
2015	4.69	15.50	36.11	10.7
2016	5.07	12.70	40.0	10.5
2017	5.73	12.00	44.4	11.0
2018	6.39	11.50	50.01	12.8
2019	7.27	13.50	55.39	10.8
2020	6.01	12.3	60.06	8.4

从表3-1数据可以看出，除了2018年外，湖北省国内旅游人数同比增长率高于全国同比增长率，说明湖北省旅游产业的发展高于全国平均值，湖北省旅游业位于全国前列（见表3-2）。

表3-2 2014—2020年全国与湖北省国内旅游收入及同比增长率（亿元）

时间	湖北省国内旅游收入	湖北省同比增长率（%）	全国国内旅游收入	全国同比增长率（%）
2014	2130.3	22.60	2627.12	15.7
2015	3675.98	17.40	30311.87	15.4
2016	4206.02	14.30	34200.00	13.0

[1] 尹静.散客化背景下恩施地区旅游小微企业产品开发[J].产业与科技论坛，2017（23）：99-104.

续表

时间	湖北省国内旅游收入	湖北省同比增长率（%）	全国国内旅游收入	全国同比增长率（%）
2017	5870.00	13.00	39400.00	15.2
2018	2214.00	12.80	45700.0	15.9
2019	6344.33	15.00	59700.0	10.5
2020	6743.99	12.0	66300	11.1

从表3-2中的数据可以看出，除了2017年、2018年外，湖北省国内旅游收入同比增长率均高于全国国内旅游收入同比增长率，也说明湖北省旅游产业的发展高于全国平均值。但是，有一点值得我们深思，2017年湖北省国内旅游人数同比增长率高于全国国内旅游人数同比增长率，可是2017年的国内旅游收入同比增长率却低于全国国内旅游收入同比增长率2.2个百分点。

如表3-3中的数据可以看出，从湖北省市州接待国内旅游人数和国内旅游收入而言，武汉市因其得天独厚的地理位置优势，这两个数据都名列前茅。可是相对数，即同比增长率却不如后起之秀的位于湖北西部的十堰市和恩施州，十堰市和恩施州无论是国内旅游人数增长率还是国内旅游收入增长率都高于武汉，说明湖北西部旅游业的发展深受游客青睐。近年来，湖北省游客满意度也在逐渐提升。2019年湖北省游客满意度调查结果显示，2019年湖北省游客满意度得分为79.3分，比2018年提升0.3分。以下是全省游客满意度排名前十的市州排序如表3-4所示。

表3-3 2019年湖北省市州接待情况及增长率（万人次，亿元）

地区	接待国内旅游人数	比上年增长率（%）	国内旅游收入	比上年增长率（%）	全省排名
武汉市	28512	10.90	3038	12.60	1
宜昌市	7691	17.00	869	10.52	2
十堰市	6514	17.20	587	35.20	3
恩施州	6216	21.10	455	23.90	4

表3-4 2019年湖北省市州游客满意度调查表（分）

地区	分数	全省排名	地区	分数	全省排名
恩施州	82.1	1	十堰市	80.8	6
宜昌市	81.8	2	襄阳市	80.5	7
神农架林区	81.6	3	咸宁市	79.3	8
黄冈市	80.9	4	随州市	79.2	9
武汉市	80.8	5	荆州市	79.1	10

如表3-4"2019年湖北省市州游客满意度调查表"中，显示排在前三位的恩施州、宜昌市和神农架林区均属于湖北西部地区，在表3-3"2019年湖北省市州接待情况及增长率"中，宜昌市和恩施州也名列前茅，说明鄂西旅游区不仅深受游客青睐，还说明湖

北西部地区的旅游业服务质量也得到广大游客的认可和满意。❶

二、旅游产业对湖北经济的影响及社会环境效应

（一）旅游产业的发展促进了地区经济的发展

1. 旅游产业的发展促进了相关产业的发展

旅游产业是第三产业中的龙头产业，其传统结构中的六要素"食、住、行、邮、购、娱"牵涉许多相关行业，对这些行业特别是第三产业起着巨大的带动作用和乘数效应，可为第一、第二产业开拓新市场。旅游本身包含的六大要素，消耗的饮食品，购买的商品、纪念品以及日益流行的"农业旅游""工业旅游"等项目都引导和带动第一、第二产业的发展，促进第一、第二、第三产业在更高层次中的协调发展，对国民经济发展起重要的带动作用。

2. 旅游产业的发展推进了产业结构的调整

产业结构代表社会经济发展水平和旅游的消费能力及承受能力。第三产业不发达，即使有大量的旅游需求，也承受不起，旅游产业也发展不起来。从产业结构来看，湖北与发达国家、全国平均水平及国内发达地区仍有一定差距。不仅旅游发展本省可促进第三产业在整个国民经济中的比例增加，而且通过带动第三产业的其他行业的发展来推动整改第三产业的全民进步，从而调整和优化全省的产业结构。

3. 旅游产业的发展刺激了消费的增长

旅游业是市场需求旺、消费潜力大的产业，"行游住食购娱"六要素处处与消费密切相关，抓住旅游这个第三产业的龙头，就是抓住了扩大内需的重要因素。近年来，黄金周旅游消费不断增长，带动全社会假日消费规模不断扩大，就充分说明了这一点。随着人们对旅游消费的需求日益旺盛，随着新的旅游产品不断出现，旅游日益成为人民群众重要的消费领域，对消费的刺激作用将越来越明显。

4. 旅游产业的发展带动了投资增长

近年来，旅游业的发展对若干领域投资增长的带动作用越来越明显，除了对公路、铁路、民航、水运等基础设施提出新的需求以外，大大促进了宾馆饭店、旅游景区、主题公园等旅游领域直接投资的显著增长。特别是近年来随着新的旅游产品出现，高尔夫球场、游艇、游轮、旅游房车、旅游港区等新业态投资快速增长，还带动了一批度假休闲区（如汤池温泉）的发展，有的投资规模相当大。

（二）旅游产业的发展促进了社会协调发展

1. 旅游产业的发展增加了就业

旅游经济活动是一项综合性、服务型的经济活动。一般认为，旅游业是劳动密集型产业，就业容量大，就业门槛相对较低，就业层次多，能够吸纳不同层次的人群就业，

❶ 朱琳慧.2018年湖北省旅游业运行现状分析游客满意度不断提升[EB/OL].（2019-10-06）［2020-09-16］.

对促进农村富余劳动力就地转移安置,具有独特优势。因此,通过发展旅游业能为湖北提供大量的直接就业机会,包括直接为旅游者提供相应产品和服务的景区、旅行社、住宿设施、娱乐设施、购物设施等部门的就业。另外,由于旅游业的产业关联性,以上这些直接为旅游者提供产品和服务的相应部门又需要购买其他部门的产品和服务,从而增加包括农业、制造业、食品加工行业等部门的间接就业。

2.旅游产业的发展促进了城镇化发展

旅游通过人的流动,促进了物质、资金、信息的流动。由于城市人口的平均收益和消费水平高于农村,又由于湖北大部分旅游资源集中于农村和山区,因此,在旅游过程和旅游产业发展过程每一要素的流动中,自然促进了城乡之间的交流。旅游在湖北城镇化发展进程中,发挥着特殊的作用。发展旅游,需要与之相配套的基础设施。近年来,农业旅游的发展,促进了农村基础设施建设,推动了农村城镇化进程,探索出了一条以旅游推进农村城镇化发展的有效途径。

3.旅游产业的发展促进了资源和生态环境的保护

旅游是体验型的消费方式。发展旅游对贯彻落实科学发展观,建设资源节约型、环境友好型社会,具有积极作用。只有正确处理开发与保护的关系,旅游业发展与资源和生态环境保护才能实现相互促进、协调发展。

4.旅游产业的发展促进了文化传承

旅游是文化交流的重要载体和桥梁,人们通过旅游可以接触和体验到不同的文化。旅游业的发展,带动了旅游目的地文化保护、建设、传承、发展,促进了目的地与客源地之间的文化交流。近年来,湖北兴起的工农业旅游、红色旅游等,以其生动活泼、丰富多彩的形式,成为传播科技文化知识、加强爱国主义教育、弘扬荆楚大地灿烂悠久历史文明的重要方式。

第三节 湖北文旅、体旅、商旅融合发展的内涵

一、湖北文旅、体旅、商旅融合发展的优势

湖北山林川泽秀丽多姿,名胜古迹星罗棋布,地域文化浪漫雄浑,众多文化与旅游资源造就了湖北丰富的文化内涵与独特的人文魅力,发展文旅产业的优势明显。

(一)独特的地理区位孕育出湖北特色

地域文化湖北地势以山地、丘陵和平原湖区为主。各地特有的地形地貌与丰富多样的自然景观,塑造了不同地域各具特色的文化风格,为湖北文旅融合发展提供了先天的自然优势。同时,湖北有土家族、苗族、侗族、满族等多个世居少数民族,各少数民族在岁月的积淀中形成了独特民俗文化,丰富与提升了湖北旅游的文化内涵与吸引力。加上湖北地处我国中部,与多个省份接壤,地理位置优势为多样文化的交流提供了便利条件,

孕育出精彩纷呈、包罗万象的地域文化。

（二）丰富的文化资源奠定了湖北旅游产业融合发展的基础

湖北省物华天宝、人杰地灵，拥有大量优质物质文化资源，如历史文化名城武汉、荆州、襄阳、随州；世界文化和自然遗产武当山古建筑群、神农架、钟祥明显陵；古文化遗址——鸡公山旧石器时代遗址、屈家岭新石器时代遗址、盘龙城遗址；著名旅游景区武当山、三峡大坝、东湖、黄鹤楼；等等，荆楚名胜数不胜数。湖北省精神文化成就突出，产生了老子、庄子、屈原等文化名人，对中华民族的文化发展做出了重大贡献。湖北不仅是楚文化的发祥地，还是三国文化、红色文化的富集地，众多文化资源地域特色鲜明、经济开发价值明显，极大地促进了湖北文化旅游业的发展。2019 年，湖北文化和旅游业增加值占全省的 GDP 超过 10%，为新时代湖北省文化与经济的高质量发展做出了巨大贡献。

（三）完善的基础设施为旅游产业融合发展提供了条件

近年来，湖北积极贯彻基础设施互联互通的思想，不断加强公路、铁路、水运、航空等基础设施建设，交通发达，100% 的建制村通公路，国道、省道、铁路、水运路线遍布全省。完善的交通运输系统，为湖北文旅产业的发展创造了极为便利的条件。目前，湖北正创新发展理念、驱动技术创新，加速 5G、人工智能、智慧旅游、智慧交通等数字化设施建设，致力于完善全域智慧旅游综合服务平台。同时加速公共数字文化建设并完善文化场馆旅游功能，新型基础设施体系正在形成。不断完善的基础设施，大幅度提升了旅游资源的质量，为打破对外联系困境、增进与外界的多维度文化交流奠定了坚实基础。

（四）相关政策措施助力湖北文旅产业双向融合

灵秀湖北，楚楚动人。近年来，湖北省政府致力于提升湖北文化魅力，打造文旅强省，2020 年政府工作报告提出，要促进文旅融合，打造文旅强省，让荆楚大地成为人人向往的"诗和远方"。为推进湖北文旅产业融合发展，湖北省政府出台了一系列扶持政策措施。一是在资金方面，提出加大对文化旅游领域的专项资金扶持力度，实施针对文旅企业专项金融服务措施，鼓励各类投资基金和平台为文旅企业提供投融资服务，支持文旅企业发展。二是在产业融合发展方面，促进"文旅+"融合发展，提升文旅产品的创新、创意、创造和文化、生态、科技含量，把具有地方特色的旅游演艺产品做成旅游演艺品牌，促进文旅产业转型升级。三是在文旅项目打造方面，重点建设特色文旅项目，同时加强数字化建设，全面提升文旅服务水平。四是在市场开发方面，运用湖北文旅主题形象宣传片和广告播放等方式加强湖北文旅形象宣传，拓展文旅发展空间，不断激发文旅产业的发展活力。

二、湖北文旅、体旅、商旅融合发展的特征

（一）整体性特征

湖北省体旅文商融合发展涉及诸多产业和领域。该发展模式的整体性特征，主要是

指将原本单一化的产业进行整合,通过形成融合发展的方式,实现整体性发展,进而改变某一产业原来单打独斗的状态。通过实现整体性发展,使得湖北省体旅文商融合发展模式中的各大产业能够不断壮大规模,提升发展效率,进而有助于推动湖北省经济社会的整体发展。

(二) 协调性特征

多产业的融合发展势必会出现很多问题,在湖北省体旅文商融合发展过程中涉及的产业较多,要想全面推广这一模式就必须充分体现协调性。在湖北省体旅文商融合发展模式过程中,其协调性主要体现在能够实现对该模式下各产业发展的相互协调,使其能够充分发挥各自的优势,通过有效机制加快协调发展步伐,进而确保湖北省体旅文商融合发展模式顺利开展。

(三) 集聚性特征

任何产业的发展过程中都具有明显的产业集聚效应,优势产业的集聚性特征最为明显。在湖北省体旅文商融合发展过程中,可以充分发挥不同产业的优势资源,进而持续加大集聚效应,可以吸引更多企业和资金加入,进而不断扩大湖北省体旅文商融合发展的规模,其集聚性特征也会更加明显。

(四) 动态性特征

在新形势下,在一系列发展战略的推动下,湖北省体旅文商融合发展模式从无到有,处于起步阶段,其未来的发展空间较大。同时,在湖北省体旅文商融合发展过程中,其面临的内外部环境不断变化,为充分适应外部环境,就需要对融合发展模式进行不断改进和优化。这体现了动态性的特征,只有不断进行动态化调整,才能确保湖北省体旅文商融合发展模式始终保持有效性。

三、湖北文旅、体旅、商旅融合发展的技术手段

(一) 新媒体驱动的整体变革

新媒体驱动的变革从宏观角度来说,主要有以下大的方向:一是传播变革呈现社会化传播的趋势;二是技术变革构成了多种新兴技术的生态体系;三是社会变革从开辟虚拟世界到连接了现实和虚拟两个世界。

1. 互联网催生的社会化媒体传播

不同于以往的大众传播媒体,以互联网为代表的新媒体自诞生之初就彰显出去中心化的本质,它是网络节点和节点之间的连接,不具备一个核心的中间点,因此也就形成了互联网的早期雏形——互联拓扑的结构。每个互联网用户在这个结构中都以节点形式存在,而不同节点之间的连接就是信息的传播过程,节点和节点之间都是双向连接的,即信息可以在节点之间双向流动。这种去中心化的特性,再加上如今互联网设备和技术的易得,使每个人都有平等的机会接入互联网当中,并成为一个传播者或者受传者。它

打破了时间和空间的多种限制，无论你在世界哪个角落，你都可以通过互联网及时获得各种资讯和消息，全世界的信息都能触手可及。

在互联网的接触和使用过程中，每个人传播的信息可以被网络上的多个人所接收，也可以接受来自多个不同来源的信息，互联网上的信息传播不再是由一点出发的一条或者多条线，而是形成了复杂的信息网络，来自所有人，同时也去向所有人，因此也就形成了社会化的传播媒体，诸如，早期的论坛、博客以及如今的微博、微信，在社会化传播媒体当中，人与人之间的交互式传播十分便利，多样化的信息交流和共融成为可能。

另外，过去的大众传播由于信息来源有限，人们在一定的时间和地域范围内，大多只能接受有限的信息，因此信息在到达接收者时更加容易在其脑海中留下深刻的印象，而社会化媒体传播的环境下，信息来源呈现多元化和复杂化的趋向，而且信息呈海量剧增，对于一个普通的信息接收者来说，正常的大脑无法承载记忆和处理过量的信息，因此，信息的到达率也就大打折扣。虽说互联网给了人们更多的机会去参与传播和接收信息，但是庞杂的信息来源和过量的信息数据反而分散了人们的注意力，这使传播者需要仔细斟酌传播内容，吸引信息接收者的注意力，也需要信息接收者锻炼出庞杂的信息海洋中搜索、辨别和筛选有价值信息的能力。

2. 多种新兴技术构成生态体系

新媒体的迅猛发展在网络当中形成了海量的数据，而新媒体也因大数据而具有现实意义，新媒体与旧媒体有了重大的区别。麦肯锡全球研究所给大数据的定义是："大小超过了典型数据库工具收集、存储、管理和分析能力的数据集。"❶ 但大数据的意义并不仅仅在于海量的数据，海量的数据汇聚到一起的确会产生意义，但同时也会产生巨大的杂音干扰，所以大数据的价值其实在于采集海量数据的技术和分析处理海量数据的技术能力，而不是在于信息本身。大数据技术成为一个新媒体环境下的重要技术趋势，而它也正是在新媒体发展的基础上才能成为现实。

物联网技术作为信息技术创新最为活跃的领域之一，为新媒体快速发展提供了肥沃的土壤。物联网实际上是一个信息技术的集大成者，它将电子技术、通信技术、传感技术等多项技术结合起来，我们总能在物联网领域瞥见最前沿的信息技术应用，而其中每一项相关技术的开发和进步都推动着物联网整体技术的提升。比如，现有的NFC近场通信技术，最典型的应用是卡片充值系统，通过内置的NFC功能，就能轻松地将移动智能设备与充值卡片关联起来，实现卡片的金额和信息更新。目前，物联网技术的应用已经十分广泛，在家居生活、金融商业、物流生产、旅游度假、医疗卫生、公共安全防卫等多个领域都得到了应用。

近几年，VR（Virtual Reality，虚拟现实）和AR（Augmented Reality，增强现实）技术走进了人们的视线，这两项新兴技术字面上相似，但技术上和场景上存在着很大差别。

---

❶ 弗兰克斯. 驾驭大数据：Taming the big data tidal wave：finding opportunities in huge data streams with advancedanalytics[M]. 北京：人民邮电出版社，2013.

VR是利用技术创造出一个模仿现实的虚拟世界，这个模拟出来的世界能够带给人与现实世界一样的感受，其特征在于世界是虚拟的，而感官体验是真实的，核心技术在于运算技术，通过复杂的运算形成对人体感官的影响。而AR主要是通过技术手段在现实的基础上增加内容，简单描述就是我们可以利用手机摄像头对周围取景，AR会通过地理位置算法在手机的现实取景上标注一些其他信息，通过手机取景框看到的现实场景要比直接眼睛看到的现实场景增加了更多信息，其核心技术在于现实物体的识别、地理位置定位、以及根据不同场景的即时演算等。VR和AR技术的应用目前在娱乐和消费领域布局，典型的应用如游戏直播、视频、旅游、购物，还有房地产和汽车等大宗商品的交易方面。

诸如大数据技术、物联网、VR和AR技术等这些新兴快速发展的技术共同构成了新媒体发展的生态技术体系，它们相互交融、深层配合，协同创新，构成了多媒体、立体化的新兴技术组合，并实现了对新媒体的全面渗透。

3. 现实世界的延伸和两个世界的连接

媒介延伸理论是传播学研究领域中媒介环境学研究的一个著名理论，麦克卢汉曾提出"媒介是人的延伸"这一观点为传播学界所熟知。但这里要提到的观点是"媒介对世界的延伸"。从媒介的发展变迁来看，媒介对世界的延伸有三种形态：一是广义上的媒介对现实世界的延伸——以艺术创作为代表的泛媒介延伸出虚拟世界；二是狭义上的媒介对现实世界的延伸——以互联网为代表的媒介通过模拟现实世界而创造出的虚拟网络世界；三是通过媒介对现实世界进行虚拟延伸并连接两个世界——以移动互联网为代表的新兴媒介延伸现实世界并连接虚拟和现实世界。

实际上，"媒介对世界的延伸"第一种形态来自符号学家，同时也是媒介环境学家苏珊·朗格所持的观点，通过绘画、舞蹈、音乐、电影等多种艺术创作，可以延伸人类所生存的真实世界，从而诞生一个虚幻的想象当中的世界，苏珊·朗格认为，艺术创作的虚幻世界有特有的存在空间，它们不与我们的现实世界直接发生联系，是一种虚拟幻象[1]，她的这一观点虽然是广泛意义上的媒介概念，但是无疑为"媒介对世界的延伸"提供了一定的理论支撑。

而第二种形态就非常容易理解了，身处互联网时代的我们都懂得，互联网在我们身处的客观物质世界之外，为我们开辟了一个虚拟的世界。我们本身并不会直接以物质实体的方式进入互联网中，而是通过符号化、数字化的方式接入这个虚拟世界，我们在这个世界当中会以一个虚拟账号、用户名这样的身份而存在。从某种意义上讲，这个虚拟世界并不是一个绝对概念，而是一个相对概念。因为只有当人们接入互联网时，它才会相对于接入网络的人而存在。所以，这里的虚拟世界是与现实世界没有相交重合的，与人类的现实世界是两个平行存在的世界。但我们也要看到，这种虚拟和现实平行的状态并不是一成不变的。伴随互联网技术的不断进步，虚拟空间和现实空间开始互相渗透和

---

[1] 转引自：梁颐. 论未来媒介对人类三个方面的延伸——以媒介环境学派的"媒介延伸理论"为视角[J]. 东南传播，2014（1）：1-5.

嵌入，二者之间的互动逐渐增多，对彼此的影响也逐渐深入。

这样就逐渐发展到了第三种形态，通过媒介延伸现实世界，并用虚拟世界的行为连接现实生活。人们不再满足于现实和虚拟硬生生地分隔，希望在现实世界中植入虚拟的线上交互元素，这些元素最初是以生活场景来体现的：早晨起床，智能手机自动为你播报当天的天气状况和穿衣指数，吃早餐的同时你可以接收电子邮件和新闻推送，出门前用打车软件叫好了车，办公室里与客户进行视频电话会议，午餐用手机 APP 订购外卖，有什么需要购买的东西直接在网上选购并要求其在下班后送货到家，晚上和朋友聚餐，通过点评软件定好了餐厅，结束后通过手机扫码在线支付，回到家，智能电视已经为你挑选和推送了电影，立刻就可以放松享受轻松时光……无须想象，你发现这些场景已经成为我们的日常，互联网渗透到了我们的现实生活，为虚拟和现实世界搭建了一座连接的桥梁。这种连接使人们的现实和虚拟世界开始互相渗透，线上和线下的边界逐渐变得模糊，这是我们当下所能体会到的。新媒体作为一个工具或者说是平台，通过植入线上的交互元素来提升我们线下现实生活的体验和效率。

（二）新媒体变革对旅游市场的直接影响

新媒体的变革影响到人类社会日常生活的方方面面，作为服务业支柱产业的旅游行业自然也不例外。旅游活动本就与传播有着密不可分的关系，旅游业的发展自然也离不开媒体的参与，旅游对媒体的依赖性很强，新媒体的些许风吹草动自然直接将影响投射到旅游市场的发展上。

1. 基于社会化媒体平台的社会化旅游崛起

旅游已经逐渐发展为大众化、经常性消费的休闲生活方式，旅游者群体不断庞大，人群日渐成熟，旅游行为从传统的跟团游向在线的自由行转化。

随着自由行成为旅游者的主要出行方式，旅游者的信息获取渠道和方式都随之发生变化。新媒体的飞速发展为旅游者提供了绝对有利的资源和条件，旅游类网站和移动应用成为旅游者们的宠儿。社会化的媒体格局也影响到了旅游行业，移动社交发展迅速，并且已经逐渐成为一股改变旅游行业社会化媒体格局的新力量。

社会化旅游崛起的一个明显的趋势是各大旅游网站和移动应用进行功能拓展，功能不断丰富并趋向社交化。比如，典型的自由行网站马蜂窝现集合了攻略、商城、问答、小组、结伴等多个板块，攻略和自由行商城可以说是此类网站的基础配备，而其他板块则更像是由各种社会化媒体转换而来的变体，问答板块对应着网络问答社区，如百度知道、搜狗问问和知乎，小组板块对应网络兴趣社区如豆瓣小组、果壳小组，结伴则更具备社交的属性，将线上社交向线下发展，结伴旅游成为社交活动的一个自然载体。

此外，对于社会化旅游者来说，其旅游决策行为呈现与传统旅游者完全不同的姿态：首先，社会化的旅游者可以通过旅游社交网站或开放的社交媒体平台来获取旅游目的地的各种信息，在整合网络上他人旅游攻略的基础上制订个人的旅行计划，反观传统的旅游者是通过了解旅行社提供的固定旅游路线或者去过咨询旅游目的地的亲朋好友获得点滴经验之谈;其次,社会化的旅游者通过在线提前预订酒店或者做沙发客或者热衷于小而美的民宿,而传统的旅游者不能在短时间内进行筛选和对比,也许仅出于快速入住和距离的考量,会匆忙下榻距景区较近的酒店;社会化的旅游者热衷于旅行当中的社交分享并能通过社交平台快速在旅行中找到伙伴,融入当地人的空间,而传统的旅游者则顽固如一地进行着走马观花似的旅游,旅游结束后唯一留下来的是带给家人朋友的纪念品。如果忽略信息获取的时间和基础网络资源等成本的话,做好信息收集工作的社会化旅游者往往能够花费同样的钱来获得比传统旅游者更多的东西。

作为媒介载体的互联网特别是移动互联网在人们日常生活中已非常普及,社会化旅游以一种春雨润物细无声的姿态悄无声息地贯穿到旅游过程的每一个环节,无论是出游前的旅游信息收集,出游中的实时信息获取和定位分析,还是出游后的旅游点评和经历分享,社会化旅游方式都为旅游者提供了更多便利。

2. 大数据技术环境下旅游应用前景广阔

新媒体环境下形成了海量的网络数据,同时催生了大数据技术,将数据的采集、分析和挖掘得以有效运用到各个领域,在旅游行业的应用前景非常广阔。以往旅游行业数据采集的主要途径是依靠景区客流量统计和当地旅游部门的数据统计,对人和地域依赖性强,而且不同地区的旅游部门统计未形成统一标准,不能拿来进行精确对比,而且数据偏向宏观层面,对于具体的旅游者在旅游活动中的各种行为和消费决策则无法获取,对制定宏观政策有一定帮助,但对于行业内部具体应用性不强,旅游目的地的经营管理者不能对数据进行充分分析来制定相应策略。但大数据诞生以后,旅游数据得以焕发新的生机。

而对于个体的旅游者来说,旅游大数据预测更是帮助旅游行前决策的绝佳工具。事实上,山东省旅游局早已与百度达成战略合作,并将百度的大数据应用于省内旅游的发展,与百度合作推出了"山东省旅游景点排行榜",根据网民的搜索指数对山东境内的 A 级旅游景区的热度排名,反映网民对不同景区的关注情况,同时能够预测未来景区可能到来的潜在游客数量。再加上网民的基本用户信息,比如,年龄、地域、职业等,还能预测出未来一段时间的旅游客源结构。将百度网络大数据与省旅游局的其他统计数据结合起来,还能够了解线上游客意愿和实际旅游消费的交叉对比情况,可以指导目的地旅游业的生态发展,有针对性地展开旅游推广活动。

3. 新技术 VR 和 AR 结合旅游彰显新可能

一般情况下,游客往往不能在行前获得对旅游目的地的全面认知,且不说枯燥的文字信息,即使是图片和视频,也只是停留在二维平面的信息,不能生动还原旅游目的地风貌。VR 技术打破了这一普遍限制,为游客创造身临其境的体验,它可以制作 360 度全景画面,并提供类似实际旅游的体感,在虚拟现实的环境中预体验,做到未行先知,帮助消费者决策。减少时间和物质成本，VR+旅游的合作能够同时为旅游业挖掘潜在客户。

目前，VR 在旅游行业已经涉及了酒店预订、目的地游览和主题公园娱乐实施等领域，未来期冀 VR+旅游可以获得更长远和深入的发展。

与之相伴的 AR 技术则有无限的想象空间，前面提到新媒体将现实世界延伸到虚拟空间并且连接两个世界，然而媒介对两个世界的连接并不会止步于此。设想一下，可能我们可以在现实世界当中设置和植入一个虚拟的世界设定和规则，进而使线下世界可以随时切换成另外一个世界。这就好比平行实境游戏，在真实世界的背景中，融合各种虚拟的游戏元素，而玩家可以亲身参与到角色扮演中的一种多媒体互动。现有的 AR 技术可以帮助我们实现现实和虚拟的交互，并尽可能地让这种交互变得真实，比如，天猫在双 11 推出的捉猫猫以及支付宝的 AR 红包，但并未形成上面所说的第二世界，是没有办法给人们足够的沉浸感，因为没有第二世界的世界观规则的设定。想象一下，你每到一个地方，都会确认一下周边第二世界的情况和你第二世界社交群体的互动，在第一世界作出行为的同时，也会在第二世界映射某种行为，而这种设定，与旅游行为天然形成了呼应。旅游者的旅游行为往往都是到异质的文化环境中去体验不一样的感觉，而若依托 AR 技术，建造一个属于旅游地的第二世界，也许线上和线下世界的界限也许真的会彻底瓦解和消失，在未来可能拥有巨大的想象和发展空间。

（三）新媒体环境下的旅游品牌建构

在互联网影响下的新媒体环境中，"80 后""90 后""00 后"逐渐成为消费的主力人群，人们的消费水平逐渐提高，消费结构也逐渐从生存型消费向享受型消费、发展型消费升级，重品牌、重品质、重服务、重个性、重精神体验，成为目前在线消费人群的主要特征。重品牌、重品质、重服务对各行各业都提出了高质量的品牌建设要求，重享受则激发和推动了旅游行业 OTA 以及服务业 O2O 的蓬勃发展，重个性和重精神体验，说明了人们对文化消费的追求和向往，只有把握新媒体环境、消费结构升级的背景下消费人群的特征变化，旅游业的经营管理者和品牌商才能及时采取应对措施。

在如今的旅游消费升级背景下，中国的旅游发展进入多元化度假游新阶段，人们对于高质量和深度旅游体验的需求迅速增长，旅游目的地和旅游主题更加多样化，目的地产品供应不断深化，旅游产品趋向体系化完善。而对旅游者来说，旅游行程本身则更加注重与当地风土文化相结合。多元化度假游需求促进旅游产品供需结构升级，也敦促旅游目的地建设独特的旅游品牌来吸引游客。旅游的品牌建设有利于整合景区的旅游资源，使其与同类旅游景区形成差异，也符合新媒体环境下消费人群的特征，是一项必行举措，能够帮助旅游地在激烈的竞争中占据优势地位。

梳理国内外、各地区的旅游发展脉络，无论是旅游开发还是区域旅游发展，大多经历从旅游资源到旅游产品，从旅游产品到旅游品牌的三个阶段：旅游资源、旅游产品、旅游品牌，共同构成了旅游金字塔模型。金字塔的底层，是旅游资源；金字塔的中间层，是旅游产品;而金字塔的上层,则是旅游品牌。不管是旅游景区、旅游度假区,还是旅游城市,旅游资源是基础,旅游产品是核心,旅游品牌是关键。因此,在此基础上本文提出新媒体环境下的旅游品牌建构的原则:定位清晰独特、传递文化价值、打造品牌名片、竖立承载标杆、创意品牌传播,并形成新的旅游品牌建构金字塔框架(见图3-1)。

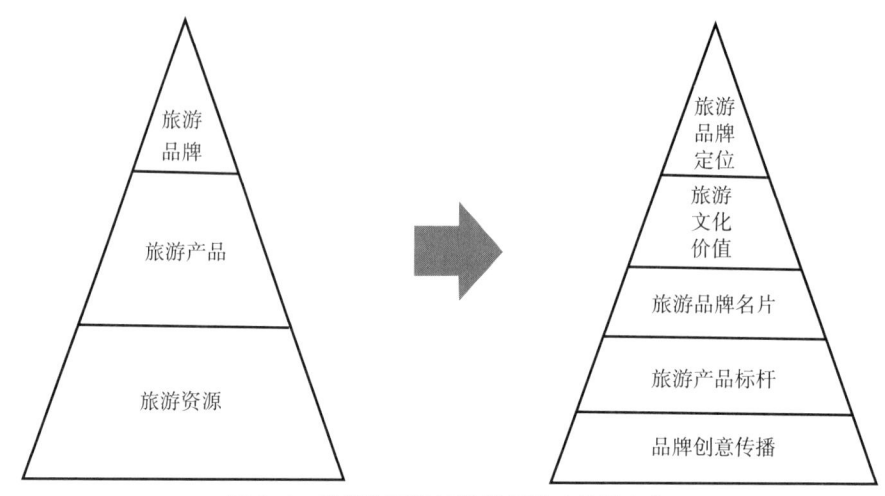

图 3-1 新媒体环境下旅游品牌建构的变化

四、茶产业与旅游产业耦合协调发展案例

案例通过对湖北省十堰地区茶产业发展进行研究,阐述了该地区充分利用生态优势与茶产业特色,大力发展特色茶文化,提高品牌竞争力,助推茶产业与旅游业相互融合,增加就业岗位,带动农村地区经济发展的优势。

(一)十堰市茶产业发展优势分析

1. 助推茶旅融合

近年来,随着乡村振兴战略的开展实施,湖北省委与省政府大力发展茶产业,出台了《湖北省人民政府关于加快茶叶产业发展的意见》等文件,并将其作为富民产业助推精准扶贫。湖北省的茶区主要分布在鄂西北、鄂西南、鄂东和鄂南茶区,这些区域大多属于"老少边穷"地区,茶产业是革命老区、贫困山区的主要富农产业之一,关系到众多山区农民脱贫致富。推动茶旅融合发展可显著提高茶产业的效应,并促进美丽乡村建设。充分利用丹江口库区十堰地区的生态优势和茶产业特色,将十堰市丰富的茶叶产业与当地旅游业相互融合,深耕茶旅一体化,可带动十堰市农村地区经济发展,促使贫困山区生态、经济和旅游综合效益的发展。以茶叶种植、采摘和加工产业为基础,引导贫困山区农民种植茶叶和发展乡村旅游业,促进茶旅产业的融合升级,进一步推动"十堰万里茶道之旅"活动的创新发展。

茶叶相关产品一方面要突出十堰当地特色的茶文化,由茶文化产业带动当地旅游业的发展,另一方面旅游业又反哺十堰地区茶文化产业的创新发展,更有利于促进两者的融合,这种茶旅融合发展模式可显著促进十堰山区农村经济得到更优质的发展。如十堰市竹溪县蒋家堰镇充分利用政策的优势,鼓励茶农积极加入专业合作社,通过茶叶种植大户促进茶农务工增收,坚持在山区植树增绿,使良好的生态环境创造价值,同时推动茶产业与旅游业的融合发展,通过茶旅融合助力山区人民实现稳定增收。通过引导旅游景区与当地村民合作,让村民成为生态旅游的从业者,有效帮助当地村民脱贫致富,从而真正实现发展茶旅融合,助推精准扶贫。

2.打响茶产业品牌

中国是茶的故乡,也是茶文化的发源地。茶在中国有着深厚的人文价值,在饮茶过程中形成的各种茶文化,使人们在品茶过程中感受到茶文化和艺术的魅力。十堰市茶叶种植由来已久,形成的茶文化内涵丰富,影响深远,既是湖北省重点茶叶产区、湖北省四大茶区之一,又是鄂西北高香型绿茶种植基地,也曾是古代"中俄万里茶道"的重要节点,该地区不仅有丰富的茶产业资源,而且具备源远流长的茶文化,为茶产业进一步的发展提供了良好的人文生态条件。政府一直将茶叶产业作为十堰市的重点优势和特色产业,大力推动武当道茶集团的成立,打造武当茶城和武当道茶品牌,推动汉江流域茶产业区域合作和武当道茶文化的传播。

为打响十堰茶文化品牌,近几年来,举办了多场大型茶产业品牌推介活动,如2016年"互联网+"茶产业暨万里茶道武当道茶品牌推介活动、"2018湖北茶文化旅游启动仪式暨十堰万里茶道之旅"等,并在2018年推出了8条有关十堰地区茶文化旅游的精品路线,提高了茶品牌的宣传力度。力求从人文生态的视角,打造具有丰富文化内涵的产业品牌,既传承和弘扬历史悠久的传统茶文化,又在产业升级和品牌建设过程中实现文化创新,发展具有当地特色的茶文化,使其成为当地文化的象征符号,提高十堰地区茶产业的综合竞争力,促进可持续发展。

以武当道茶为例,借助十堰地区独特的城市宣传,着力打造武当道茶文化,有机融合茶文化和道教文化,建造具有特色的武当道茶主题园,培育茶文化的新内涵,弘扬十堰地区武当道茶的历史与文化,当地独特的生态人文环境孕育武当道茶的同时,也促进十堰市人文生态的发展,实现交互式融合发展。

3.促进生态宜居

在茶产业的发展过程中,与茶产业相关的多种生产模式为人们生活带来了不同体验。生态茶园在建设过程中利用当地特有的生态条件,合理配置茶园生态系统,提高茶园生产力,改善茶叶品质。另外,生态茶园创造的茶山竹海景观使十堰山区更加宜居,促进了人与环境的和谐发展。在乡村振兴战略的要求下,茶产业的兴旺促进了茶产品质量的提高,增加了茶叶种植经济效益,形成了茶产业增效和转型的新模式,从而实现了茶农的增收。

同时,茶产业及其融合产业的兴旺提供了新的就业岗位,有效解决了农村剩余劳动力转移和就业困难。根据"2019年互联网+茶产业暨武当道茶品牌"推介活动中的数据，十堰市2018年茶叶产量近3万吨，综合产值达到75亿元以上，山区50多万茶农依靠茶叶产业的发展增加收入。在具有茶叶产业特色的竹溪和竹山县，茶叶产业成为当地农民创收的主要手段之一，形成具有一定规模的秦巴山区有机茶生产基地。

以竹溪县为例，作为湖北省茶叶种植面积第一大县，共有7个超过万亩茶叶基地的乡镇，种植茶叶的村庄占全县的90%以上，其中，种植面积达千亩的茶叶专业村占茶村的40%以上。对于茶产业发展部署，已引进吴裕泰等大型茶叶企业，大力培育龙头企业，引导茶叶种植农户与企业、合作社的合作，提高生产效率，从而不断促进茶产业的发展，同时实行无偿扶持与贷款相结合、政策性扶持与各级自筹相结合的方法来支持茶产业发展，提高全县茶农的经济收入。

（二）茶产业发展中存在的问题

1. 茶叶资源综合利用率低

为振兴乡村，推进农业农村现代化，十堰市实施"61产业强农计划""四百万工程"等一系列政策[1]，重点发展当地特色农业，走具有地域特色的生态农业发展之路。在政府的大力扶持下，当地部分茶农和企业经济效益明显增加。然而由于技术水平的限制，企业的生产加工水平不高，鲜茶利用率较低，生产成本较高。相关资料表明，全市茶树鲜叶利用率低于10%[2]，导致大量茶叶原材料浪费。十堰地区的大部分茶农重视春茶，忽视了夏茶生产，导致夏秋两季鲜叶原料供应不足，茶叶相关企业生产受限，从而影响茶产业链有序运转。此外，由于茶产业链条长度不够，茶产品的形式比较单一，附加值较低，茶资源综合利用率较低。在整个茶产业链中，茶园投入多，但是生产工艺方面的技术却有待提升，大量鲜叶不能充分利用，企业生产成本增加，造成投入—产出比不协调，影响茶产业的全面高速发展。

2. 茶产业与其他产业融合不充分

十堰秦巴山区茶叶资源丰富，已形成具有一定特色的产业链，但茶产业与其他产业并未很好地协调发展。茶产业与其他产业未充分融合，形成合理完善的产业链。以茶旅融合为例，竹溪县十分重视茶产业发展，依托其良好的茶产业基础与优越的生态环境，打造出了龙王垭茶叶旅游观光园，把茶叶生产、观光采摘、产品销售和休闲旅游融合为一体。生态观光茶园在一定程度上促进了茶旅融合发展，但也存在茶产业与旅游业融合渗透不充分的问题。政府着力打造武当道茶品牌，以武当文化为依托，宣传武当道茶文化体验游。然而部分旅游线路中茶叶售点缺乏统一管理，价格较贵，茶叶品质参差不齐，导致丰富的茶资源未能得到合理利用。

---

[1] 吴伟，张雁飞，余莉，等. 十堰市茶产业持续发展的思考[J]. 湖北农业科学，2019，58（S2）：481-483.

[2] 徐毅，张莉. 十堰山区茶产业现状与发展思路[J]. 中国茶叶，2007（1）：32-33.

3. 茶产品知名度不高

近年来，在政府的支持下，十堰市先后举办武当道茶博览会、十堰万里茶道之旅等大型品牌推介活动，十堰市茶品牌的知名度不断增大，尤其是武当道茶。武当道茶作为当地特色品牌之一，荣获"湖北第一文化名茶""湖北省十大品牌茶"等称号，也曾获得中国武汉第五届茶叶博览交易会金奖，但其知名度与西湖龙井、安溪铁观音、武夷山大红袍相比还有较大差距，市场影响力较小。除武当道茶外，其他各种品牌的茶也未打破区域限制，发展受限。

4. 龙头企业较少

十堰市各种茶的品牌有100余个，存在茶叶品牌过杂、生产企业规模大部分较小、年产值较低、占据市场份额少等问题。虽然有部分品牌如武当道茶、龙峰茶等名气稍大，但茶叶品质不稳定，产品形式单一，在市场竞争中优势不明显。国家提出实施乡村振兴战略以来，当地政府积极响应国家政策，实施一系列如精准扶贫、扶持重点企业等计划。其中实施的"61产业强农计划"，将茶产业发展放在首位，为当地茶产业发展带来了重大机遇，同时也存在不少问题。十堰市现有茶企业300家，但其中国家级和省级龙头企业的数量较少。龙头企业少，导致企业辐射带动能力较弱，企业整体实力不强，缺乏市场竞争力。

（三）茶产业发展对策

1. 促进产业融合

不少研究者认为，产业融合是指几大产业在市场和技术的推动下，相互渗透、融合发展，并利用各种资源使不同产业实现协同发展[1]。农业和生态旅游业产业融合是十堰地区茶叶产业发展的一种趋势，也是该产业高效发展的必要途径之一。农业产业融合要得到快速发展，需要在国家和政府的支持下，借助技术力量，借力于乡村振兴战略，进一步进行技术创新，从而转变生产观念，促进多产业协调发展。十堰市地理条件得天独厚，茶叶资源丰富，且景色优美，旅游业发展状况良好，两大特色产业融合发展对当地产业振兴具有重要作用。弘扬当地传统文化，以特色茶产业为依托，吸引外来游客，大力发展旅游业，同时带动餐饮、民宿等产业的发展，进而推进第一、第二、第三产业的融合发展。如杭州西湖的龙坞茶镇借助地域优势，将文化和茶元素融合，以茶旅为背景，建立了集旅游、养生、文化创意为一体的茶主题特色小镇，以茶旅融合带动衣食住行等产业的发展。

另外，当地茶产业也可与食品加工产业融合，研发茶产品衍生物，提高产品附加值，提高综合效益，从而为产业振兴奠定坚实基础。

2. 提高市场竞争力

一方面，十堰市要打造特色茶叶品牌，需提升当地品牌形象，并充分利用电视、互

---

[1] 王昕坤. 产业融合——农业产业化的新内涵[J]. 农业现代化研究，2007（3）：303-306.

联网等各种媒介宣传多个龙头茶叶品牌,加大对重点龙头企业的扶持力度。以特色品牌"武当道茶"为例,该品牌充分利用当前重要发展机遇,积极利用"互联网+"活动进行网络宣传,打破区域界限,扩大影响力;利用"一带一路"加强与各国的交流与合作,提升国际知名度,拓宽国际市场。

另一方面,当地可以利用旅游景点来提升茶品牌的知名度。被誉为"茶中之王"的大红袍借助游山玩水观茶戏、赏茶艺、品茶的武夷山旅游使茶扬名,如今成为不断获益和发展的典范。武当道茶可以凭借武当山的知名度来拓宽市场,通过举办武当道茶文化交流会,建立茶历史展厅、茶文化长廊等方式扩大武当道茶的影响力,从而提高销量。

3. 发挥龙头企业的带动作用

龙头企业是连接茶叶种植户与市场的桥梁,是茶产业发展的重心环节,起着重要的引导带动作用,有助于产业的融合。政府可通过加大招商引资力度、扶植重点企业等方式进行资源分配,壮大企业规模,并将实力较强的企业打造升级为龙头企业,增强其辐射带动力。鼓励企业引进先进技术,坚持不断创新,提高茶叶生产技术含量,从而增强茶叶产业的综合效益。

第四章　湖北文化和旅游融合发展

第一节　湖北省文化产业发展概况

一、湖北省文化资源概述

湖北省文化资源丰富、特色鲜明、灿烂辉煌（见表4-1），自然山水瑰丽秀美，人文景观奇特壮丽。总结湖北省的文化资源，主要包括源远流长的荆楚文化、群星璀璨的三国文化、风光旖旎的山水文化、博大精深的佛道文化、敢为人先的革命文化、兼容并包的都市文化、多姿多彩的民俗文化等。

表4-1　湖北省人文自然景观分布

地区类别	世界级旅游资源	人文地理资源			文化遗产资源			文化旅游资源		
		国家级自然保护区	国家森林公园	国家地质公园	历史文化名城	历史文化名镇	文化保护单位	国家级风景名胜区	4A级景点	景区景点
全省	4	10	25	4	5	7	91	7	37	443
鄂西圈	2	9	16	3	4	5	53	4	22	291
武汉都市圈	2	1	9	1	1	2	38	3	15	152

（一）荆楚文化

楚文化是中华民族文化的重要组成部分，春秋战国时期，楚国定都于郢都（今湖北荆州），湖北是楚文化的摇篮。荆州保存了楚国都城郢都（纪南城）遗址、楚宫殿遗址。熊家冢国家考古遗址公园，是楚故都纪南城国家考古遗址公园的重要组成部分，是迄今已知的楚国高级贵族墓地中规模最大、规格最高、布局最完整的一处墓地，有目前国内同时期所见最大的车马坑，2013年成为湖北省首家国家考古遗址公园。随州发现的曾侯乙墓出土了被誉为迄今为止最完整的一套青铜编钟，还有大量古乐器；大冶保存了可以追溯至商朝早期至汉朝的采铜和冶铜的铜绿山古铜矿遗址。这些珍贵文物，都展示着楚文化的高度水平与独特魅力。

（二）三国文化

湖北是魏蜀吴三国激烈争夺之地，赤壁大战、夷陵大战、西山大战都发生于湖北。三国时期，一大批政治家、军事家都活动在湖北，进行政治、军事、外交斗争，上演了诸多历史事件，留下了襄阳古城、荆州古城、古隆中、赤壁古战场、猇亭古战场、当阳关帝庙等著名的三国胜迹。在历史的长河中，历时数十年的三国时期虽然只是短暂的一瞬间，但也给荆楚大地带来了诸多弥足珍贵的民间风俗文化，有信仰风俗，比如，拜关圣大帝等；有生活风俗，如鸡公车、鹅毛扇等；有饮食习俗，如诸葛菜、龙凤喜饼、龙凤配等；有民间戏曲，如《长坂坡》《单刀会》《捉放曹》等。甚至，一些地名也因三国故事而来，如吕蒙城、点将台、望夫台、卓刀泉等。此外，湖北地区还出土了大量三国时期的历史文物，有陶器、瓷器、机械、日常生活用品等。

（三）山水文化

湖北地区风光绮丽，自然景色瑰丽多姿。山岳景观有神农架、武当山、大别山、大洪山等。神农架号称"华中屋脊"，是当今地球中纬度地区唯一保存完好的原始森林区，神农架保留有4000多种动植物物种，被誉为"天然动植物园"。武当山有72峰、36岩、24涧，奇峰嵯峨，气势磅礴。大别山以关雄隘险而知名，自古就为兵家必争之地，是中国南北水系的分水岭。大洪山位于湖北中部，群峰耸立，层峦叠翠，以山奇洞险而著称。湖北水系发达，水域景观有长江三峡、汉水、清江、潜山温泉等。长江三峡是中国乃至世界最著名的峡谷之一，其神秘的神话传说和色彩斑斓的两岸景观，独具特色。湖北素有"千湖之省"之称，湖泊散落全省，有江汉明珠洪湖、天然绿宝石梁子湖、千岛竞秀的陆水湖等。

（四）革命文化

湖北是近代革命文化的重要地区，辛亥革命武昌起义打响了武装反抗封建帝制的第一枪，一举推翻了两千多年的封建帝制，开启了民主革命的新纪元。阅马场武昌起义军政府旧址是辛亥革命时的军政府驻地，是湖北乃至全国进行近代民主革命教育的重要场所。一些重要革命事件都发生在湖北地区，如"二七"大罢工、中共"五大""八七会议"、黄麻起义、中原突围、挺进大别山等。在民主革命时期，湖北还建立了鄂豫皖和湘赣西等革命根据地，根据地的重大革命活动深刻影响着中国革命的进程，散布于湖北各地的革命历史遗址，如中共"八七会议"会址、中共"五大"会址、武昌农民运动讲习所、八路军武汉办事处旧址、湘鄂西革命根据地旧址、新四军第五师司令部旧址等都记录了湖北鲜红的革命历史。

（五）都市文化

进入近现代以来，湖北省经济快速发展，兼容并包。现代商业文化发展迅猛，以谦祥益等为代表的汉正街老字号势头不减，中百、汉商、武商、中商等本地工商企业也迅速崛起。湖北省工业实力雄厚，以近代汉阳兵工厂和现代制造业基地武钢、长飞光纤、神龙汽车等为代表的重工业企业又构成了工业文化；湖北的科教优势明显，现有高等院校85所，在校大学生118万人，居全国首位，还有各类研究机构和各种科研人员，这又形成了雄厚的科教文化。

（六）民俗文化

湖北的工艺、曲艺、饮食文化丰富，秭归端午文化和鄂州雕花剪纸被列入了世界级非物质文化遗产名录。在第一批国家级非物质文化遗产中，湖北有黄梅桃花入选；在第二批国家级非物质文化遗产中，湖北有汉绣、大冶石雕、武汉木雕船模、红安绣活、阳新布贴、天门糖塑入选。在第三批国家级非物质文化遗产中，湖北有荆州铅锡刻镂工艺、荆州漆器髹饰技艺、咸丰县土家族吊脚楼营造技艺、老河口木板年画入选。湖北曲艺文化也十分丰富，有汉剧、楚剧、黄梅戏、花鼓戏等。湖北地处长江流域，有"鱼米之乡"的美称，饮食上以稻、鱼为主，著名的菜点有清蒸武昌鱼、鱼糕丸子、菜薹炒腊肉、沔阳三蒸等，湖北小吃丰富，最具特色的有热干面、三鲜豆皮、汤包、麻糖等。

二、湖北省文化旅游资源开发现状

经过多年的开发，湖北大力实施以长江三峡、神农架、武当山为重点的"一江两山"区域旅游综合开发。通过整合资源和强化品牌特色，"一江两山"已成为湖北省最著名的生态文化旅游区域，也是国内外知名的旅游区域。它提升了湖北省对外旅游的形象，增强了湖北省旅游的竞争力和吸引力，带动了全省旅游业的整体发展。通过旅游文化名城建设，壮大湖北省旅游产业规模；积极开发民俗、节庆文化旅游资源，培育湖北省旅游经济新的增长点。

（一）"一江两山"生态文化旅游区享誉海内外

目前，三峡、神农架、武当山已基本建设成为国内一流、国际知名的综合旅游目的地，是湖北省旅游的标志性品牌。该区域旅游文化内涵丰富，通过建设和完善配套服务设施，提升了旅游服务品质。

1. 长江三峡观光度假旅游区

长江三峡拥有世界上最典型的高山峡谷、高峡平湖以及世界一流的水电工程，是海外旅游者来华的首选旅游目的地之一。旅游区兼具优美的自然风景和文化旅游资源，景区以长江为依托，以三峡大坝为核心，重点开发和完善了三峡大坝、三峡人家、神农溪、九畹溪、昭君故里、车溪、长阳清江画廊等景区，"精品集群"特征明显。形成以秀美的高峡平湖、雄伟的现代工程、历史悠久的峡江文化、古朴的民俗风情为主要特色的国际旅游区。

2. 武当山世界文化遗产旅游区

武当山以规模宏大的皇家道教古建筑群和闻名海内外的武当武术为主要特色，是湖北省山岳景观和道教文化旅游名品，1994年被列入"世界文化遗产"名录。应加大武当山文物古迹保护、修复及景区内部环境的整治力度，推广习武健身、养生等特色项目，加强中心城镇旅游功能建设，完善一批旅游配套服务设施，从而增强武当山的品牌竞争力和文化吸引力，形成以道教文化、皇家宫观、武当武术为主要特色的世界文化遗产旅游区。

3. 神农架原始生态文化旅游区

神农架保存有世界中纬度地区最完整的生态群落，是联合国人与生物圈保护区网络成员，以野人之谜闻名海内外，具有垄断性的世界级旅游资源。旅游区具有居中的区位优势和品牌集聚效应，以原始生态和神农文化为背景，开发了原始森林穿越、野人寻踪、高山滑雪、湿地观光等一批特色旅游项目，形成以原始的生态环境、雄奇的自然景观、神秘的野人之谜、珍稀的生物资源为特色的生态文化旅游区。

（二）旅游文化名城的建设初见成效

从文化旅游资源角度出发，武汉、宜昌、襄樊等旅游中心城市不断挖掘城市文化底蕴，形成了鲜明的地域特色，为旅游者创造了良好的文化旅游体验。

武汉城市圈旅游资源丰富，交通便捷，具有广阔的旅游发展空间，已初步发展成为华中地区旅游集散中心、旅游目的地城市和文化中心城市。通过加强文化资源与旅游产业的融合，打造国内一流都市文化旅游产品，重视大型文化主题公园、特色餐饮、会展的开发与建设，不断启动现代商贸会展中心、科技博览中心、体育竞技中心、文化艺术中心等项目，使武汉成为华中地区乃至国内外著名的旅游文化名城。

目前，以黄鹤楼为重点，正在不断完善"大滨江旅游区"；以东湖风景名胜区为中心，包括省博物馆、武汉植物园等周边景区，构建了"大东湖旅游区"；继续推进以汉口为主体的商业区建设，打造包括会议、展览、商务、购物在内的商务会展旅游中心，武汉周边地区的文化旅游业得到了长足的发展，重点建设项目有黄鹤楼公园改扩建、古琴台改扩建、省博物馆综合馆布展、中科院武汉植物园游客中心及科普旅游区、木兰湖湖北明清古民居风俗园、蔡甸知音故里、新洲孔子问津书院建设等。

通过规划和建设，湖北省正在加紧将襄樊、荆州建成三国文化和楚文化旅游名城，其中，襄阳以古隆中和襄阳古城为重点，打造城市旅游品牌，使其成为鄂西北区域旅游交通枢纽城市。荆州博物馆建成楚文化馆藏文物观光旅游的"缩影"，建设荆州"楚文化公园"，开发与提升楚国宫廷文化和音乐舞蹈，增加楚文化游览的吸引力。将宜昌建设成为世界水电文化旅游名城，并发展成为三峡旅游目的地城市和鄂西南区域旅游中心城市。将随州、钟祥等建成各具特色的历史文化旅游名城，将明显陵文化遗产旅游建成荆楚文化旅游的代表性产品，重点建设项目包括荆州的古城文化旅游区、黄石的铜绿山古矿冶遗址、随州的烈山炎帝故里景区等。

以恩施为代表的民俗生态旅游区是湖北省主要的少数民族聚居区，民族风情浓郁，旅游资源独具特色。旅游区内腾龙洞、沐抚大峡谷是世界地质考察的重大发现，大水井有南方典型的明清庄院。应充分发挥土苗民族风情和清江民俗风情资源优势，如近年来力推的"绿色恩施州，土苗风情园"主题形象，重点开发一批高品位旅游景区，成为湖北省新的旅游经济增长点。

以打造民俗文化旅游精品为目标，湖北省重点开发了江汉平原湖区渔文化、地方戏曲、民间曲艺、杂技、特色饮食文化等旅游项目，着力打造古代宗教文化旅游精品，培育以武当山、归元寺、宝通禅寺、广水观音寺等为代表的宗教文化精品。

节庆文化业是一种新兴的文化产业。在经济不断发展、人们的精神需求日益提高的背景下，节庆文化应运而生。通过节庆活动，不仅可以活跃文化气氛、提高当地知名度，而且可以达到经济与文化双赢的目的。

节庆文化需要基于当地的文化背景进行设计和运作，湖北省通过发掘荆楚文化内涵，在精心策划的基础上，举办具有本地文化特色的旅游节庆活动，大力发展节庆文化，运作成功的节庆文化旅游项目等都蕴含了深厚的荆楚文化内涵。如武汉国际旅游节、武汉渡江节、华中旅游博览会、杂技节；武当山道教文化节、武术文化节；荆门啤酒节；宜昌三峡文化节、嫘祖文化节、龙舟文化节；随州炎帝诞辰节；襄阳诸葛亮文化节；黄冈赤壁文化节；黄石服装文化节、青铜矿冶文化节；鄂州武昌鱼文化节；孝感孝文化节；蕲春李时珍医药节等。一些节庆项目与旅游区建设相结合，彼此促进，如以武汉杂技、武当武术、野人之谜等为主题的一系列大型文化节庆项目，定期为旅游者演出，对当地旅游区的建设起了很大的促进作用。

三、湖北省文化产业发展现状

（一）总体实力扩大

近年来，湖北省文化事业发展取得不错成效，公共服务体系逐渐完善，对文化遗产保护高度重视。目前，湖北省世界遗产数量居全国第二，总体而言，文化产业实力有所扩大。2018年，全省文化产业增加值占GDP比重为4.24%，基本接近战略支柱产业地位，而这两年占比有所提升，并持续升高。据统计，湖北省文化制造业在文化产业营业收入中的占比逐年下降，文化服务业比例则呈现上升趋势，且优势越来越明显，这说明湖北省文创产业结构进一步优化，逐渐向创新引领方向转变。

（二）创新环境不断优化

湖北省人民政府办公厅《关于印发支持文化旅游产业恢复振兴若干措施的通知》，以及举办"数字经济时代，数字文化创意产业创新与发展高峰论坛"新闻发布会，这都为湖北省文创产业的发展提供了新路径，明确了新目标，且在完善体制机制、培育新的文化消费增长点等方面发挥了重要的指导作用，提供了有力的政策保障。此外，湖北省文化产业商会以数字技术为引领，认为数字文化产业是文创产业发展的必然趋势，其有助于推动文创产业创新发展、融合发展。未来，湖北省发展的重大目标是"建设文化和旅游强省"，借力长江国际黄金旅游带核心区建设的战略，按照"一核、两带、三板块"部署，文创产业人才、产业园区和文创项目将在湖北省集聚。樱花面、楚式漆器、堂纺叠绣、砖茶等文创产业，让越来越多的人认识和了解"灵秀湖北"[1]。依托本地旅游资源和文化资源的优势，雪糕、口红、盲盒等文创产品的出圈，为景区转型探索提供了新方向；橡皮擦、书签、钥匙扣、楚香端午香囊、蒸汽眼罩等产品，为博物馆文旅发展提供了新的思路。

四、湖北省文化产业发展的制约

（一）区域发展不平衡

从区域来看，长江中游湘鄂赣三地文创产业发展存在梯度差，湖南文创产业发展势

---

[1] 王珏，伊永华.新形势背景下的文化创意产业融合发展的策略解析[J].中外企业家，2019，632（6）：218.

头迅猛，涌现出很多资金雄厚、规模大的文化类企业，推动了当地文创产业的高端化发展，为产业优化和创新奠定了良好基础。江西采取重大项目带动战略，通过发挥文化资源优势转化为文化产业发展优势，推动文创产业与其他产业深度融合，打造"产业平台"，拓展文创产业发展空间，助力文化产业园提质增效，引导产业集聚。然而，湖北省文创产业链发展并不完整，产业园区投入大但产出不高，整体效益还有待提升。从湖北省内地域分布来看，各地市发展不均衡，除武汉外，孝感、黄冈、咸宁、荆门、恩施、仙桃等地市文化产业发展指数处于中等水平，尤其是神农架、潜江市等地对于前景较好的文化项目没有起到拉动作用，文化产业规模有待进一步提升，距离成为国民经济支柱性产业这一目标还存在不小差距。

（二）文化企业规模较小

目前，湖北省规模以上文化产业单位数量并不多，单位平均营业收入在全国处于中等水平，而大型文化企业聚集度不高，企业营业收入超10亿的文化企业占比不到1%，2020年全年规模以上文化及相关产业企业营业收入3930.7亿元，下降1.2%。近年来，随着湖北省对文创产业扶持力度的加大，湖北省文创企业数量有所增加，但大多为中小企业，规模不大，缺乏具有龙头地位的领军企业。此外，湖北省文创产业业态发展速度滞后，动漫、艺术设计等以技术创新和文化创意为核心动力的行业发展动力不足，没有发挥引领作用。此外，湖北省特色文化资源没有形成具有影响力的品牌，且文创产品大同小异，存在严重的同质性，缺乏创新性。文化消费水平偏低近年来，湖北省经济水平有了明显提升，居民生活质量大幅度改善，人均文娱支出趋势稳步提升。但是从具体支出占比来看，城镇居民人均消费支出22885元，同比下降13.4%；农村居民人均消费支出14473元，下降5.6%。此外，从文化消费结构来看，文化和教育支出占比较大，文化服务消费占比较小，导致这一现象的原因可能是这两年湖北省主要采取投资拉动战略，同时虽然也通过政策倾斜和资金扶持来促进文化产业发展，但是却忽略了文化消费的推动作用。此外，文化产品供给质量较低，无法满足居民多样化的文化需求，这也是导致文化消费水平不高的主要原因之一。

第二节　湖北省旅游与文化产业融合发展现状

一、文化与旅游产业融合发展价值

（一）有助于增强文化自信

文化产业与旅游产业融合发展有助于增强文化自信，只有将中华优秀文化融入人民的日常生活和体验中，才能建立对中华优秀文化的认同和自信，才能使其成为推动社会发展的重要力量。而通过文旅融合，让文化搭乘旅游的便车融入大众生活就是值得推广的方式。

（二）有助于传承中华文化

文化不止于有，更在于知，知之才能内化，内化才能传承。文物、遗产、文化符号等都只是文化的载体而非文化本身。开展保护工作可以保持载体的传承，但是不能保证文化的延续。文旅融合为"让文化活起来，让传承更有趣"提供了载体，通过文化创意和旅游体验的结合，让"阳春白雪"般的文化实现更接地气的表达，让人民在轻松的旅游体验中触碰、内省、发扬优秀文化，使文化的生命和精神得以传承。

（三）有助于推动旅游产业发展

旅游产业大多依赖于自然资源、人文景观等观光类产品。由于自然资源和人文景观的存量和禀赋差异，因此当前观光式旅游产业开发已经进入瓶颈期。文旅产业融合，有助于形成文化资源的旅游价值提升机制，实现新旧动能转换，促进旅游业态从观光式到体验式的拓展升级；有助于进一步传承地域、民族、民俗文化以及与老百姓生活相关的天地人和的朴素价值。整体来说，文旅产业融合既能以旅游传播文明，又能以文化提升旅游。

二、湖北省文化产业和旅游产业发展及融合现状

湖北省旅游产业发展迅速，已成体系，另外文化产业的发展势头很足，也得到了政府政策也大力支持。然而，在取得一定成绩的同时，还存在许多问题，例如，旅游资源的有效利用程度不高，存在较多需改进的地方，文化产业还亟须大力发展强。两大产业的融合发展：一方面能够丰富旅游产品内涵，提升旅游产品文化品位，增强趣味性和可体验性，促进旅游产业进一步发展；另一方面通过利用旅游产业的宣传，深入挖掘文化资源，有利于保护文化资源，从而能更好地促进文化产业的发展。目前，在推动文化与旅游产业协同、相融发展方面，湖北省做了很多努力。接下来，本文将探索两大产业融合的内在动因、发展路径以及融合模式。

（一）融合的动因

消费者对于旅游产品的新需求是两大产业融合的根本动因。近年来，湖北经济发展迅速，个人可支配收入不断提高。

随着经济的发展、社会的进步，旅行已成为人们工作生活之外的必备品，喜爱旅游，并且真正走出去旅游的人们越来越多，旅游者在旅途中真正希望收获的是一种精神状态的提升，人们不再仅仅满足于物质生活方面的改善，精神文化产品更能满足人们的需要，所以旅游产品中必须能够体现文化的内涵，这样才能在追求精神生活的同时使身心得以放松。可见，旅游者消费需求的改变促进了湖北旅游与文化两大产业的融合发展，技术进步是两大产业融合的推动力。

电影乐园可以说是中国文化娱乐产业的巅峰之作，技术使文化与旅游能够完美结合，给旅游者以身临其境的感受。"汉秀"取汉族、楚汉、武汉文化精粹之意，"汉秀"糅合

了杂技、舞台剧、跳水、水上芭蕾等多种表演形式，巧妙地运用了高科技的舞台机械、水幕等设备，运用声光电并辅以可移动座椅的舞台设施，形成十分戏剧性的科技呈现。当然，科学技术的快速发展还有利于对历史文化遗迹的保护，促进了文化与旅游联系更加紧密，发展更加深入。政府出台的各种政策为文化旅游产业融合提供了强大的支撑力。湖北坚持旅游开发与文化跟进同步。2012年，湖北开展了评定"旅游名街"活动，产生第一批8条旅游名街。在商务时尚街区植入旅游元素，带动相关街区的人气、商气和财气，扩大了人流、物流、资金流。2013年，湖北省旅游局与省科协合作，整合项目资源，共同推进科普旅游精品打造。2014年，湖北省旅游局与省文化厅合作，6月召开第一次联席会议，明确了厅局合作的运行机制、长期目标和近期的8项任务。这一系列政策和重要措施的出台实施，为湖北省文化与旅游两大产业深入融合发展创造了环境和条件。

（二）融合的路径

在探索产业融合的路径时，首先必须知道产业融合产生的效果更可能是乘数效应，而不是加法效应，所以必须依据两大产业的连接点选择最适合的融合路径。例如，湖北省在开发首义旅游时，就将首义旅游与红色文化结合起来宣传，湖北省对于文化内涵的挖掘，达到了非常好的效果。在首义红色旅游的引导下，开发出了品种众多、形式多样的文化节打造精彩纷呈的旅游节庆活动，以楚文化和三国文化为背景开发湖北省博物馆、东湖风景区等精品旅游景区。通过将文化资源融入旅游开发和发展中，既赋予旅游产品文化体验，提升旅游的文化价值，满足了旅游者的需求，又传承和宣传了湖北文化，促进文化产业的壮大与创新。

湖北省两大产业融合发展起步较早，已经打造了许多文化旅游节目，比如，武当功夫表演、"夷水利川"歌舞秀、长阳县土家歌舞"毕兹卡"等。各地在编制旅游规划和创建旅游强县、名镇和名村标准中，都把文化因素纳入考核标准，并赋予文化选项较大分值。湖北还规划实施开发了一大批重大文化旅游项目，如襄阳古隆中文化旅游项目、荆州关公文化旅游项目；举办一大批旅游文化节庆活动，如随州的"炎帝寻根节"，宜昌三峡国际旅游节等；在"灵秀湖北"的对外宣传促销活动都有表现湖北特色文化的节目表演；积极推动荆楚非物质文化遗产转化为旅游演艺节目和旅游消费品。

技术的发展进步，给湖北省文化与旅游产业的融合创造了更多可能性，技术的变化已改变了人们对于不同行业的看法。新技术的出现，一定会带来机遇与产业的整合，那么文化与旅游更可能融合得更加紧密。武汉万达电影乐园和"汉秀"所体现的娱乐文化与旅游相结合，即是因为技术创新实现了两大产业融合的新路径。同时，旅游文化创意产业园和各类技术创新联盟的成立也充分表明了技术的重要性。

充分借助于旅游业的发展，大力发展文化产业在湖北表现得比较突出。例如，湖北的古琴台和首义广场等，在吸引旅游者前来旅游消费时，还给当地人们创造了文化休闲的场所，丰富了人们的生活。同时，旅游产品营销，可以通过各种文化传播媒介进行推广，其促进了旅游产业的较快发展。例如，灵秀湖北的口号通过各种公众文化平台已深入人心。

（三）融合的模式

从总体上说，产业的一体化、整合、渗透和延伸是两种产业的融合模式。

1. 一体化的融合模式

结合具体实际情况分析，湖北省游在文化产业中发展旅游较为常见。目前，湖北省较为突出的文化创意产业园有：楚天181文化创意产业园、知音文化产业园、光谷动漫产业园、木兰湖明清古民风俗园等。这些创意产业园的成立对于传统文化的继承和弘扬起到了很大作用。同时，也吸引了旅游者的注意，使得这两大产业实现了一体化融合。

2. 重组的融合模式

目前，该模式主要是利用节日效应，加以宣传，起到吸引旅游者的目的。该模式主要是将旅游产业与各种节日重组，并赋予其一定意义，起较好的宣传作用。湖北省开展各种各样的文化节，如湖北宜昌屈原文化节、潜江的"曹禺文化周"、武当道教文化节、黄陂木兰节、孝感孝文化节、襄阳诸葛亮文化节等是湖北旅游与文化产业重组融合模式的代表。虽旅游与文化产业可以借助这些节日进行深入融合，但是这些节庆会展活动开展有成功也有失败，湖北省要有效实现旅游与文化产业的重组型融合，还需要发挥各自产业的优势，重新组合内外部优势，突出文化重点与旅游亮点，找准两者之间融合的连接点。

3. 渗透型的融合模式

湖北通过技术创新，将文化元素创新性地融入旅游产品中。2014年由万达集团倾力打造"汉秀"，通过各种高新技术手段，以中西合并的方式，对娱乐文化做了最新的演绎，既传承了中国楚汉文化的精髓，推动力经济发展，而且促进了湖北旅游的发展，提高湖北文化旅游实力。

4. 延伸型融合模式

两大产业的延伸融合发展模式在湖北省尚处于起步阶段，实例较少。2014年12月20日，万达集团投资建设的武汉万达电影乐园盛大开业，该电影乐园将技术运用到极致，使娱乐文化与产业完美融合，吸引了许多游客前往游玩。武汉万达电影乐园的建设正是湖北延伸型融合模式的尝试，不仅为湖北旅游产业发展提供良好的平台，而且通过打造全球唯一的室内电影主题乐园，以技术进步推动旅游产品创新发展，给予游客身心震撼的感受。从总体上看，结合湖北省文化、旅游产业的发展实际情况，一体化和重组的产业融合模式最为常见，使用也最广泛；所以，在产业融合进一步加速的同时，湖北省要利用技术进步，抓住时机，有效整合资源，加快渗透、延伸产业模式的发展。

三、武汉文旅融合的实例分析

武汉市文化和旅游资源丰富，现有博物馆、纪念馆116家，市级以上文物保护单位

282 处，各级非遗代表性项目 634 项，非遗传承人 621 人，社会艺术团队 4000 多支，文化经营单位 3000 余家。各类旅游景区景点 179 个，星级宾馆 68 家，旅行社 382 家，具有一定规模的乡村旅游景区景点 78 家，具备文旅融合的资源基础。

（一）武汉市文旅融合发展现状

1. 加强顶层设计，全域旅游发展新格局初步形成

一是启动实施了《武汉市全域旅游大发展三年行动计划（2018—2020）》，出台《武汉市加快旅游业发展若干政策》，制定了全域旅游城市行动方案，构建"一轴、一心、一山、三城、百湖"全域旅游发展的空间布局。

二是印发《武汉市 2016—2018 年两江四岸旅游功能提升三年行动计划》，打造武汉 5A 新景区———江汉朝宗，推出"梦幻江城"长江灯光秀、漂移式实景剧《知音号》等特色旅游项目。

三是探索实施新制度、新模式，如《武汉市旅游条例》中明确旅游业战略性支柱产业地位；《四导四化改革创新：湖北武汉黄陂区木兰文化生态旅游区旅游厕所建设》《武汉黄陂"巡回法庭"服务旅游》等改革成果先后被国家旅游局收录于《全国旅游业改革创新典型案例》和《国家级旅游业改革创新先行区 2017 年度实践案例》。

四是实施"文化+"融合发展战略，融合文化元素，大力发展"五色旅游"。休闲文化游、乡村生态游、研学游、旅游+互联网成为新增长点，武汉市 2016 年被评为全国旅游厕所革命先进市，2017 年荣膺首批中国旅游休闲示范城市。2018 年全市接待国内游客 28512.47 万人次，比上年增长 10.9%，旅游总收入超过 3000 亿元，增长 12.6%；入境游客 276.23 万人次，增长 10.4%，国际旅游收入 18.83 亿美元，增长 11.3%[1]。

2. 推动融合创新，文旅新业态不断拓展

（1）"文化+旅游+娱乐"模式

武汉市在 2018 年大年初一推出木兰草原实景演出《花木兰·云中战歌》；依托湖北剧院、武汉剧院、琴台大剧院等十大特色演艺场所，策划了一批展示武汉城市特色的文化演出，打造新的演艺品牌；延伸拓展"知音号"文化休闲品牌等，取得了良好的效果。

（2）"文化+旅游+体育"模式

将文化旅游对接武汉国际杂技节、武汉网球公开赛、武汉马拉松、武汉水上马拉松、赛马等体育项目，融合开展特色化旅游营销活动；围绕第七届世界军人运动会策划、组织了一系列旅游营销宣传活动。

（3）"文化+旅游+现代农业"模式

在建设梁湖农庄等 10 个标准化汽车露营地和楚乡文创园等 3 个"旅游后备厢"工程示范基地的基础上，打造了富城楼休闲农庄等 10 家精品民宿和高星级农庄、农家乐、田园综合体观光农庄、生态休闲农庄。

---

[1] 武汉市统计局，国家统计局武汉调查队.2018 年武汉市国民经济和社会发展统计公报[N]. 长江日报，2019-03-25（6-7）.

（4）"文化＋旅游＋城镇化"模式

在旅游小镇建设方面，武汉市推动建设奥山冰雪旅游小镇、航空飞行小镇等12个新业态旅游区。

（5）"文化＋旅游＋商务会展"模式

做好上海合作组织成员国旅游部长会议的大会服务工作；对接华创会、光博会、食博会、农博会、长江旅游博览会等大型展会，开展旅游宣传推广。

（6）"文化＋旅游＋工业"模式

武汉依托国家级食品加工区，打造走马岭食品工业游品牌；借助宝武重组，进一步拓展和丰富武钢工业旅游的线路和内容；推动武汉开发区，打造汽车主题旅游产品。

3. 采取重要举措，文旅产品供给不断丰富

（1）打造"戏码头"文化旅游

在顶层设计方面，武汉市出台了《关于振兴武汉戏曲"大码头"实施方案》。在戏曲作品方面，武汉市推出《光之谷》《霓裳长歌》《乡里乡亲》《江城》《长江音画》等14部新作。还于2018年12月27日在武汉市艺术创作研究中心挂牌成立了武汉市戏曲传承发展研究中心。在戏曲活动方面，武汉市成功举办第六届中华戏曲文化艺术节、"名家名团武汉行""戏曲进社区""戏曲进乡村"等系列活动，在全国产生积极影响，全国戏曲进校园交流会在汉召开，推广武汉经验。

（2）打造非遗品牌，提升文化旅游设施

武汉杂技国家级非遗传承人夏菊花当选2018中国非遗年度人物，全市有7人入选第五批国家级非遗代表性传承人名录，20人入选第五批省级非遗代表性传承人名录；汉绣、武汉木雕船模入选第一批国家传统工艺振兴目录；2018年新增博物馆6家，总量达到116家，接待游客1106万人次，比上年增长8.75%。[1]

（4）推进重大项目，文旅融合品质不断提升

近年来，武汉市委市政府对推动文旅融合发展"顶梁柱"的项目建设越来越重视，创造性地开展招商引资工作，为重大项目提供"保姆式"服务，完善了一系列招商引资奖励、管理、落地的相关政策和机制。木兰水镇、野村谷郊野度假公园等9个重点项目建成投入运营；"梦幻江城灯光秀"在央视直播，《知音号》成为文化旅游新名片，长江游览品质和魅力不断提升；文化数字产业蓬勃发展，动漫、游戏、电竞产业销售收入过120亿元，互联网直播产业收入过40亿元。

（5）注重多渠道宣传，城市知名度和影响力不断增强

武汉市通过成功承办上海合作组织成员国旅游部长会议"武汉之夜"活动和"2018年中国—欧盟旅游年"灯桥点亮武汉主会场活动、2018武汉国际旅游节等大型国际旅游活动，充分展示了武汉亮丽的城市旅游形象。在宣传推广方面，武汉市一直在与时俱进，不断

---

[1] 大武汉宣传. 我市六大举措推进文旅融合发展[EB/OL].（2019-05-17）[2019-07-28].

创新。

一是创新海外旅游营销方式,在旧金山、莫斯科、巴黎、马尼拉等城市设立了武汉旅游海外推广中心。

二是创新城市旅游形象推广载体,在脸书、推特等海外知名社交平台上开通武汉旅游账号,阅读量超 6300 万次。2019 年,武汉将举办上千场国际赛事、展会、国际交流活动。

(二)武汉市文旅融合存在的主要问题

1. 资源整合能力不强

(1)缺乏具有前瞻性的文旅融合规划和实施方案

2017 年武汉发布了《武汉市全域旅游大发展三年行动计划(2018—2020)》,努力打造独具特色的中国旅游休闲示范城市、国际滨水休闲旅游目的地城市,旅游业得到了一定发展,但还缺乏具有前瞻性的文旅融合规划和实施方案,存在低层次重复建设问题,缺乏品牌打造和良好的体验。❶

(2)缺乏可操作性强的鼓励文旅融合发展的政策

目前,政策投入关注点主要在大旅游项目和大文化项目上,关注文旅融合的政策力度有待进一步加强。

(3)缺乏高效的资源整合利用

武汉的"五色旅游"包含有丰富的文化元素,是文旅融合的典型,如历史街道中很多特色民居、创意设计、动漫设计元素等,既可以作为文化产业大力发展,也可以作为旅游景点、体验中心等被充分利用,但其中的资源目前还没有得到充分挖掘、整合和利用。

2. 文旅融合的管理体制有待完善

武汉市文化局和旅游局合并成立武汉市文化和旅游局,时间不长,还没有形成明确的决策分工合作机制,在缺乏顶层设计的情况下,发展思路和关键问题上还存在分歧和低效率等问题;缺乏有效的公共信息服务平台,尚未建立文化和旅游公共服务共建共享机制,缺乏统一协调和调度,其管理职责和体制机制需要进一步厘清和明确。

3. 文旅产业融合深度不够

武汉是一座有着悠久历史的文化名城,文化资源丰富,历史深厚,有较好的文化旅游基础。但在利用资源的过程中,缺乏对自身历史文化的深度挖掘,更多的是向外地学习,导致缺乏自身的特色和独特魅力,同质化严重,甚至出现千篇一律、千城一面的现象。同时,由于武汉文旅融合发展较晚,文旅融合发展的深度不够,还处于表面、粗浅的加工打造阶段,缺乏创新,文旅产业融合品牌效益较差,竞争力不强。

4. 文旅品牌亮点不多

武汉的文化和旅游龙头企业不多,文化企业缺乏旅游打造的思维,旅游企业文化融入不足。2018 年,中国服务业企业 500 强武汉企业上榜名单中没有文旅类企业。武汉的

---

❶ 黄萍. 以文化和旅游产业的深度融合推动新时代经济高质量发展[J]. 四川文化产业职业学院学报,2018(3):3.

一些文化、旅游龙头企业还存在文化和旅游"两张皮"的现象。

第三节 湖北省旅游与文化产业深度融合发展对策

一、构建优质高效的融合治理体系

（一）制定文旅融合规划和实施方案

湖北省要解放思想，全面统筹规划，制定和完善文化旅游融合发展规划和相关实施意见。在旅游发展布局引领下，实行国土规划、交通道路规划、城镇建设规划、河流整治规划、产业发展规划、生态保护规划、文物保护规划等专项规划整合，一张蓝图定位。充分发挥"大江大湖大武汉"的历史人文、长江航道、生命健康、时尚创意、工程设计等资源优势，加快打造完善东湖绿道、长江两轴、历史文明之心、江汉朝宗等重大龙头项目建设，全面提升武汉旅游品牌吸引力。按照国际通行的旅游服务标准，推进文化旅游公共服务设施建设，进一步完善住宿、交通、咨询服务等旅游基础服务设施和文化服务设施，全面提升文化旅游服务的国际化水平。

（二）构建文化旅游融合发展的管理机制

要加强对文旅融合的组织领导，深化机构改革，不断完善行政管理机构的归并、分工合作，推动文化和旅游行业在发展理念、机构队伍、工作平台、保障体系等方面的融合，形成良好的工作格局。建立武汉"融合与创新"文化创意产业与区域旅游业的联席会议制度，协调解决二者在共同发展中出现的问题，建立由政府领导牵头，宣传部、发改局、规划局、建设局、文旅局、体育局、交通局以及金融部门参与的文旅产业发展协调工作机制。

（三）完善文旅融合发展的政策体系

按照"社会力量投资为主、政府专项资金补助为辅"的原则，出台相关政策措施，加大对文化旅游融合的重大项目、重点企业、优势品牌、复合型人才的培育和支持力度。整合现有资源，实现要素的最优配置，引导优良资源加快向历史之城长江之心、长江两轴、东湖等重点区域集中，打造亮点特色品牌。

（四）建立全市文旅资源大数据库

一是系统梳理反映武汉历史、凸显武汉特色的小说、诗词歌赋、影视动漫、演艺娱乐、时尚设计、创意游戏等文化艺术作品，加强对武汉各类历史民俗、名人名居、文化遗产的系统研究，建立文化资源数据库，充分挖掘其武汉特色文化底蕴。

二是系统梳理具有旅游消费特征的旅游景区、乡村旅游点、旅游特色村镇、传统村落、历史街区、名人名居；具有文旅融合特征的工农业园区、工业遗产/遗址、科教场馆、研学基地、文创基地、主题演艺场馆；具有公共服务特征的旅游集散中心、博物馆、游客咨询中心、绿道驿站、自驾露营地等吸引游客且具有旅游开发价值的资源。建立包含地理位置与导航信息、图文解说、市场数据、服务经营项目、网址、公众号、网络点评、机构联系人、咨询电话等全市旅游资源点的数据库。

二、创新文化和旅游产业融合思路

（一）加大对文化资源的挖掘和利用力度

一是充分利用武汉文化资源的特色和优势，加强对本土历史文化资源的研究，在充分尊重历史和现实的基础上，利用科技创新，不断给历史文化资源赋能创新。

二是充分发挥人民群众的力量，组织策划各类活动，充分挖掘武汉历史文化的散落明珠，串联整理，形成有地方特色的文化旅游奇闻异事。

三是大力发展康养休闲游、研学游、科普游等新兴业态，打造一批红色旅游研学基地、健康养生基地、科普游基地，创新旅游复合产品体系，延伸旅游产业链条。

（二）创意策划一批文化旅游节庆会展品牌

充分利用武汉国际赛事、展会、国际交流活动频繁的契机，策划举办一系列品牌文化节庆活动。继续举办武汉国际杂技艺术节，努力使之成为国际杂技艺术交流展示的重要平台；努力提升琴台音乐节质量和水平，将其打造成比肩北京、上海音乐节的全国三大音乐节之一；继续举办中华优秀戏曲文化艺术节，努力使其成为在全国具有广泛影响力的传统戏曲节会品牌；不断提升世博会、文博会、国际时装周等重大文化活动水平；不断提升斗鱼直播节目品质，打造节庆娱乐、双招双引、城市营销综合平台。将长江流域非物质文化遗产博览会打造成具有国际影响力的非遗展览展示活动，将"江滩大舞台"打造成展示群众文化风采的百姓大舞台，将武汉国际渡江节、武汉国际网球赛、武汉国际马拉松赛等打造成国际知名赛事，通过精心策划一系列以长江文明为内核的品牌文化活动，传播长江文化。

三、构筑文化旅游深度融合的支撑体系

（一）培植龙头企业

出台省市区三级财政专项支持政策，配合金融税收支持力度，重点培育本地文旅融合龙头企业。可根据文旅融合产业链，筛选出基础好、业务强的企业，使其成为行业内的龙头企业；同时针对本地区文旅服务短板，扶持一批具有自主品牌、知名度较高和市场拓展能力较强的文旅经营主体做大做强，提升文旅服务品牌国内外影响力。

（二）大力扶持文旅融合民营经济

一是全面梳理武汉历史文化创意街区的创意设计、时尚美业、油画美术、电影摄影、动漫制作、文化美食等文化型企业，根据民营企业的意愿和业务性质，组织其对外开放，作为旅游观摩点，加大对其服务和扶持力度。

二是出台扶持小微企业的政策措施，加大公共服务平台的普及和推广，打造有利于民营经济发展的良好营商环境，引导和扶持一批中小文化企业向"专、精、特、新"方

向发展。

四、加快重大文旅项目建设

（一）创建 A 级旅游景区

一是打造武汉历史文化街区名片。以武汉昙华林历史文化街区被中国侨联授予"中国华侨国际文化交流基地"为契机，加大武昌古城建设。

二是大力推进江汉朝宗文化旅游 5A 景区创建。发挥工作专班职能，推进江汉朝宗文化旅游景区集散中心建设。

三是推进东湖 5A 级景区建设。谋划东湖国际化提升打造，必须谋划外围交通的通达性和停车空间，配套生态化环保餐饮、住宿、商业等设施。可考虑利用东湖的水资源和军运会契机，打造东湖水上帆船中心、水上芭蕾中心、水上垂钓中心等水上项目，利用绿道资源，组织自行车、健步跑等各种赛事；利用光谷的科技资源，策划打造东湖光影虚拟体验秀场；利用东湖的华科、武大、水生所等科教资源，策划东湖文旅的深度融合，进一步优化东湖亮丽的风景名片。

（二）设立观光工厂

除了利用历史工业遗址、设立工业观光游之外，武汉应注重历史文化街区中的文创企业、游戏动漫、技能培训企业的对外旅游开放。如汉口黎黄陂路中有很多优质的时尚美业培训点、游戏设计等创意企业，可采用政府采购的方式对外旅游开放，这样：一方面可以带活整个历史街区的旅游；另一方面也起到了对企业的宣传作用，推动文旅融合的多赢发展。

（三）推动生态小镇建设

以打造园艺设计、研发、制造、展销、科教及产品全产业链，推动国家级特色小镇玉贤园艺小镇建设。借助网红的人气带动拉升效应，融合休闲游憩、观光度假、主题文创等产业，继续推动省级特色小镇网红小镇建设。采用"公司＋农户"的模式，大力推动市级生态小镇新洲潘塘花朝源小镇建设。

五、湖北省旅游与文化产业融合案例

以湖北省恩施州为例，恩施州生态文化旅游资源十分丰富，积淀形成有人类起源文化、古老巴文化、土苗民族文化、土司制度文化、抗战历史文化、革命红色文化、古村古寨文化、名人名贤文化、绿色生态文化、特色现代文化等。这些文化资源，是发展影视文化，并与旅游融合发展的肥沃土壤。但目前影视文化发展很不够，通过电影、电视作品传播旅游资源、旅游产品，推动旅游产业发展起步比较晚，应该抓住国家、省鼓励发展文化产业和旅游产业的政策机遇，加快影视文化和旅游业融合发展。

（一）影视文化与旅游产业发展的关系

随着人们旅游动机的不断变化，旅游与文化深度融合已成为旅游地提升吸引力、拓宽旅游市场的重要推动力，同时也成为发展特色旅游和提升经济效益的重要支撑点。旅游与文化深度融合、一体化发展，这是社会经济发展到一定阶段的必然要经历的过程，更是时代和社会进步的一个重要标志。因此，文化与旅游是不可分割的关系，是融合发展的关系。

1. 影视文化是文化产业的重要组成部分

文化产业划分为三大类：一是生产和销售环节都相对独立的行业，如报刊、影视、音像制品业；二是带有劳务性质的文化服务行业，体育、娱乐、策划、经纪业务都是其范畴；三是为其他商品和行业提供文化附加值的行业，如装潢、装饰、形象设计、文化旅游等。❶《文化及相关产业分类（2012）》明确：电影、电视作品和节目的制作、传播、服务都是文化产业。由此可以看出，影视与旅游同属于文化产业，两者具有天生的契合性。

影视传播包括电影、电视两种传播媒介。影视传播学对影视传播的内容进行了界定，主要是三个方面的信息，即新闻资讯、社交和服务、文化娱乐。笔者认为，还应增加一个方面，即宣传与广告。包括典型宣传、广告宣传等。电视传播形态主要分为四种：一是新闻类节目形态。包括消息类新闻节目、专题类新闻节目、评论类新闻节目。其中专题类新闻节目又分为专题报道、专题调查、专题新闻、专题访问、专题系列跟踪等。二是社交类节目形态。一般以纪录片、谈话节目、杂志型节目的样式出现。如中央电视台科教频道的《探索·发现》和《社会经纬》就是以纪录片的形态进行传播的。三是电视文艺类节目形态。分为电视艺术片、风光风情艺术片、音乐歌舞艺术片。电视艺术片，是有"故事"情景的电视剧，如《血色湘西》《雍正王朝》等；风光风情艺术片，是展示自然风光和人文风情的纪录片，如《西藏的诱惑》《长白山四季》等；音乐歌舞艺术片，是以音乐和歌舞的方式表现的纪录片，如介绍恩施州自然风光的《四季清江》。因此，各种旅游资源、旅游产品、旅游活动，都能以电影、电视的形态进行宣传营销。可以开发创作为电影形态的故事片、美术片、科教片、纪录片，在影剧院进行放映；也可以开发创作为电视形态的电视剧、风光风情艺术片和音乐歌舞艺术片，在电视台进行播放。

2. 影视传播是旅游产业跨越式发展的助推器

影视本身就是文化，而且是一种层次较高的文化。影视创作中所包含的题材，有历史事件、民间习俗、生态环境等诸多类型资源，而这些资源优势是旅游产业发展中的吸引力和核心竞争力。因此，影视和旅游有着相互匹配的结合点。影视传播作为一种文化产业，对旅游业的影响和推动作用很大。影视作品中所呈现的自然风景、人文风貌在被观众所了解的同时，旅游目的地也随之被广泛地为人们所熟知。在旅游景点拍摄影视作品，既可以看作一种旅游营销手段，同时拍摄所在地自身对大众也具有一定的吸引力。然而，在影视作品推广的推动下，观众就会进行"重新认知—转变态度—表现出游意愿"等一系列复杂的心理活动。在这一系列心理变化中，所有与观众在影视作品中所接收的有关信息相都会对做出出游决定产生一定影响。与恩施州毗邻的重庆市黔江区，2015年与国

---

❶ 仲毅. 地域性文化产业园规划设计研究[J]. 城市建设理论研究，2014（13）.

内知名影视公司合作,以黔江为背景拍摄了一部反映青年由农村进入城市淘金、背井离乡的励志电视剧集《侯天明的梦》,在中央电视台播出,结果由于这部电视剧的影响,亲临《侯天明的梦》拍摄地,就成为众多游客慕名而来的原因。2016年他们又组织在当地拍摄了旅游电影《蜜月》,因题材生动、感染力强,让人对拍摄的印象深刻。

在1996年云南省委、省政府出台的《关于建设民族文化强省的实施意见》中,把"广播影视业"确定为全省十大文化主导产业。到2009年,十年时间拍摄产出《千里走单骑》《山间铃响马帮来》等十多部云南题材的影视剧,播出后产生了广泛社会影响,扩大了云南的知名度和美誉度,形成了云南影视创作高潮。建成了大理天龙八部影视城、丽江束河茶马古道影视城等8个影视拍摄基地,每年吸引近百个影视剧组来云南拍摄外景,既繁荣了文化产业,也由此带动了云南旅游业的突破性发展。

影视作品是各门艺术种类和艺术元素的综合,它作为一种新型传播媒介,有着特有的艺术特性,最为突出和明显的是逼真性、可视性。具体而言,它可以真实地记录和复现客观世界,从山川河流到声音色彩再到人物面部表情,都可以真实记录下来。也就是说,影视传播始终是运动的,它在时间的变迁和事物运动的过程中进行叙事、展开情节、塑造形象、表达思想情感,受众会不由自主地产生一种身临其境的感受。同时,影视画面是对现实时空的再现,具有较好的可视性。著名电影理论家巴赞说:影视作品不仅具有再现空间的功能,还可以同时记录时间,其真实性包括视听的"真实"和时空的"真实"。[1]影视传播的逼真性、可视性和直接性、直观性特点,可以使受众从影像中吸取信息,强化记忆,还可以有意无意地对画面中的场景进行推广,刺激观众到相关拍摄地进行体验。2010年介绍恩施州自然风光的音乐纪录片《四季清江》在中央电视台播放后,引起了全国各地许多人士对土家族母亲河——清江的向往。重庆市黔江区邀请中央电视台4台、7台、8台和10台节目组,到黔江板夹溪摄制"板夹溪十三寨民俗文化"节目,在央视播放产生了较大的广告效应,极大地促进了板夹溪十三寨乡村民俗的整体保护与旅游传承。

(二)恩施创建国家全域旅游示范区的基本经验

1. 坚持高位推进

建立了高位推进的领导体制。恩施州的旅游产业发展得到了当地政府高度重视,构建了"党委领导,政府主导,部门联动,市场主体,社会参与"的旅游发展格局。另外,为顺利推动恩施州全域旅游业发展还专门成立领导小组,由政府主要领导任组长,分管领导为副组长,各县市政府主要负责人和州直相关职能部门主要负责人为成员。对创建工作进行统一领导、统一组织、统一协调、统一实施。[2]

2. 坚持规划统筹

坚持规划引领创建。恩施州编制了《鄂西生态文化旅游圈恩施州发展总体规划》《恩

---

[1] (法)安德烈·巴赞.电影是什么[M].崔君衍,译.南京:江苏教育出版社,2005:56.
[2] 州人大常委会视察组.关于对"国家全域旅游示范区"建设情况的视察报告[R/OL].(2017-1-16)[2017-8-9].

施州旅游业发展"十三五"规划》以及一批景区规划。全州各类旅游规划达到了75个，形成了完整的规划体系。同时，将旅游发展规划与国土利用规划、城镇建设规划、生态建设规划、产业发展规划、交通发展规划共5个专项规划融合起来，实行"多规合一，一规管总"，统筹创建。根据全域旅游发展规划，制定了创建工作方案。恩施州先后制定和印发了《恩施州创建国家全域旅游示范区实施意见》和《关于大力推进公共厕所建设管理工作意见》以及《关于发展乡村旅游促进旅游扶贫工作的意见》，突出解决全域旅游创建中的"厕所"和"业态"两大具体问题。

3. 坚持依法治旅

恩施州人大常委会制定并颁布了地方性旅游法规——《恩施州旅游条例》，推动旅游经济步入了法治化、规范化轨道，组建了旅游执法体系。在创建国家全域旅游示范区工作中，恩施州还成立了"州旅游综合执法局"，专门负责全州旅游综合执法的相关工作。在全省率先建立旅游巡回法庭。

4. 坚持宣传育市

通过举办"湖北恩施生态文化旅游节""中外摄影家看恩施""候鸟行动——十万游客避暑恩施行""欢乐中国行走进恩施""世界硒都·中国硒谷硒产品博览会""广告促销"等大力度、多形式、宽领域的旅游宣传促销活动，极大地提升恩施的影响力和美誉度，培育游客市场。游客客源市场已拓展到重庆、武汉、四川、河南、湖南、陕西、江苏、北京、天津、上海、浙江、广东等地，获得了"广东人最喜爱的旅游目的地"殊荣。

5. 坚持融合发展

恩施州在创建国家全域旅游示范区进程中，利用旅游业的开放性、融合性特质，大力实施"旅游+"战略，坚持走融合发展之路。重点推动旅游与城镇化、茶叶、林业、体育、文化融合发展，打造旅游新业态。

（1）推进"旅游+城镇化"

恩施州利川市在海拔1400米的谋道镇药材村、光明村等8个行政村，打造苏马荡旅游度假区。苏马荡旅游度假区建成面积22.64平方公里，招引地产企业35家、投资100亿元、实施旅游地产项目77个，建成并销售旅游房产400万平方米。每年5—10月每天有近20万人在苏马荡避暑度假。被评为"湖北省旅游名镇""湖北省生态旅游示范区""全国特色小镇""中国最佳文化生态旅游目的地"。这里的2万多农民就地城镇化，变为城市市民，当保安、做物业、搞运输、办超市、开酒店，户平存款80余万元。

（2）推进"旅游+茶园"

恩施州宣恩县万寨乡伍家台村，共17个村民小组564户2050人，拥有茶园面积4000多亩。近三年来，坚持走"茶旅"融合发展路子，茶园变成了集观光、采茶、制茶、品茶于一体的绿地"公园"，被授予国家4A级旅游景区。

(3) 推进"旅游+林业"

恩施州咸丰县在坪坝营利用8004万平方米原始森林、4002万平方米原始次森林、4669万平方米人工林、万亩千年杜鹃古树，建立原始生态旅游区，游客既有助于避暑养生，又有助于观光科考。

(4) 推进"旅游+体育"

近两年，恩施州利川市在发展民俗旅游过程中，每年承办一届国家体育总局登山运动管理中心、中国登山协会主办"中国山地马拉松赛"。

(5) 推进"旅游+文化"

恩施土司城4A级景区，是400多年的土司文化与旅游业深度融合的一个样本。

(三) 影视文化与恩施旅游产业融合发展途径

为推动恩施的影视传播与文化旅游融合发展，案例提出以下对策途径。

1. 红色文化路径

红色文化是马克思主义思想同中国革命相结合的时代产物，它代表着华夏人民的民族精神的继承与发展，其蕴含了我国主流价值观，同时红色文化也是影视作品比较喜欢采用题材之一，而恩施也拥有这丰富的红色文化资源："贺龙元帅第二故乡""红四军诞生地""忠堡大捷""板栗园大捷""神兵改编"等，而且恩施有5个景点被确定为"全国红色旅游景点景区基础设施建设项目"，即鹤峰湘鄂边苏区革命烈士陵园、鹤峰五里坪革命旧址群、鹤峰鼓锣山三十二烈士殉难处、鹤峰中营红三军军部旧址、咸丰忠堡大捷遗址及烈士陵园。这些都是第二次国内革命战争时期遗留在恩施的文化遗产，所以恩施在发展影视文化与旅游产业融合的路径上可以以恩施苏区人民为中华民族独立和解放事业抛头颅、洒热血的英雄事迹为基础来创作影视作品，打造富有恩施特色的红色文化影视旅游。

2. 抗战文化路径

恩施人民抗击倭寇侵略的历史最早可以追溯到四百多年前的明代嘉靖年间，容美土司几代司主奉命率领士兵奔赴江浙沿海一带抗击倭寇。而后在1937年日寇发动全面侵华战争，恩施成为战时省会，是当时湖北的政治、军事、文化中心，是陪都重庆的前沿阵地，成为伟大抗日战争乃至世界反法西斯战场的重要组成部分。抗日战争在恩施留下了大批抗战文化资源，如"陈诚公馆"、叶挺将军第一次来恩施时的住所"饶应祺故居"、后山湾风吹垭的"抗日伤亡将士公墓题刻"、五峰山的"窑湾医院旧址"、洗爵溪的"宝莲洞题刻"等。拥有如此之丰富的抗战资源，能够很好地满足恩施创作抗战题材影视作品，因此，打造恩施抗战文化影视旅游专题也是非常合适的选择。

3. 民族文化路径

民族文化一直以来在旅游产业的发展中都占据着相当重要的位置，恩施的土家文化作为恩施土家族苗族自治州的一张特色名片一直以来为恩施的旅游业做出了巨大的贡献。恩施具有丰富的民族文化底蕴：在舞蹈方面有龙灯、摆手舞、撒尔嗬、肉连响等多种民族舞蹈；曲艺方面有南戏、傩愿戏、堂戏、柳子戏、灯戏、小曲等具有民族特色的地方戏曲；工艺方面有吊脚楼、摆手堂、西兰卡普等；习俗方面，有牛王节、女儿会、摆手节、赶年等典型的民俗事象。这些都可以为影视作品提供素材，而且当下关于少数民族文化的影视作品凤毛麟角，少数民族历史题材电视剧成为我国亟待保护的文化链条之一，因此以民族文化路径来打造土家族苗族风情旅游专题不仅在推动影视文化与旅游产业融合发展具有重要意义，而且在对传统民族文化的传播和继承也至关重要。

4. 土司文化路径

土家族地区的土司制度，起于元代，止于清朝雍正十三年（1735年）的"改土归流"，历经元明清三朝，前后达450余年。在此期间土司对中央封建王朝纳贡称臣，中央王朝对土司实行册封，准予自治；土司的土地不纳入中央王朝版图，人口也不计入中央王朝户籍，所以当时的土司掌握着当地的生杀大权、称雄一方。换句话说，土司王实际上就是这个地方的土皇帝。恩施土家族地区的土司建制，随着朝代更迭各有不同，元代设立29个土司，明代设立31个土司，清代设立20个土司。土司管辖地区包括恩施州清江以南地区及现属宜昌的长阳、五峰的部分地区。面对有着如此底蕴深厚的土司文化，恩施可以开发利用在元、明、清时期遗留下来的比较有名的"施南土司""容美土司""唐崖土司"等物质与非物质文化遗产，创作反映封建土司时期的政治、军事、经济、文化制度的影视片，打造土司文化旅游专题。

5. 名人文化路径

在历史发展的长河中，恩施州涌现过许多优秀的民族人物，包括田世爵、田九霄等抗倭英雄，田宗文、田楚产、田甘霖等著名诗人，这些著名的历史人物为恩施州政治、经济、文化发展做出了杰出的历史贡献。[1] 立足名人文化资源，拍摄名人传记片，打造追踪名人旅游专题。名列中国十大名相之一的寇准，少年时期曾恩施州内的巴东县担任过县令，开发利用这一名人资源，创作反映寇准在巴东县令任上的故事片，如《七品县令寇准》，类似的还有如《首义英雄甘绩熙》等影视作品。

6. 生态文化路径

恩施拥有丰富的生态文化资源，因位于"神奇的北纬30°"，所以拥有丰富的动植物资源，这让恩施被誉为华中"天然植物园""种质基因库""鄂西林海""华中药库"。而喀斯特地貌发育又使得恩施多奇峰峻岭、飞瀑奇洞，所以恩施的自然景观多以奇、秀、雄、险、幽著称。开发利用大自然赋予恩施的"恩施大峡谷""利川腾龙洞""巴东神农溪""利川水杉王"等世界之最、中国之最的自然生态景观，创作恩施风光影视片，如投拍《恩施大峡谷》《腾龙洞》《坪坝营》《齐岳山》《碧水清江》等系列专题片，打造生态观光、休闲度假、体育养生专题旅游，也具有十分广阔的前景。

---

[1] 谭华，夷俊丞.影视传播对恩施旅游产业的影响研究[J].新闻研究导刊，2017，8（24）：259-261.

第五章　湖北体育和旅游融合发展

第一节　湖北省体育产业发展概况

一、湖北省体育产业发展现状

（一）政策出台为湖北传统体育发展指明方向

湖北传统体育植根于中华优秀传统文化，其发展离不开正确方向的引导。无论是国家还是地方，都出台了相应政策，仅关于体育产业的产业政策就高达二十多项，在湖北传统体育前进道路上点亮了指明灯。

从国家层面来看，战略上有"全民健身战略""乡村振兴战略"等关于提升民族自信的内容，为传统体育的发展提供了重要指引，相应还相继出台了许多相关政策，2019年9月国务院办公厅发布了《关于促进全民健身和体育消费推动体育产业高质量发展的意见》（国办发〔2019〕43号）（以下简称《意见》），明确指出了体育服务业比例提升的相关要求，也点明了要优化产业布局，通过"体育+"的方式促进产业融合发展，并着重点出了鼓励体育与旅游融合发展，探索体育旅游行业标准等相关内容❶。

从省级层面，湖北省积极响应《意见》号召，省人民政府于2020年提出对体育消费进行提质扩容，加大市场主体的培育，体育产业项目将被纳入政府年度招标项目。也强调了体育产业的融合发展，加快体育与医疗、互联网、旅游等产业融合发展。体育产品服务将实现智能化，全省大型公共体育场馆的智能化改造预计于2025年完成。在与旅游融合方面将规划布局特色鲜明的体旅有机融合的精品路线、项目等❷。政策的出台：一方面从宏观层面大力推动体育产业的发展；另一方面从中观、微观层面又提出了具体的体育转型升级，并与其他产业融合的具体做法。将使古老的湖北传统体育注入现代科技文明的新鲜血液，拂去纤尘，在新时代下熠熠生辉。下面是对湖北省体育产业发展过程中相关政策的整理（见表5-1）。

表5-1　1978年至今湖北省体育产业主要政策一览表

政策阶段	主要政策文件	总数（个）
1978—1992年	无	0

---

❶ 刘扶民.贯彻落实《国务院办公厅关于促进全民健身和体育消费推动体育产业高质量发展的意见》推动体育产业成为国民经济支柱性产业[J].体育科学，2019，39（10）：3-10.

❷ 湖北省人民政府办公厅.关于促进全民健身和体育消费推动体育产业高质量发展的实施意见[R].鄂政办发〔2020〕36号.

续表

政策阶段	主要政策文件	总数（个）
1992—2006 年	《湖北省体育市场管理条例》转发《中共中央国务院关于进一步加强和改进新时期体育工作的意见》等	2
2006—2014 年	《湖北省旅游场所管理办法》《湖北省全民健身条例》《湖北省退役优秀运动员留用暂行办法》《湖北省体育设施建设和管理规定》《湖北省体育基础设施奖励办法》《湖北省体育局经济合同管理办法（试行）》等	6
2014 年至今	《湖北省体育产业基地管理办法（试行）》《湖北省体育产业发展引导资金管理和使用办法（试行）》《放手发展群众体育助力工程实施方案》《湖北省竞技体育赛事资助暂行办法》《湖北省全民健身赛事（活动)资助办法》《湖北省体育产业十三五规划》《关于加快发展体育产业促进体育费的实施意见》《关于全民深化体育改革的指导意见》等	8

（二）产业发展为湖北传统体育发展推波助力

随着我国社会主要矛盾的转化，人们对美好生活的向往被放到更加关键的地位，对健康的追求助力了全民健身与全民健康深度融合。体育产业作为湖北省政府重点发展的十大"三千亿元产业"之一，也是湖北发展最快的产业之一，其发展为人们追求美好生活创造了条件，是社会发展的新亮点，也是关于服务的消费特别是文化服务消费的一大热点，其发展体现在众多方面，介绍如下。

第一，湖北体育产业规模在不断扩大，发展潜力无限。2017年省人民政府提出了未来五年的发展目标，体育产业规模要达到2500亿元左右，增加值要达到全省地区生产总值占比为1.6%左右。并随之细化出台了涉及体育强省建设的"152"工程。2020年召开的全省体育局局长电视电话会议中指出，2019年湖北全省体育产业总产值预计突破1500亿元。体育产业引导专项资金累计已达3439万元，百余体育产业项目得到支持。体育产业的总规模以及增加值占GDP的比重等指标达到全国第六位[1]。

第二，湖北体育产业体系不断优化，产业链不断拓展，上下游企业之间的关联度不断加强。比如体育赛事的举办与体育赞助，体育传媒等业务密切相关。各项体育活动的开展也离不开体育用品制造，体育场地器材租赁等相关业务。体育主体产业（体育用品制造业、体育服务业等）近年来稳步发展的同时，也不断聚焦其他相关产业的发展，产业的融合形成了新业态，带来了新需求，"体育+"模式得到了推广。体育服务业在体育产业中的比重不断提升，体育特色小镇，体育赛事服务等应运而生。例如，"荆门爱飞客飞行大会""武汉马拉松""武汉网球公开赛""宜昌国际龙舟节"等影响力不断扩大。同时湖北体育产业布局也在不断完善，产生了体育产业的集群，传统体育产业如体育用品制造业向体育旅游，体育产业园区等多类型集群发展。区域间也形成了联动，共享资源与市场，以武汉为中心的产业集聚最为明显，优势也更加突出。同时，鄂西、鄂东南地

---

[1] 湖北体育产业发展研究课题组，牟发兵，傅才武. 大力推动湖北体育产业高质量发展 [N]. 湖北日报，2019-12-22（6）.

区也形成了以宜昌、鄂州为核心的产业集群。

（三）资源优势为湖北传统体育发展奠定基础

内容方面，湖北传统体育资源内容丰富，包含湖北地区人民在生产生活中创造的，并随着时代发展演变，流传至今的各种体育活动及习俗文化。在具体的传统体育项目、赛事等物质方面，有大众比较熟知的舞龙、舞狮、龙舟、武当武术等，也包括比较小众的少数民族传统体育项目，比如，湖北恩施州聚集着包括土家族、苗族、彝族等在内的29个少数民族的人民，宜昌地区有两个土家族自治县，1个民族乡，3个民族村。各民族都有着体现其民族特色的传统体育项目，种类甚多。观赏性的项目有传统舞蹈摆手舞、铜铃舞、接龙舞、舞草把龙、摇旱船、抢花炮等。竞技型的传统体育项目有高脚竞速、三人板鞋、蹴球、民族式摔跤、毽球等。休闲型的传统体育项目有荡秋千、打陀螺、摔石子、东巴跳等。每年依靠湖北传统体育开展的赛事，活动也为当地经济发展贡献着力量。比如，荆门市屈家岭区将传统强项射箭与体育强市战略结合，建立射箭之乡，在2017年于月湖公园修建了能同时容纳两百人参赛，面积为6300平方米的专业射箭场，加上在建中的箭术休闲体验园，年营业收入可达500万元。屈家岭每年还举办两次全国性的射箭邀请赛，在传承传统体育文化的同时也为当地带来不菲的经济收入。这些项目既能使人们在参与中获得体验感，也能使人们对湖北历史文化的了解更进一步，值得传承。传统体育还包含非物质文化层面的内容，比如，湖北地区流传的国际级非物质文化遗产武当武术，有传统武术的文化底蕴，也有"动静结合""内外兼修"的科学道理。还有传统民俗节庆，比如，女儿会、赶年节、端午节等。人们在不同的节庆活动中会进行不同的体育活动，这些节庆中的体育活动也是传统体育的重要内容。比如，非物质文化遗产屈原故里端午习俗就包含游江招魂、龙舟竞渡等带有祭祀性质的体育活动等。物质与非物质内涵并重，体验与参与感并行，使得湖北传统体育内容丰富优势凸显。

特色方面，湖北传统体育特色鲜明，源于生活，虽然与竞技体育一样也包含竞技的元素，但其主要特色还是娱乐休闲，养生健体。在当前落实全民健身背景下，传统体育的优势不言而喻。以流行于湖北省十堰市的武当武术流派为例，以太极拳、形意拳、八卦掌为主体，道家文化特色鲜明，重视人体精气神的修炼，处处不违背人体运动科学，借力使力，动静结合，以柔克刚。将调心、调息、调身贯穿始终，是武功与养生的结合体。在新时期间，传统体育的特色优势被发挥出来，据统计，截至2020年5月1日，北京市社会体育指导员协会在网络开展的云健身活动中，含太极在内的传统武术类内容（包括图片视频等）有274个，占所有内容的56.3%[1]。

综上所述，湖北传统体育一方面有多方政策支撑作为保障，还有体育产业发展注入动力；另一方面本身内容丰富，特色鲜明，为与旅游融合奠定了良好基础。

---

[1] 孔令学. 对旅游与传统体育融合发展的思考[N]. 中国旅游报，2020-06-10（3）.

二、湖北省旅游产业发展现状

（一）旅游产业的战略地位牢固

旅游业具有很强的综合性，涵盖范围广，产生的发展动力大，在国民经济和社会的发展中占据相当重要的地位。"十三五"是全国经济发展的关键时期，也是旅游业发展的黄金机会，趁此时期，湖北省制定了《湖北省旅游业发展"十三五"规划》，大力推动旅游业的发展。近年来，湖北省旅游业的发展无论是从总收入还是接待人数来看都呈现增长的趋势，这使湖北省旅游产业在经济发展中的战略地位越来越牢固。

此外，旅游业对其他产业的贡献值也十分可观，对GDP的贡献率达11.09%，对住宿业的贡献率超过80%，对民航和铁路客运的贡献率超过80%，对文化娱乐的贡献率超过50%，对餐饮和商业的贡献率超过40%。此数据说明了湖北省旅游经济水平高，具有良好的发展势态。旅游业带来的经济效益，牢牢巩固了旅游产业在湖北省经济发展中的战略地位，需要提高旅游服务质量，来巩固旅游产业对湖北经济发展的作用。

（二）旅游产业地区发展不平衡

2017年，湖北省接待入境旅游的人数为353万，位居中部第一，但省内各市州旅游发展水平差异明显，还存在很大发展空间。在全省入境旅游中武汉市占比75.8%，黄石市、十堰市、荆州市和襄阳市四个州市占比约20%，其他多个城市入境规模小，在入境旅游方面未形成品牌效应。

综上所述，体育业和旅游业是湖北省近年来发展水平较高的业态。基于对二者发展现状的分析，可以清晰找出二者之间各自的优缺点，从而为分析二者的融合打下良好基础。体育产业和旅游产业，自产生时起就具有一种自发的耦合性。基于产业关联理论可知，旅游业与体育的融合程度最高。

第二节　湖北省旅游与体育产业融合发展现状

一、湖北省体育和旅游融合发展的重要性

（一）推动湖北体育产业发展

瑞士诺桑曾经做过这样一个调查，他选择当下几个比较发达的国家作为研究对象，结果显示，体育带来的经济效益占国家生产总值的1%—2%，对旅游的贡献率为4%—5%。这个调查结果说明，体育和旅游的契合度是相当完美的。因此，发展体育旅游是一件势在必行的事。

体育旅游在推动经济增长这方面起着不容忽视的作用。发展体育旅游已经成为一个新的经济增长点。体育旅游作为一个新产业，根源在体育和旅游，但新时代赋予的定义远远超出其原来的意思。体育旅游拉动衣食住行游购娱等产业的发展，这一批老产业得

到了一次升温。因此，体育旅游不仅能通过自身拉动经济增长，还是带动一批产业推动经济发展。

（二）拉动湖北体育消费

湖北省发展体育旅游是深入贯彻党的路线的深刻实践，发展体育旅游归根结底在于，加强体育产业和旅游产业二者之间的联合，吸引广大消费群体参与其中。湖北省自然景观优美，人文历史独特，大川名山、江河湖海能够为体育旅游的发展提供重要的自然资源与人文资源。人民参与体育旅游，是走进自然、走向健康的重要因素。体育旅游既能够通过旅游的方式给人一种审美上的精神体验、身心放松，又能够通过体育使人达到一种身体上的适当锻炼。灿烂的阳光，美丽的自然景观，再加上适当的体育运动，能够更好地调节人的身体机能，有利于身体健康。在这个生活节奏快的城市，各种城市病越来越影响人们的健康生活。体育旅游的发展能从精神和身体两个方面改善人民的生活，这对拉动湖北体育消费具有重要的作用。

（三）扩大湖北体育需求体育和旅游的融合发展

不仅能够推动旅游业的发展，而且可以带来体育产业增长点，产生大量的新的体育需求。近年来，湖北在赤壁努力打造产业融合创新服务全域旅游，狠抓管理提升旅游软实力。全域旅游是产业融合背景下一个旅游发展新模式，旅游业可以通过与其他产业的融合实行多元化发展。省政府印发《关于促进全域旅游的实施意见》中指出，在湖北省打造国内一流旅游目的地，推动旅游与科教文卫体的等不同行业的融合。湖北省全域旅游和核心之一是，整合武当山、太极湖和丹江口沧浪港等资源，同意建设大武当山旅游区，开发形成体验性强、传播度高的休闲度假、养生健身强势品牌。在全域旅游的背景下，湖北省体育旅游的发展，会使基础设施不断完善，建设一批体育健身场地，从而扩大湖北省体育需求。

二、湖北传统体育与旅游融合现状

近年来，湖北地区体育产业与旅游产业蓬勃发展，为实现共同利益，不断打破产业边界，在内外部因素的推动下借助各自产业链的渗透、交叉、重组，通过资源融合、市场融合、技术融合等，不断形成新业态（包括体育旅游，文化旅游等），动态发展。融合已经初步构成架构，各类型体育旅游资源在空间分布上呈集聚性，各城市间共享市场和资源，形成了以"武汉城市圈""鄂西生态文化旅游圈"为代表的经济圈，也形成了具体的精品路线和项目，2019年中国体育文化博览会和体育旅游博览会中，湖北地区获奖的项目达11个。

湖北传统体育与旅游的融合有以下特征。

融合的驱动来自不同产业主体的共同利益，湖北传统体育与旅游产业间互融互通，实现不同系统向同方向运动。

湖北传统体育与旅游的融合要素主要包括政策（理念）、资源、市场、技术、企业、部门等。外部因素为政策的推动、技术的创新、市场的需求等，内部因素为湖北传统体育与旅游双方提质升级的需要。

已有的融合路径主要有：

资源融合：湖北传统体育与旅游之间通过共享资源实现融合，这些资源包括公共资源及双方的产业资源。其中，公共资源有：自然环境、基础设施、地区政策福利等。双方产业资源有：传统体育方面的体育项目、体育赛事、体育文化、体育场馆等，旅游方面的自然旅游资源、人文旅游资源、景区设施资源等。在一定区域内在实现资源利用率最大化目标下集聚，整合各方资源，实现双方利益最大化。

市场融合：湖北传统体育与旅游通过市场共拓实现市场融合。通过项目合作、结构合并等形式，将双方相关产业价值链进行对接。已有的案例多为将湖北传统体育销售活动单元截取（比如，传统体育项目、赛事活动、场馆运营等）与当地旅游活动销售单元对接的方式实现融合，并以价值链的延伸寻求共同的销售盈利融合点。

企业融合：湖北传统体育方面的企业与旅游方面的企业，基于市场需求和共同利益，在相同政策理念影响下，对双方管理和组织方面进行调整和变革，在商业模式上实现创新。通过企业并购、资产互补等企业战略实现企业业务的多元发展，从而实现双方产品互补、产品融合。整合多元业务于同一产品中，进而企业及内部部门的融合，最终实现湖北传统企业和旅游企业资源和能力的融合。比如，旅游企业借助湖北传统体育文化内涵丰富旅游产品，提高文化内涵，获得更高产品附加值。传统体育企业借助旅游企业的产品营销能力，扩大传统体育的宣传面。

技术融合：一方面传统体育与旅游借助技术创新实现本产业的创新发展，包括产品的研发创新、资源的开发创新等；另一方面双方的价值链环节相互渗透，共享技术并进一步创新，实现创新融合发展。比如，旅游方面利用湖北传统体育项目体验感、观感方面的创新，开发更高质量的旅游产品。湖北传统体育方面利用旅游方面创新的开发模式深度挖掘资源内涵，实现创新发展。双方共同开发的新产品再通过互联网等新技术实现新产品的增值。

但是，湖北体育与旅游融合还处于发展阶段，综合上文对双方的分析，可见湖北传统体育与旅游的融合想要长远发展还需解决如下问题：融合存在地区发展不平衡，对传统体育内涵挖掘不足的问题。几乎每个城市都有可能开发并与旅游融合的传统体育相关的内容存在，但是由表5-2，2016—2020年期间，几乎每年，仅武汉市一个城市的旅游年总收入就占了全省一大半，可见传统体育与旅游的融合尚未给湖北地区带来应有的效益。

表 5-2 2016—2020 年武汉市旅游总收入占比

年份	湖北省旅游总收入（元）	武汉市旅游总收入（亿元）	武汉市旅游总收入占比（%）
2016	4309	2197	50.99
2017	4879	2506	51.35
2018	5515	2813	51.00
2019	6344	3163	49.86
2020	6927	3571	51.55

三、体育专业与旅游业的产业耦合机制

随着湖北省生活水平的提高和闲暇时间的增多，人们越来越倾向有利于身心健康发展的生活方式。体育旅游将时尚动感的体育运动和旅游相结合，使人们在亲近自然、放松心情的同时，还可以观看和参与自己热衷的体育活动，是人们所崇尚的休闲娱乐活动之一。都市体育旅游业是体育旅游业的细分市场，是都市体育与旅游活动交叉耦合而产生的具有都市体育和旅游特点的新兴产业，正在逐步成为继生态体育旅游之后的现代体育旅游业的一个新的增长点。都市体育旅游是指以都市的基础设施和人文风貌为载体，开展体育为主题的旅游活动，它具有内容的耦合性、效益的多元性、效果的健康性、空间的共同性、时间的连续性和人群的特定性等特点。都市体育旅游业的发展不仅可以改善人们的生活品质、提高民众的综合素质，而且可以促进经济发展和文化水平的提高，因而受到了人们的普遍欢迎。但是，由于都市体育旅游业这个经济现象产生的时间比较短，我国学者对这个现象的研究比较欠缺，特别是关于产业耦合视野下都市体育旅游业发展的研究如凤毛麟角。

（一）湖北省都市体育旅游资源耦合的优势条件

1. 资源丰富为都市体育旅游耦合提供基本保障

湖北省都市体育旅游资源丰富，既有开展各类体育运动的自然条件和基础设施，又有丰富的旅游资源和稳定的消费群体，就具体而言包括以下几点：第一，水体资源优良，拥有江、河、湖、库、泉等各种水域类型，长江、汉江、东湖、洪湖和九畹溪等可以开展漂游、溯溪、游泳和划船等水上体育旅游项目；第二，山体资源丰厚，神农架、武当山、大洪山、九宫山等国内知名山岳为登山、徒步、探险、骑游、攀岩、滑草、滑翔、野外生存和定向越野等山体体育旅游项目的开发提供了良好基础；第三，赛事资源突出，先后举办了城市运动会、女足世界杯、全国跳水赛、全国速度赛马和国际体操邀请赛等国内外知名赛事，为开展赛事观赏、休闲娱乐提供了资源保障；第四，健身资源众多，中体倍力、帕菲特和一兆韦德等体育健身资源为大众开展体育健身运动提供了条件。这些得天独厚的资源为湖北打造都市体育旅游精品和形成竞争优势提供了物质保障（见表5-3）。

表5-3 湖北省都市体育旅游资源一览

类型	资源特点	主要体育旅游项目
水体体育旅游资源	水体有数百处之多，种类包括江、河、湖、泉、瀑、沟、洞、水生物等，且具有一定的品牌效应	东湖水上游憩、九畹溪漂游、三峡户外攀岩、东湖沙滩浴场、长江横渡、夜游长江等
山体体育旅游资源	处于第二级阶梯向第三级阶梯过渡地带，地貌类型多样，山地、丘陵、岗地和平原兼备	武当山登山、神农架滑雪、龟山极限运动、珞珈山游憩、神农架探险、双峰山户外拓展、木兰山滑草等
休闲体育旅游资源	休闲体育资源较为丰富，特别是休闲赛马、高尔夫休闲运动和户外运动	金银湖高尔夫运动休闲、东方马城马术运动休闲、野山户动拓展休闲、环东湖自行车运动休闲、红莲湖高尔夫休闲、洪山赛事休闲运动等
赛事体育旅游资源	承办一些国际、国内知名比赛和一些具有湖北特点的民族体育赛事	仙桃体操国际邀请赛、宜昌长江三峡国际龙舟拉力赛、东方马城速度赛马锦标赛、第六届城市运动会、女足世界杯、长江横渡赛等
健身体育旅游资源	大力实施《全民健身计划》，兴建了大量体育健身锻炼场所，体育健身业发展迅速	沌口体育场馆、奥林匹克中心、洪山体育中心、武汉体育健身中心、中体倍力健身俱乐部、帕菲特健身俱乐部、一兆韦德健身俱乐部等

2. 中部崛起战略为都市体育旅游耦合提供政策支撑

中部地区包括湖北、湖南、河南、安徽、江西和山西六个相邻省份，地处中国内陆腹地，起着承东启西、接南进北和辐射八方的作用。湖北省处于中部地区中心，在能源开发、汽车制造、生物研发、交通设施和科技人才等方面具有得天独厚的条件，在中部崛起过程中起着重要作用，将力争成为中部地区崛起的战略支点，中部崛起战略的大力实施为湖北省都市体育旅游业的发展提供了宏观上的支撑。

3. 两大经济圈建设为都市体育旅游耦合提供外生动力

湖北省委省政府先后提出了建设"武汉城市圈"和"鄂西生态旅游圈"的战略构想。武汉城市圈总体目标是把"武汉城市圈"建设成为全国宜居的生态城市圈，与沿海三大城市群相呼应、与周边城市群对接充满活力的区域性经济中心。湖北省在开展国家批准立项建设"武汉城市圈"的同时，推进了"鄂西生态文化旅游圈"建设工作，这激活了鄂西地区生态、文化、民俗等资源优势，破解交通、信息、体制和机制等瓶颈障碍，使其成为国内外知名的旅游目的地，从而推进鄂西地区经济发展，实现湖北省东西部均衡发展。都市体育旅游业是两大经济圈重点发展领域之一，两大经济圈建设为都市体育旅游业的发展提供物质支撑。

4. 市场需求不断增加为都市体育旅游耦合提供内在源泉

随着人民生活水平不断提高、休闲娱乐意识日益增强，传统的观光型旅游和简单的体育运动已经不能满足广大消费者个性化需求。这些新兴消费者具有更丰富的体育和旅游经历、持有新的价值观、生活方式，对体育和旅游消费有更加灵活、更加独立的态度。

目前，消费者更加倾向于参与性较强的都市体育旅游活动，他们能够通过参与溯溪、攀岩、极限、探险等活动感受到惊险、刺激、愉快、兴奋等不同的心理体验。目前，都市体育旅游业正在成为我省休闲经济重要的朝阳行业，得到了越来越多消费者的青睐，拥有巨大的市场潜力。

（二）湖北省都市体育业与旅游业耦合机制

1. 湖北省都市体育业与旅游业价值链对接分析

产业价值链是部门间基于一定的经济关联，并依据一定的逻辑顺序和时空布局关系客观形成的链条式关联关系的形态，主要是基于各地产业客观存在的区域差异，着眼发挥区域产业比较优势，实现产业综合效益最大化。它包含价值链、企业链、供需链和空间链四个维度，这四个维度在相互对接的整体过程中形成了产业价值链。对于湖北省都市体育业与旅游业而言，两种行业在价值链、企业链和空间链存在千丝万缕的联系，行业中大量存在上下游关系和产业间相互价值的交换现象。都市体育业上游环节可以向下游环节输送产品或服务，而都市体育业下游环节不仅能向上游环节反馈信息，而且可以向旅游各个环节提供所需资源。都市体育业与旅游业价值链的对接正是产业间价值的相互交换，都市体育产业的发展为旅游业及其内容的丰富提供了更大的价值，而旅游业的发展则是更好地将都市体育的价值耦合到人们的实际生活与活动中来。为了更好地促进湖北省都市体育业与旅游业的产业价值链对接，需要构建一个"两位一体"的价值链模式，以都市体育业带动旅游业的发展，以都市旅游业促进体育业的发展。目前，我省都市体育业与旅游业之间存在着极大的关联互动性，而且二者之间已经有着耦合的条件与基础，并通过资金流、物流、人流和信息流实现两者相互耦合。湖北省将以都市体育业的优势来弥补旅游业的劣势，以旅游业的优势来弥补都市体育业的劣势，共同发挥都市体育业与旅游业的优势，就能更好地促进湖北省都市体育业与旅游业的价值链对接，推动湖北省都市体育旅游业的耦合和创新。

2. 湖北省都市体育业与旅游业的耦合过程

研究湖北省都市体育旅游耦合是通过都市体育业和旅游业之间的业务、管理、需求和市场的相互交叉、渗透与整合实现的。原有行业产品和市场需求逐步发生改变，使行业壁垒降低，并相互耦合，行业间企业之间竞争协作关系发生了一定变化，从而导致行业边界模糊化甚至重划行业界限，逐步形成"都市体育旅游业"这种新业态，两者之间的耦合表现为"耦合程度加深—竞争成本提高—企业产品创新—竞争成本降低—耦合程度加深"的过程，以下主要从产品耦合、市场耦合和制度耦合三方面进行分析。

（1）产品耦合分析

湖北省都市体育业与旅游业彼此有各自的产品和不完全相同的产业和服务领域、对象及服务内容。都市体育业不仅包括体育设施、体育场地、体育器材、体育服装等产品，还包括体育健身、体育休闲、体育娱乐等服务用品。旅游业是凭借丰富的旅游资源，专门从事招徕、接待游客等业务,并提供交通、游览、住宿、餐饮、购物、文娱共六个环节的综合性行业。但是,都市体育和旅游活动存在共同的特征,那就是两者同属于休闲服务业和服务对象有着一定的交叉性。随着两个行业系统相互作用的增强,耦合型产品越来越多。都市体育业和旅游业的产业耦合衍生了新的产品,如都市赛事体育旅游产品、都市休闲体育产品和都市体育健身旅游产品等。

（2）市场耦合分析

湖北省都市体育业与旅游业所依托的资源虽不同,但两者的资源可以进行组合利用。都市体育业更注重依托政治、社会资源、优势产业和消费市场,旅游业更注重依托旅游自然资源、人文资源以及交通饮食服务资源等。但是,都市体育业与旅游业的资源可以进行相互转化与重组,发挥资源的互动效应。一些具有丰富的旅游自然资源,但并不具有经济优势的地方,通过旅游业的开发,在旅游区建立体育活动设施,促进了人们对都市体育活动的热爱,带动了湖北省都市体育业的发展,而一些具有经济优势的地方,通过大型都市体育活动的开展,吸引不同地方的人前来参加活动并成为旅游参观者,最终推动旅游业的发展,这将都市体育业与旅游业的市场资源更好地耦合,发挥了市场资源的互动效应,推动二者的协调发展。

（3）制度耦合分析

制度耦合是指都市体育业和旅游业中的宏观层次和微观层次在内的各项制度向一个新制度方向的汇合整体过程。宏观层次的制度是指由政府制定的各项法律法规、产业政策和行业指导等,这些都对企业的行为有着强制的作用,企业必须遵守与实践;微观层次的制度是由企业主体在互动耦合中提出的具体标准等。湖北省体育旅游企业在宏观和微观层面都开始进行有机制度耦合。在宏观方面,湖北省省政府、湖北省体育局和湖北省旅游局多次通过制定宏观政策大力支持两个行业在某些方面耦合。两种行业制度耦合可以利用行业优惠政策,推动行业快速发展。湖北省都市体育旅游业通过三大渠道耦合,使都市体育业和旅游业的模糊边界和相互关联,将体育产业的元素或单元渗透或嵌入旅游产业中,赋予都市体育业体系以旅游产业体系的功能,或者将旅游产业的元素或单元渗透或嵌入都市体育产业中,赋予旅游产业体系以体育产业体系的功能,带动两种产业的共同发展,彼此形成互利共赢的效应（图5-1）。

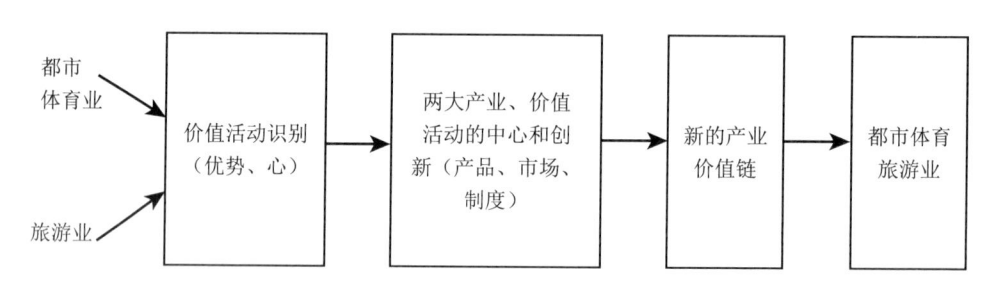

图5-1 湖北省都市体育业与旅游业的耦合流程

3. 湖北省都市体育业和旅游业的耦合效应

（1）消费性能力效应

随着我国居民可支配收入的显著提高，闲暇时间不断增加，以休闲娱乐消费为代表的无形服务消费成为越来越多居民青睐的消费项目。都市体育业与旅游业的有机结合与原来两个行业相比，不仅创造了更高的附加值与更大的利润空间，而且为消费者创造了更便捷、更适合、更有价值的产品和服务。都市体育业和旅游业的产业耦合催生了许多新产品和新服务，满足了人们收入和生活水平提高后对更高层次消费品的多元化和高层次化的需求。如野营、游泳、滑雪、漂流、森林探险、潜水、攀岩、滑翔等、垂钓、远足等体育项目和旅游业相结合。

（2）品牌性联众效应

无论是都市体育品牌还是旅游品牌，一旦形成知名品牌，都会彼此给对方带来强烈的关联效应，而且随着整体品牌影响力的提升，关联效应也得到正相关提升。在品牌的影响下，都市体育业与旅游业两者互动结合，产生共振耦合效应，实现双赢。因此，充分利用品牌互动效应，可以产生事半功倍的成效。如武汉市承办的全国第六届城市运动会是湖北省规模及影响力比较大的赛事，它产生的品牌价值以及其对旅游业强劲的带动作用和辐射力，可以带动旅游业的快速发展。优秀旅游资源与都市体育品牌相结合，产生共振效应，使都市体育旅游潜能得以进一步释放。

（3）竞争性结构效应

目前，湖北省都市体育旅游业正处于产业耦合初级阶段，当都市体育业与旅游业开始进行产业耦合意义上的多元经营时，行业间的企业必然产生一定的竞争，使企业创新各种组织形式和经营模式，如都市体育业与旅游业之间的合作、战略联盟、合资、并购重组等，这些新的组织形式和经营模式加深了两行业之间的产业耦合。因此，竞争和耦合是相生相伴的关系，都市体育旅游业耦合实际上是竞争不断加剧、竞争成本不断下降的一个循环发展过程。

（4）产业性升级效应

湖北省都市体育业与旅游业的产业耦合所带来的效应并不仅是单纯的成本降低，它还促进了相关企业进行合理竞争，重塑了都市体育旅游市场结构和产业组织，而且催生了大量的新产品、新服务和新业态，这也使新的体育旅游产品出现和成长，拓宽了体育旅游业的内涵和外延。产业耦合促进了都市体育旅游业结构的转换和升级，有助于经济的持续高效增长，日益成为提升产业竞争力的重要因素。

（5）创新性衍生效应

创新主要分为产品创新、工艺创新、市场创新和管理创新等形式。产业耦合促进了传统产业创新，进而推进产业结构优化与产业发展，都市体育业与旅游业产业耦合一方面使都市体育活动参加者享受更优质的专业化服务，提高了服务质量和品牌凝聚力；另一方面提高了把潜在旅游客源转化为现实客源的可能性,把参加都市体育活动的专业旅行者转化成以实现旅游消费为目的的普通旅游者。同时,都市体育业与旅游业的耦合催生更好的新技术、新产品、新市场和新制度,改变着传统产业的生产与服务方式,促使其产品与服务结构的升级。

(三)湖北省都市体育旅游业耦合导致的新趋势

对于都市体育业与旅游业这类边界模糊性产业来说,耦合、渗透和互动不仅涉及产业主体多元,而且涉及供给资源和要素也十分广泛,其持续健康发展要求形成一个协调共生和利益共享的双赢模式:一方面,产业耦合的竞争战略是充分挖掘、合理利用和配置各种社会经济资源,可以为都市体育旅游业提供可利用的多种资源,并带动相关产业的发展;另一方面,产业耦合过新组合体获取耦合的整体效应,使耦合元素之间产生整合与匹配。因此,相关耦合元素通过不断反馈和重组过程完成调整、升级和创新,适应并嵌入新的结合体,都市体育旅游业主体和要素也在这个不断优化的机制中形成了共生发展的局面。目前,湖北省都市产业耦合导致的新趋势包括:一是产品功能多样化,既包含都市体育的内容,又具有满足人们发展、享受的旅游功能;二是产业结构合理化,都市体育旅游产品将逐步得到市场认可,不断升级和创新,市场规模也不断扩大,形成新的业态;三是增长方式趋于高效,有助于摆脱传统旅游追求规模、数量的粗放型增长模式,从观光式旅游升级为参与式旅游、集约化增长的道路。

第三节 湖北省旅游与体育产业深度融合发展对策

湖北省体育和旅游具有良好的融合基础,随着融合进程的不断推进、融合程度不断加深,逐渐形成不同的体育和旅游融合发展模式。总的来看,目前湖北省体育和旅游融合发展模式主要有重组型融合发展模式、渗透型融合发展模式和延伸融合型发展模式。

一、重组型融合发展模式

(一)重组型融合发展的内涵

体育和旅游的重组,是在体育和旅游产业的外围地带形成以体育主题为主的融合发展路径。该路径的实现将通过以下业态实现,体育节庆旅游、体育会展旅游、体育博彩旅游和体育文化创意旅游等。产业间的重组型融合发展是指通过产业间的优势劣势互补,实现产业间的融合。体育和旅游的价值互补型融合主要是通过体育延伸其附加功能,使体育具有旅游的功能,让体育变得具有更强的竞争力。同时旅游又可以借助体育带来新的活力。体育和旅游互补型融合发展在其附加功能的融合中需要借助一定的外力,这个外力就是互联网技术和集成电路技术。湖北省2018年召开的省委十一届全体(扩大会议)暨全省经济工作会议上,勾画出以"一芯两带三区"为主要内容的区域和产业协同发展战略布局,让人们看到了不同产业之间融合发展将成为今后更大的发展点。这个布局的重点在于"芯"字，芯不仅仅是芯片，还是以集成电路为载体的高新技术总成，同时还体现在产业新的发展路径上。在这个背景下，体育和旅游的重组型融合发展，有了外在的技术支持。

（二）重组型融合发展的表现形式

这些业态的共同点是以体育及其体育外围为主要依托，借助旅游的灵活性来吸引游客，从而达到体育和旅游融合发展的目的。该模式在一定程度上改变了体育和旅游本体产业发展的业态，衍生出新的发展业态，该业态的主要表现形式如表5-4所示。

表5-4 湖北省重组型融合发展模式表现形式

名称	含义	代表	特点
体育节庆	在节庆日以体育为主要项目，主办体育主题活动	武当游学夏令营、湖北武当国际演武大会	有助于帮助青少年了解中国文化
体育会展旅游	通过举办体育会展吸引游客的旅游活动	第二届中国武汉国际体育产业博览会、第二届武汉国际体育设施及材料博览会等	吸引游客、推动体育产品交流

体育节庆，是指在节庆日以体育为主要项目，举办的体育主题活动。体育节庆旅游则是参与体育节庆游客的一种旅游活动。近年来，湖北举行了层出不穷的体育节庆旅游活动，如武当武术游学夏令营、湖北武当国际演武大会。2017年在湖北武当山太极苑举办首届武当武术游学夏令营，其宗旨是为了更好地帮助广大青少年了解、体验和感悟中华民族的摧残文化。夏令营通过武术教学，吸引大量青少年来到武当山，不仅发扬了中国传统文化，而且促进了当地旅游业的发展。

体育会展旅游，是指通过举办体育展会吸引游客旅游活动，是体育人的激情狂欢。2018年湖北省举办第二届中国武汉国际体育产业博览会、第二届武汉国际体育设施及材料展览会、第二届武汉国际户外用品展览会、武汉国际健身展览会。本次体育展会由众多体育相关单位支持，规模宏大，历时三天，在武汉国际会展中心举办，参展品牌218家，工程商1000余家，来自全国各地的体育行业协会近20个，体育用品经销商2000多家，吸引观众近10000人。武汉体博会是体育产业的专业展览会，通过吸引大量游客，带动旅游业发展的效果十分明显，休闲会所、度假酒店、主题公园和旅游基地在会展期间游客量比以往都大，经济效益比以往更高。

（三）重组融合对湖北省体育旅游融合发展的启示

重塑体育和旅游融合发展观念，加强部门合作产业融合是不同产业的整合与重组。体育旅游的融合发展，是体育产业和旅游产业两大产业之间的整合与重组。体育旅游产业的融合发展最终是要满足消费者的新需求，因此需要了解不同地区消费者的需求，这就需要不同地区体育旅游产业之间积极地交流与合作，分享资源，共享信息，通过一些渠道建立特定的方法来拓宽体育旅游发展的渠道，比如说，恩施主打土家族特色体育旅游品牌，武当山主打神农架自然资源特色体育旅游发展，二者之间就需要积极交流与合作，分享自身发展经验，最终达到共赢的结果，形成新的发展路径。除此之外，体育部门与旅游部门之间也应该加强交流与合作，无论是体育旅游还是旅游体育，都是体育和旅游的融合。这就需要体育局和旅游局之间通力合作，在这两个部门之间通力合作下，减少部门之间的利益冲突，容易形成思想上的统一，这样体育旅游融合发展路径会更加顺畅。

加强理论水平建设当前产业融合视角下湖北省体育旅游融合发展的影响和制约因素，既有思想上的问题，也有理论联系实际不足的问题；既有体制不完善的问题，也有具体措施跟不上的问题。如何加强体育和旅游融合发展的理论水平建设？笔者认为，要从以下五个方面着手。第一，坚持提高思想认识，激发内在动力，提高学习体育旅游融合理论的自觉性；第二，坚持改进体育旅游融合发展的研究方法，注重渗透不同的理论知识；第三，端正研究学习态度，组中理论与实践的结合，在实践调研中掌握发展最前沿的动态；第四，坚持和完善研究学习的制度，深化理论研究；第五，建立激励机制，营造理论研究的学习空气、优化科研环境，培养浓厚的研究兴趣。

二、渗透型融合发展模式

（一）渗透型融合的内涵

体育赛事是一种社会性竞技类体育，竞技过程中强调以人为本，并通过最终的竞技方式来决定胜负。因此，体育赛事是一种具有较高欣赏性的特殊产品。体育赛事大致可分为竞技型和娱乐健身型两大类，两者各有特色，共同组成了体育赛事。渗透融合发展模式往往发生在不同本体产业之间的交叉处。如互联网的发展对传统产业的渗透产生了许多新兴产业，微商、外卖、现代物流、电子图书馆等都是互联网与其他产业之间渗透的结果，这种结果的表现方式为"你中有我""我中有你"，即不同本体产业之间不可分离。体育和旅游的渗透型融合发展表现在，体育本体产业和旅游本体产业之间的相互渗透。体育本体产业渗透旅游本体产业的载体是体育赛事旅游和体育休闲旅游等；旅游本体产业渗透体育本体产业的载体是自然旅游风景区、历史人文风景区和民俗风情风景区等。该模式是一种单项的功能渗透，对体育本产业和旅游本体产业的改变不是很大，只是在一定程度上拓展了二者的发展渠道。

（二）湖北省大型体育赛事的实践

近年来，随着政府的支持力度不断加大、市场需求量的不断扩大，湖北省举办了多次国际、国家级体育赛事和体育会展。体育赛事可以说是一种旅游资源，湖北省体育赛事旅游通过举办体育赛事：一方面通过展示体育赛事自身的魅力，起到一种震撼人心的效果，吸引大量的旅游者参与或观赏体育赛事，渐渐形成更广大的旅游市场；另一方举办体育赛事能够提高举办地自然旅游景观知名度和彰显举办地历史人文民族风情，促进举办地基础设施的完善升级，带动举办地周边经济的发展，提升湖北省体育本体产业和湖北省旅游本体产业的发展水平，湖北省举办体育赛事能带动湖北省经济发展，提升湖北省体育和旅游融合发展水平，有利于两者之间的渗透融合。

（三）大型体育赛事渗透融合发展的问题

娱乐健身是人们利用闲暇时间进行的，项目形式丰富多彩，对场地设施要求不高的，强调陶冶情操、追求乐趣与愉悦身心的一种旅游活动。根据体育项目不同，可划分为不同类型，具有多样性的特点，主要以群众性的体育活动为基础，有徒步、骑行和登山等普及性和参与性较高的活动，也有一些新兴体育休闲旅游形式，如参观体育场馆、与运动员同场竞技等。为深入贯彻落实《全民健身计划纲要》，近年来湖北省大力发展休闲体育旅游形式的休闲体育运动项目，在攀岩、登山、骑行和漂流上取得了不小成绩。这些项目都有一个共同特征，具有较强的群众基础。休闲体育旅游的融合发展形势也属于渗透型的融合发展形势。开展休闲体育旅游可以调动广大群众，还可以加强体育和旅游融合发展的基础设施建设，除此之外还能提高湖北省知名度，从而带动湖北省体育本体产业和旅游本体产业的融合发展，提高其融合发展水平。尽管体育赛事的举办对体育旅游的融合带来了一定的积极影响，但是存在这一些负面效应。基于上述分析，构建了大型体育赛事渗透融合的效益理论框架，从而对体育赛事融合发展的问题进行了梳理（图5-2）。

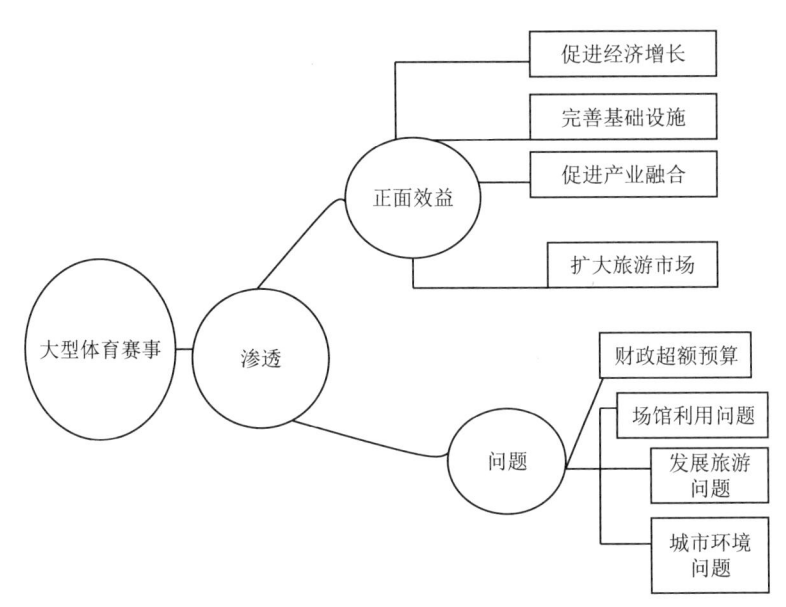

图 5-2 大型体育赛事渗透融合发展问题示意图

（四）大型体育赛事对湖北省体育旅游融合发展的启示

1. 因地制宜举办大型体育赛事

因地制宜是体育旅游融合发展的重要因素，因地制宜既坚持了可持续发展的重要发展观念，也有力促进体育旅游绿色发展。进行科学的空间策划需要做到因地制宜的融合发展模式，使体育旅游的发展实现人与自然和谐发展。体育旅游管理者的科学策划，是推动体育和旅游融合发展的前提条件。因此，作为管理者必须具有优秀的策划能力，比如说，随着四季更替举办季节性明显的比赛；根据项目强度大小不一，组织不同年龄段不同性别的人参加比赛；根据资源地理位置特点，因地制宜进行科学管理。加强体育旅游的策划，为体育和旅游的融合发展创造条件。

"汉马"等大型赛事的举办显示了湖北具有举办大型体育赛事的能力，同时也会为湖北举办大型体育赛事带来成功的经验。大型体育赛事的吸金能力，彰显城市品牌形象的能力，推动城市全面发展的能力显而易见。赛事的规模越大，效果就越明显。篮球、足球、网球以及马拉松在全国都是数一数二的大型体育赛事项目，湖北省综合能力强大的城市应当积极申办体育赛事，早日走进"体育城市"的先进行列。政府应加大基础设施建设，大力申请各大体育赛事举办权，吸引全国各地乃至世界优秀运动员来参加体育赛事，通过市民体育意识的形成，更好地推动体育旅游的发展。

2. 大型体育赛事结合地方特色

近年来，全国各地的体育旅游如雨后春笋般地发展起来，安徽、江苏、四川、青海等，这些省份都具有丰富的登山、徒步、山地车、水上项目等体育旅游资源，而且这类体育旅游资源也都开展得如火如荼。随着"汉马"的举办，湖北省体育旅游融合发展已初具规模。在产业融合发展的大背景下，体育旅游要想在激烈的市场竞争中立足，需要形成大品牌来予以保障。湖北省地大物博，"鄂"文化源远流长，博大精深，至今已有几千年的历史。将"鄂"文化融入体育旅游发展中，是产业融合视角下解决湖北省体育旅游发展的一条重大举措。"汉马"就是一个比较成功的例子，无论是从赛道的设计，还是比赛的宣传都很好地将"鄂"文化融入"汉马"之中。借助"汉马"的经验，湖北省以后在设计体育旅游产品时，就需要将当地特色文化融入产品中，拥有自己独特的风格，与外省的体育旅游形成鲜明对比。然后，在重点宣传、将"鄂"文化有机地融入体育旅游产品。体育旅游的发展，在全国范围来看，对经济的发展都起着重要作用。

体育旅游的发展越具有鲜明的民族文化特色，越能推动经济的发展。第五次人口普查数据显示，湖北省拥有 53 个少数民族，占全国少数民族比例接近 95%。由此可见，将民族特色融入体育旅游发展中来有着非常庞大的现实基础条件。湖北省体育旅游融合发展中注入鲜明文化性和民族性，有利于推动湖北省经济发展。湖北省民族特色中以湖北恩施较为出名，因此湖北省体育旅游融合发展结合恩施自然景观和人文特色显得格外重要。

3. 处理好体育场馆的使用问题

体育场馆是大型体育赛事的主要依托，从广义上来说任何大型体育赛事的举办都需要借助体育场馆进行。因此，如何处理好体育场馆的使用问题是以一个迫切需要解决的问题。大型体育赛事场馆的赛后利用是一个世界性难题，无论是北京奥运会，还是全运会等大型体育赛事都面临这个同样的难题。北京成功举办的 2020 年冬季奥运为如何处理体育场馆的使用问题提供了良好的借鉴。权威数据显示，此次冬奥会的 12 个比赛场馆中，除了一个是新建外，其余全部是由现有场馆改造而成。体育场馆除了举办大型体育赛事外，在休赛期还应该对公众开放,让公众享受到体育场馆的资源。

4.处理好大型体育赛事中的城市问题

大型体育赛事的举办能对城市带来多方面的影响,包括正面影响和负面影响。正面影响,比如说在申办成功后,能增强民众的城市自豪感,形成强烈的主人翁精神以及产生大量就业机会,为社会经济发展带来推动作用。但是不可避免,在举办大型体育赛事的过程中会带来一些负面影响。这就需要管理者具有化负面为效益的能力,比如说,在举办体育赛事过程中,财政预算的压力增大,赛事结束如果不处理好就会带来经济包袱,这是不利于经济发展的。此外,赛事的举办造成大量外来人口进入当地,对城市吞吐量是一个巨大考验,处理不好可能带来严重的社会问题。因此,在举办大型体育赛事的过程中需要提高人文精神的建设,保证城市的可持续发展。

三、延伸型融合发展模式

(一)延伸融合发展模式的内涵

延伸型融合的产生需要两个前提条件:一是融合的产品之间具有相似的特征和功能;而是这些产品之间具有共同的特征和功能。业间的关联性是产业融合的前提条件,如果产业间不存在密切的经济联系产业间的融合是不可能发生的。同时,作为"生活性服务业"中的两个重要产业类别,体育产业和旅游产业都是各自与对方具有较高的产业关联度[1]。周振华于2003年提出,当数字化技术和互联网的发展为三大产业的不同产品和服务提供了共同标准元件束和集合后,这些产品就可能发生替代型融合。通常情况下,体育和旅游都属于人文范畴下的属概念,体育人文和旅游人文属于同一个文化范畴,以此为据,体育和旅游是具有相似特征的。特征是一个客体或一组客体特性的抽象结果。体育的特征是以身体练习为手段,增强体质,促进人的全面发展;旅游的特征是,通过不同地点之间的转换,舒缓身心,陶冶情操,最终也达到促进人的全面发展。除此之外,从经济学角度来看,体育产业和旅游产业具有相同的标准元件束和集合,他们都能促进社会和谐、经济发展,这也是他们共同功能。

(二)延伸融合发展的表现形式

在体育产业和旅游产业之间找出两者之间的共同特征与功能,从而形成体育旅游产业,湖北省延伸融合发展的表现形式如表5-5所示。

表5-5 湖北省延伸融合发展的表现形式一览表

名称	代表	优势	特色
体育产业园区	西普体艺中心	石首体育产业发展迅猛,人民群众对日益增长的体育多元化需求得到满足	"体育+旅游""体育+文化"的发展模式促进体育与经济社会发展深度融合

---

[1] 杨宇飞.鄂西体育旅游发展的困境与突围[J].体育文化导刊,2017(12):121-125.

续表

名称	代表	优势	特色
体育产业基地	武汉经济技术开发区（汉南区）被命名为"国家体育产业示范基地"	得到国家的支持，发展速度迅猛，可利用资源丰富	国家级体育产业示范基地
体育产业主题公园	鄂旅投极客公园	拥有5类体育项目且具备与旅游深度融合的特质，以集团3000平方公里优质旅游资源	以航空运动休闲为主题，建有飞行营地、军事体验基地热气球营地等航空体验营地
体育主题酒店和餐厅	武汉斯博兰花园酒店	运动项目多，餐饮具有鲜明的体育特色	属于一家运动健身的休闲娱乐酒店

由表5-5可知，湖北省体育旅游替代融合发展模式的主要表现形式有体育产业园区、体育产业基地、体育主题公园、体育主题酒店和体育主题餐厅。并且这些表现形式各有优缺点。

近年来湖北省正在着手建立奥林匹克主题公园，奥林匹克主题公园以武汉体育学院的校园为主，修建各种体育人文景观，增加校园绿化面积，将校园重新分区，规范道路交通，修建体育文化走廊，建设观桥湖观光中心，修建环东湖路的景观带，最终把学校打造成一个具有浓郁体育特色的公园；建立武汉斯博兰花园酒店（依托市民体育健身中心），是一家集住宿、会议、餐饮、休闲娱乐和运动建设于一体的体育主题酒店，其中餐饮具有鲜明特色，属于体育主题餐厅，与该酒店配套的超大体育公园内，有大众游泳池、羽毛球、网球、高尔夫练习场、足球、篮球、台球、乒乓球和垒球等各种标准室内外体育运动场所。奥林匹克主题公园的新建和武汉斯博兰花园酒店（依托市民体育建设中心）以体育为主题的酒店的建立是湖北省体育和旅游替代型融合发展模式的具体表现，其建立能让湖北省体育和旅游融合发展形成一种替代型的融合发展模式。该主题公园本身具有强大的体育特征与功能，再加上与东湖风景区旅游资源的集合，将形成集体育旅游观光与欣赏、体育健康与医疗、体育人文与娱乐和体育文化与展览于一身的融合发展模式，为湖北省体育和旅游替代型融合发展创造条件。

（三）延伸融合中湖北省体育旅游融合发展的问题

1. 体育旅游市场缩水

湖北省旅游资源具有品位高、类型全、数量多的特点，但现有体育旅游产品开发相对滞后。湖北"千湖之省"的资源优势发展结构不合理，湖北省开发了许多水上项目，但没有将水上项目进行产品结构归类，这就使水上项目缺乏独特性。尽管运动项目开展得多，但只是范围广而大，没有做到产品结构的地道与精致。再者，利用湖北恩施等少数民族特色鲜明的地点举办体育表演，将这种民族特色的体育旅游资源做成了表演项目，实属资源浪费。尽管能带来一定的经济利益，但从长远角度出发，这种做法是不值得提倡的。因为没有让游客参与其中，体验式的意义体现得不够明显。

除此之外，新开发的户外运动项目，攀岩、探险、溯溪、野外生存等将消费人群指向青少年,从而会初步失去儿童和老人这两类消费群体,最终这些做法不会形成品牌效应,从而导致体育旅游市场的缩水。

2. 融合技术不足

20世纪90年代以来,湖北省体育旅游在体育部门和旅游部门的共同努力下,得到了快速发展。但由于湖北省体育旅游发展的起步较晚,导致各部门之间还处于一种独立的状态,部门与部门之间为了各自的利益,在如何进一步发展体育旅游的问题上,迟迟找不到更好的办法解决问题。各旅游景点各自为政、相互扯皮、互相伤害的现象屡见不鲜;体育部门之间为了各自的名声互相封锁人才交往渠道的现象比比皆是;体育部门和旅游部门之间立足各自部门归属,不注重产业升级。这就使对体育旅游的研究没有专门的部门。因此,在体育和旅游的融合发展模式上技术效果还不够明显。

(四)湖北省体育和旅游替代融合发展的启示

1. 扩大体育市场需求

在产业融合视角下,体育产业中的中介机构必须调整自身的经营模式,在现有的基础上健全服务种类与服务内容,全面提高中介服务人员的综合素质水平。解决这个问题需要做到以下三点,首先由于体育旅游资源的开放程度不高,是湖北省体育旅游发展的阻力,因此,各社会团体之间要加强交流,精诚合作,分享资源,形成体系较为完善的发展体系;其次,中介机构需要全面了解体育旅游发展模式,着重培养体育旅游发展需要的人才。中介服务人员既要懂得体育知识,掌握登山越野、徒步定向、大型赛事举办的流程;又要涉猎旅游知识,了解旅游资源自然特色与人文历史;除此之外,还应当拥有管理方面的知识,通过自身的管理能力,更好地推动体育旅游发展。最后,政府各部门之间要多组织提升中介服务水平的培训,由政府出资来督促中介服务水平的完善。中介市场的强化能够规范体育产业市场,从而让湖北省体育和旅游的融合发展市场充满活力。

2. 加强技术支持力度

在产业融合理论视角下,体育和旅游的融合发展是全方位、多层次的融合,在发展过程中会出现不同的问题,为了解决相应的问题需要在技术上进行不同的强化。强化技术需要提高创新能力,在融合过程中,企业方面可以做到企业战略方面的创新,体育企业和旅游企业要充分认识到,创新是融合的催化剂。企业之间的战略创新是指企业产品创新、渠道创新、人才管理创新和制度创新等。根据市场需求和消费群体大众意向创新体育产品,利用互联网技术和集成电路设计技术,拓宽人们参与体育旅游的渠道,人才管理创新需要从制度上进行创新和人才的引进方式上进行创新。

四、湖北传统体育与旅游融合典型案例

案例一：宜昌市——以传统体育相关赛事促旅

1. 资源环境分析

宜昌市地处长江中上游结合地段，湖北省西南端。上控巴蜀，下引荆襄，对中国中部交通起着至关重要的作用。宜昌市还是中国的"水电之都""中国优秀旅游城市"。"三峡大坝""葛洲坝"等国家重要战略设施在这里诞生，这些都离不开宜昌市优质的自然资源。在地形上，宜昌市地势复杂，全市面积的69%为西部山地。高低起伏落差大，海拔最低处与海拔最高处相差2392米。因此，拥有丰富的水能资源。在水资源上，宜昌市河流来自长江上游干流的五大水系。根据全国水利普查显示，宜昌市拥有135条集水面积大于50平方千米的河流。除此以外，还有11个被列入湖泊保护名录的湖泊，为传统水上项目的发展奠定了基础。奇山秀水构成了宜昌市独特的旅游资源，在山体资源上，宜昌市城区山体资源丰富，山中有城，城中有山，把城市建设、旅游发展与森林保护区、运动公园开发等结合，构成了独特的城中生态景观，2012年还被评为"国家森林城市"。中心城区外还有瞿塘峡、巫峡以及西陵峡三段峡谷，成就了中国四十佳旅游景观之首——长江三峡，承载着宜昌从古至今的历史人文风貌。在人文资源上，宜昌是荆楚文化及巴文化的承载地，不仅是传统民俗巴山舞的诞生地，传统体育项目龙舟赛的发源地之一，还是民族亲善使者王昭君的故里，除此以外，还孕育了许多优秀历史人物，比如，被称为世界四大文化名人之一的爱国文人屈原，也衍生了一系列与之相关的传统体育活动。比如，中国传统节日端午节最具代表性的意义之一就是纪念屈原，围绕这个主题进行了许多民俗体育活动，民间有游江招魂祭祀仪式、扒龙船、赛龙舟等习俗，宜昌市是国家体育总局社会体育指导中心以及中国龙舟协会公认的"中国龙舟名城"，其辖区内的秭归县也被称作"中国龙舟之乡"。龙舟竞渡经过发展演变还成为当今一项重要的体育赛事，1984年龙舟赛被中华人民共和国运动委员会列为正式比赛项目，屈原杯龙舟赛第二届的举办地正是宜昌，吸引了多达十余万观赛者，至今已举行这样的比赛有几十届之多，2009年屈原故里端午习俗（含赛龙舟）被列入世界非物质文化遗产，2020年宜昌市公布的十条非遗主题旅游线路之一也有秭归县屈原故里文化旅游区端午习俗之旅，可见传统体育相关赛事成了荆楚传统体育与旅游融合的重要资源。

近年来，宜昌市传统体育与旅游融合态势大好，也取得了一些成果，2019年已举办国家级以上的赛事活动总共13项，省级的有4项，市级的更是多达71项，其中不乏传统体育的内容。在2019年体育旅游两博会中，宜昌市有五个项目获奖（湖北省获奖的总共有11项），宜昌朝天吼自然水域国际龙舟漂流大赛是湖北省获奖项目中唯一一个十佳体育旅游精品赛事。将传统体育项目与现代赛事融合，进一步拓宽了旅游行业发展的领域。传统体育与旅游的融合不仅是促进双方共赢的方式。在2020年，宜昌市采取了云游博物馆，"线上说宜昌"等宣传活动，使传统体育得到了进一步推广，吸引了更多游客前往宜

昌打卡，仅十一黄金周期间就吸引了多达777万人次游客。

2. 重点项目分析

根据2020年省体育局就2019年度体育强省，全民健身落实情况的相关通报，宜昌市无论从参加的国际国内赛事获得的奖牌数量上，举（承）办大型赛事活动及品牌影响上，还是体育产业的发展工作上都处于全省前列。宜昌市在体育产业融合发展事业上处于全省前列，2019年宜昌市体育产业规模达195亿元，人均体育消费达到2000元以上，也为传统体育与旅游的融合创造了巨大市场。

体育赛事是宜昌市发展体育与旅游融合的特色，也是重要资源，以山、水、陆、舞为特色和突破口开发了众多知名赛事（表5-6），形成了宜昌国际马拉松，朝天吼国际龙舟漂流大赛等一众知名赛事IP。"山"即以山体资源为载体的赛事活动，包括滑雪、漂流等依托山体资源进行的赛事活动。比如，2019年6月9—12日，举办了历时八天的中国宜昌自然水域国际极限F1漂流大奖赛，该赛事是华中地区高规格的国际性赛事，还是国际漂流联合会认可的"四大顶级赛事"之一，吸引了两千余名来自世界各地的专业选手和业余爱好者。"水"即以水体资源为载体的赛事活动。比较有代表性的属龙舟竞渡，宜昌开创的"长江三峡国际龙舟拉力赛"就是这样的例子，国际龙舟联合会将其确立为世界范围内距离最长的龙舟拉力赛，并连续举办了六届，不仅吸引了龙舟健儿拼搏争先，还传承了爱国、奋进的文化精神。"陆"即陆上赛事活动，比如，现在比较流行的马拉松，自行车公路赛等，比如，宜昌国际马拉松大赛，通过比赛宣传景区（比赛举办的途经众多景区，比如，屈原文化故里），通过景区推广文化，也使国内外参赛者借此机会了解传统文化，了解传统体育。"舞"即舞蹈，比如，传统民俗巴山舞发源地就是宜昌市长阳土家族自治县。是由传统"跳丧"活动中的舞蹈，经过改革创新，融入群众自娱活动而来，结合群众体育，开展了众多关于巴山舞的赛事，也吸引了多方游客前往观摩，比如，湖北省第十四届运动会巴山舞比赛，为发展群众体育，促进旅游文化交流创造了机会。

表5-6 宜昌市体旅融合相关代表性赛事

赛事特色	赛事类型	代表项目
山	滑雪	中国三峡超级越野赛，朝天吼汽车
	越野	越野赛，五峰高山滑雪三人接力赛等
水	龙舟	中国龙舟公开赛（湖北宜昌站），长江三峡国际龙舟拉力赛等
	漂流	中国宜昌朝天吼国际龙舟漂流大赛，中国宜昌国际自然水域漂流大赛
陆	自行车马拉松	宜昌国际马拉松赛，中国国际公路自行车赛（宜昌赛段）
舞	健身舞（巴山舞等）	省运会巴山舞比赛

这些赛事或多或少与传统体育相关：一方面一些比赛主体项目来自传统体育项目，

比如，众多主题的龙舟赛活动；另一方面一些现代的体育赛事融入了传统体育的元素，比如，在传统风俗代表地区，土家文化汇集区长阳的5A景区清江画廊进行现代"水上马拉松"——全国性的公开水域挑战赛，也宣传了传统土家风情、土家美食、土家体育活动等。被称为"山地马拉松"的中国三峡超级越野赛也有传统体育的元素，是传统文化＋体育旅游的体现。赛道途经屈原故里，三峡大坝等多个5A、4A级景区，赛前赛后为参赛者及其亲友提供免费优惠游览服务，为传统体育文化的传播创造了条件。

以在宜昌市举办的龙舟相关赛事为例。从政策上，宜昌市大力支持体育产业发展并践行全民健身战略的倡导，不仅积极倡导大型体育赛事举办提升宜昌影响力，而且鼓励各级社会组织举办体育赛事活动。2014年发布了《宜昌市全民健身赛事活动经费补贴办法（试行）》（宜体群〔2014〕1号）和《宜昌市大型体育赛事活动奖补经费竞争性分配管理暂行办法》（宜市体字〔2014〕40号）。市级以上各级体育社会组织举办的对全民健身起积极作用的赛事活动，可申请5000—50000元的补贴经费，补贴来自体育彩票公益金。而宜昌市举办或者承办的能够对宜昌市知名度提升起到积极作用的国家级以上大型体育赛事活动，则可经评审获得10万—30万元项目支持金，资金来源于市财政局，体育彩票公益金及市体育局相关部门预算。宜昌市采用以奖代补的方式，每年投入近300万元资金，为各级体育赛事的举办提供了强大的资金基础上提升了公共服务质量。

在雄厚资金和政策支持下，宜昌市龙舟相关赛事发展也取得了突破进展。龙舟运动虽并非因屈原诞生，但却因屈原而兴盛，宜昌作为屈原的故乡，当之无愧是龙舟运动重要传承地之一。《夷陵周志》中记载了龙舟竞渡的悠久历史，自明代以来就十分兴盛，近年来，宜昌市积极配合中国龙舟协会进行资源整合，品牌打造工作，将原有赛事对接到两大国家级龙舟赛事品牌之一"中国龙舟公开赛"一系列中。依托国家级赛事拓展了地区特色赛事发展平台，提升了赛事质量。

宜昌是多届中国龙舟公开赛的举办地，其中，2016年稻花香·中国龙舟公开赛在宜昌龙泉古镇举办，吸引了来自海峡两岸的22支队伍，赛事结合了三峡端午文化节，配套活动也非常丰富，工艺玉器文化展，小商品和美食展等六大商业联展陆续为龙舟公开赛助力，开放首日就已经吸引了近万名游客。以传统体育为内容，以旅游为纽带，以非遗文化为特色，处处彰显融合魅力。2020年9月，适逢屈原祠建立1200年的契机，结合"屈原文化旅游周""惠游湖北相约秭归"等活动，宜昌市举办了"中国龙舟争霸赛"。赛事举办地秭归市是国家体育总局授予的全国唯一的龙舟基地，这次赛事还特别设立了奥运龙舟组赛事，积极推动龙舟入奥。传统龙舟赛事被赋予了地方文化特色，并积极追求融入更高级别的赛事，使龙舟作为传统文化和旅游名片，为世界各地游客带来体育盛宴和文化大餐，让高质量赛事助力传统体育与旅游相融合。

宜昌市不仅是传统龙舟运动的流传地，而且是现代户外运动漂流的盛行地。"中国宜昌国际自然水域漂流大赛"连续八年在这里举办，自2010年以来实现了赛事由省级向国家级再到国际级的飞跃，多达数十万来自多达上百个国家的游客被吸引来此参赛、体验。但赛事的魅力不止于此，宜昌市赋予传统体育赛事新玩法，把龙舟和漂流两大特色结合起来，开创了崭新赛事，借助漂流运动的市场拓展龙舟项目的市场。2018年，宜昌诞生了第一枚体育服务类国家注册商标"龙舟漂流"。该商标由宜昌市龙舟暨漂流协会注册，该协会于2016年在全国首创了自然水域龙舟漂流大赛，吸引了多达18个国家的数千名运动员参赛，成为龙舟节庆活动之一，并形成了特色赛事品牌，与"武网""汉马"共同纳入湖北三大体育特色精品赛事。

传统体育相关赛事是宜昌实现传统体育与旅游融合不可或缺的资源，为宜昌市的融合事业创造了发展土壤。

3. 融合路径、模式分析及经验总结

宜昌市作为经济实力雄厚的湖北省第二中心城市，在举（承）办大型体育赛事活动上有着突出优势，传统体育相关赛事+旅游是宜昌市实现传统体育与旅游融合的一大模式，具体路径表现在以下几方面。

创建精品赛事，通过资源融合路径，以旅为媒，促进传统体育发展。高质量的赛事才能更地与旅游融合。宜昌市依托传统，结合当地传统特色打造精品赛事。以"山水陆舞"元素打造了多项大型体育赛事，赛事的发展离不开其核心竞争力的提升，而差异化是实现竞争力提升的基础，宜昌市在创办赛事时结合了不同元素特色差异化布局资源，比如，同样是宜昌的龙舟赛，有以传承屈原精神文化为主的文化性元素偏多的活动，也有以竞技对抗视觉冲击为主的竞技性元素偏多的活动，这些比赛既有中国传统体育特色的整体关联性，又有细节上的地区差异性，独具荆楚传统体育风貌。近年来，随着交通系统的日益完善，地区间互通有无更加便利，游客亲历现场观赛体育赛事的频率在不断提升，对体验感的要求也更进一步。游客观赛体验感的提升需要良好的赛事文化氛围营造，宜昌市以传统体育相关赛事为外衣，以屈原文化、昭君文化、三国文化、龙舟文化等传统文化特色为内涵，区别于纯经济、物质性的旅游活动，把传统体育项目、竞技赛事表演扎根于旅游活动中，满足了游客更深层次的精神层面追求，使游客获得身心满足。通过政府引导、协会协同、企业赞助、媒体推广、市场运作的模式提升赛事的品质和效益。使游客能够近距离体验"原汁原味"的传统体育赛事，还能反客为主，亲身体验这些项目，并深度了解项目背后的历史文化背景。

以赛促旅，以旅宣赛，通过市场融合路径，实现传统体育与旅游双丰收。宜昌市多场大型传统体育相关赛事都是在景区进行的。这些景区多是发展较好的星级景区，景区多元化的服务软实力和硬核配套措施硬实力，为赛事成功举办提供保障，同时赛事的举办需要一定的场馆设施及配套服务，必然也带动了宜昌基础设施的完善和服务品质的升级，影响力大的赛事又凭借其强大的号召力为景区带来大量游客，促进当地餐饮、住宿、交通等相关业态发展，反过来促进旅游市场发展，为景区"添砖加瓦"。比如，朝天吼景区，本身由于差异化的季节性产品服务（春季有赏景游，夏季有漂流活动游，秋季有户外露营游，冬季有赛车活动游），自身拥有良好客源市场，还有硬实力配合（4.5公里长的国内最长滑索、自行车项目等配套基础设施）。多届自然水域龙舟漂流赛在该景区举行，借助景区的客源基础加大了龙舟漂流活动的宣传度，又进一步用赛事的客源丰富景区的市场，双重客源也带动了双重消费，共同促进当地旅游经济收入的提升。把赛事与旅游联合宣传还有一个突出优势，那就是可以降低宣传成本，成本的降低减轻了地方政府及相关赛事承办方，景区相关部门的压力，节省下的资金又可进一步用于支付相关从业人员的工资，进一步促进传统体育与旅游的融合质量。

丰富传统体育赛事形式，应用技术融合路径。传统体育若是故步自封便无法向前发展，宜昌市结合实际，除了给传统龙舟项目融入流行漂流元素形成新品牌，还在各级各类赛事中融入了时下流行的新媒体元素，在大数据背景下，信息技术的重要性有目共睹，任何一种产业想要实现可持续的稳定长远发展，都离不开最新技术的引入。对于体育赛事，无论是赛前、赛中还是赛后，都可以融入科技元素，宜昌市的重大赛事，比如这次2020年龙舟争霸赛，为了更大幅度地促进赛事推广，宜昌市选择了线上宣传的方式，利用微博和公众号广泛推广赛事相关信息，并加强防控举措的宣传，推广赛事和旅游。在比赛过程中，宜昌市融入了航拍技术，并将图片上传到网络，使没能去现场的观众在线下也能全方位地体验传统体育的乐趣。赛后，又结合了时下最流行的短视频元素，对比赛进行总结性回顾，使平日因生活节奏快而无暇观赏赛事全程的人能够通过手机APP最快了解赛事总流程。通过高科技对赛事全程的监控及利用互联网平台进行的信息传播也进一步扩大了赛事的影响力，成为吸引更大范围游客的发展引擎。

宜昌如今蓬勃发展的精品赛事离不开传统体育赛事的深刻内涵，更离不开与时俱进的元素融入。传统精华与现代创新造就了优质赛事，并以此为介促进了地区旅游事业的欣欣向荣，使宜昌市传统体育与旅游融合的顺利进行。

案例二：红安县——以休闲体育促旅

1. 红安县概况

红安县位于大别山南麓的湖北省东北部，鄂豫皖三省交界处，地理坐标东经114°23′—114°49′，北纬30°56′—31°35′；东邻麻城市，南与武汉市黄陂、新洲两区接壤，西接大悟县，北与河南新县毗连。距武汉市区100公里。红安县属北亚热带大陆性季风气候，雨量充沛，光照充足，气候温和，四季分明。境内年平均气温为15.7℃，南北气候差异明显。红安县具有婀娜多姿的地理形态，以北高南低，从北至南具有明显的梯状形态。全县国土总面积为1796平方公里，辖12个乡镇场396个行政村，人口64.72万人，全县耕地总面积为50.05万亩，是一个典型的山区农业县，同时又是著名的革命老区，可以说具有得天独厚的旅游资源。

红安县人文旅游资源众多，尤其是文物遗迹。目前，共有全国重点文物保护单位5

处共41个文物点，湖北省文物保护单位22处共33个文物点，红安县共有143处文物保护单位，更为重要的是以下被评为国家级重点文物保护群（37个文物点）、陡山吴氏祠、董必武故居、李先念故居和双城塔；省级重点保护单位22处：红安县苏维埃政府旧址、天台山石刻、抗日干部训练班旧址、鄂豫皖省委及陂安南苏维埃政府旧址、九焰山遗址、司马岩石刻、横山凹墓群、桃花塔、永寿桥、高桥河桥、司马山石刻、黄安县农民协会旧址、黄安三区农民协会旧址、秦基伟故居、郑位三故居、西汪家湾革命旧址、祝家楼古民居、石堰幽寻石刻、黄麻起义和鄂豫皖苏区革命烈士纪念碑、陈锡联故居、郭天民故居、韩先楚故居、王建安故居。红安，一个享有"革命传统教育基地""青少年革命传统教育基地"等美称的县域，省内有近百个单位在红安挂牌，设立传统教育基地。

红安县的自然旅游资源也十分丰富，位于县城以北鄂豫两省交界处的天台山风景区，年均气温为12.4~14.0℃，蓝天、白云、奇山、跌水的自然风貌和蜿蜒相连的水渠，是理想的"避暑山庄"，并拥有得天独厚的漂流资源优势，位于县北鄂豫两省交界处的九焰山（又名黄杨寨），以山脊分水岭与河南省新县交界，群山环绕，巍峨壮丽。离县城南沿公路行4公里左右一峰独秀，怪石奇特，屹立路左，叫似马山，因其山形似马而得名。位于县北鄂豫两省交界处的老君山，四周群山环绕，森林茂密，峡谷纵横，地势险要，道路崎岖，有水帘洞等游览胜地，是红安第一高山，海拔为840.5米，在土地革命战争和抗日战争时期，是新四军的重要依托和据点。五云山，位于县城东南8公里，海拔为338.7公里。传说在明代以前，有5个秀才中举后在此山顶修庙堂。因此，当地人把该山称为五名山，为明、清时代的"黄安八景"之一。

红安山川秀美，文化旅游资源丰富，体育氛围浓厚，不仅拥有30条红色精品线路，12个重点红色旅游景区，更是国家经典红色旅游景区，也是全国一流、湖北最重要的革命传统教育基地，有省级旅游名镇1个，旅游名村2个，旅游名街1处，省级工农示范点两处和天台山、金沙湖两个国家级公园。红安绣活、红安大布分别被列为国家、省级非物质文化遗产目录；热气球挑战赛、对天河漂流赛成为全国、全省品牌赛事；电视剧《铁血红安》《秦基伟》《战将》先后在央视一套、八套热播，带动了体育、文化、旅游产业的飞速发展。

2.红安县体育旅游资源开发构想

（1）红安县体育旅游资源开发思路

开发宗旨。在对红安县历史、地理、文化、社会、经济等现状综合分析评价的基础上，对红安县体育旅游资源进行考察和分类，结合相关文件和规划要求，对接国家和区域发展战略，以体育为载体，资源为基础，市场为导向，消费为引领，效益为目标，初步策划与整合具有红安特色的体育旅游产品与项目体系，科学布局体育旅游业发展的要素结构与空间布局，以期将体育旅游逐渐打造成红安县旅游业和体育事业新的结合点和市场增长点，为促进红安县体育事业和旅游业持续、健康、稳定发展做出贡献（见表5-7）。

表 5-7 红安县旅游产品开发构想一览表

体育旅游产品分类		依托资源	代表性项目
休闲度假型体育旅游产品		山岳、水库、森林等自然资源	"田园漫游"永佳河田园慢城休闲区;火连畈茶农文化度假健身区;主题自驾游路线及营地
康体养生型体育旅游产品		多样的地形地貌和洁净的生态环境	天台山隐修度假区;在现有农家乐基础上增添采摘、垂钓、户外拓展等项目
红色体育旅游产品	红色休闲型体育旅游	红色旅游景观	重访大别山健步走;七里长胜接情怀游
	红色拓展型体育旅游	自然与人文景观	红安影视城角色扮演型真人CS;"铁血将军"高桥亮剑军事主题公园
	红色探险型体育旅游	开发山体、水体以及森林等资源	红军洞探险;勇士漂流
	红色运动会	红色人文精神	"挺进大别山"接力赛;红色旅游公路自行车赛
其他体育旅游产品	经济型体育旅游产品	体育赛事	红安热气球挑战赛;红色马拉松;广场舞比赛
	民俗型体育旅游产品	历史名人、文化遗产等文化资源	荆楚传统村落游;赛龙舟

开发原则。在红安县体育旅游资源开发过程中,为了实现对现有资源的充分挖掘和利用,以体育为主题或载体来开发旅游产品和路线,结合"红色传奇"和"绿色生态"的旅游亮点,以红安县近年来坚持"红绿相融,以红为魂,城景一体"的旅游业发展理念为基础,实现可持续发展,应该遵循一些重要原则,其中笔者认为最重要的包括消费引领原则、生态保护原则和产业融合原则。

第一,消费引领原则。要将体育活动作为旅游过程中的载体和重要组成部分,还要根据市场需求和消费者需求导向,有意识地挖掘和突出体育这一健康、文明、先进的亮点,打造一批以体育为招牌、靠体育来带动的旅游产品和产业链。

第二,生态保护原则。体育旅游开发要以生态和人文环境的有效保护为前提,不断提高旅游业的经济、社会和生态贡献率,实现资源与环境的可持续发展。另一方面,除了要积极开发现有的旅游资源之外,事实上更为重要的就是充分调好各旅游资源的形式、内涵以及其他各方面的因素。

第三,产业融合原则。体育旅游原本就是学科交叉、产业融合的结果,在开发体育资源时,要立足全域旅游、泛旅游的发展理念,发挥体育产业、旅游业与关联产业的融合带动效应。

(2)红安县体育旅游资源开发模式

"旅游+体育"——产业类开发模式。

从产业发展的视角来构建体育旅游资源开发模式,可构建以下两种类型:第一种为"旅游+体育",第二种为"体育+旅游"。后者强调的是以体育资源为依托开发体育旅游产品,具体包括扩大宣传活动以及开展各类节庆活动、表演竞赛等,通过各种丰富的方式来吸引更多观摩者，以起到提升地区经济收入、扩大对外影响力等作用。"旅游+体育"模式是指以旅游资源为依托开发体育旅游产品，就是充分利用资源条件，寻找开发体育旅游的切入点，增加旅游活动内容，提高旅游产品的吸引力，实现旅游业的可持续发展。旅游过程中的各种体育现象可以概括为：旅游者的各种身体娱乐、身体锻炼、体育竞赛、体育探险、体育购物、体育观赏、体育考古、体育会议、体育保健及康复等内容[1]。显然，这种模式更适用于体育赛事资源较为稀缺而旅游资源较为丰富的红安县。除了有漂流、登山等刺激性强的旅游产品外，红安的童子冲森林公园的森林探险等也是非常值得一去的，并没有形成"旅游+体育"的产业链条，如果能将体育活动与旅游产品加以融合，具体可结合红色主题体育比赛以及浏览体育文化等各个方面、各个层次展开，形成互动性强的产品，在农家乐中加入户外拓展、垂钓和采摘，乘着全民健身热潮开发体育保健和康复产品等，那么体育与旅游得到更加充分的融合，体育旅游的产业链也将逐渐形成。

红色体育旅游——资源导向型开发模式。

红色体育旅游是指以革命战争遗迹为主线，把体育、旅游、红色人文景观、绿色生态景观四者结合起来的一种新型旅游形式。红安县具有得天独厚的红色人文旅游资源，不仅是全国12个重点红色旅游景区、30条红色精品线路和100个红色旅游经典景区之一，也是全国一流、湖北最重要的革命传统教育基地。将体育旅游与发展已较为成熟的红色旅游相融合，不仅是对红安县红色旅游资源的充分利用，也能为发展空间接近饱和的红色旅游市场打开新的突破口。

（3）红安县体育旅游产品和路线开发

休闲度假型体育旅游产品。

依据红安县的资源禀赋情况，依托红安县优美的山岳、水库、森林等自然资源，针对缺少亲近自然机会的城市人群，通过高品质休闲度假设施的建设，开发不同层次的观光、休闲和度假产品，包括山地观光度假、滨水休闲度假、森林生态度假等。还可以依托红安良好的道路交通条件，针对武汉大规模的自驾游需求，重点开发自驾车营地、主题自驾线路和自驾车俱乐部等产品。

比如，打造"田园慢游"永佳河田园慢城休闲区，规划以"慢生活"网络连接城镇、村落和山水田园，营造清新优美、悠然闲适、亲切宜人的生活氛围，同时带动休闲农业和美丽乡村的建设。再比如，建设火连畈茶农文化度假区，规划以茶文化为核心要素，依托丰富的茶田山水资源，发展山养运动、休闲健身项目，建设具有茶文化特色的接待设施，配套完善的旅游服务设施。重点建设茶文化体验区、茶田养生度假区和茶田山水运动区等。

康体养生型体育旅游产品。

依托红安多样的地形地貌和优越的生态环境，针对武汉都市圈对户外运动、康体健

---

[1] 夏敏慧. 海南体育旅游开发研究[M]. 北京：北京体育大学出版社，2005：174.

身的需求，兼顾大众型健身运动和高端时尚休闲运动，重点开发户外健身运动、水上游乐和时尚农家乐等产品。比如，打造天台山隐修养生度假区，定位为武汉都市圈著名的山居文化养生地。提升现有山岳观光的品质，打造"文登天台、武拜九焰、禅修法华、问道老君"的特色观光主题；引入休闲度假功能，通过建设高品质的山地度假设施，突出"隐修"与"山养"的特色文化养生主题。重点打造"山隐"山居养生区、"禅隐"文化养心区、"林隐"运动养生区、"谷隐"幽谷养情区、"水隐"亲水养性区和"乡隐"乡土养德区等。比如，在现有农家乐基础上增添采摘、垂钓、户外拓展等体育休闲项目，丰富农家乐的内涵，让游客从体育中获得放松和愉悦。

红色体育旅游产品。

红色休闲型体育旅游。这一种旅游方式重点突出了其体育项目具有运动量小、有利于促进人们放松心情等作用。纵观当前我国旅游市场的发展，不难发现，主要具有如下特色休闲旅游产品，比如，重访大别山、重温革命情以及重走万里长征路等。这一种旅游方式受到了广大青少年的喜爱并参与，无疑这具有激发青少年爱国主义的情怀。再比如，老年人参与此类活动：一方面能够重温那逝去的岁月，缅怀过去，具体可开展健步走等相关活动。让广大老年人在具体活动中感受革命故事情怀，不仅可以回归情感，更可以锻炼自己的身体。这类产品非常适合在黄麻起义与鄂豫皖革命根据地纪念园和七里坪长胜街开展。比如，目前正在打造的七里坪苏区红军小镇，包括长胜街、解放街、列宁小学、红军广场及倒水河沿岸，通过科学规划和翻修重现古镇的空间肌理与风貌特色，情景还原 20 世纪 30 年代鄂豫皖苏区的社会场景；打造红四方面军诞生圣地，纪念、溯源、展示我军不胜不休的红色军魂；配套具有苏区文化、红军文化特色的主题餐饮、住宿、购物等旅游服务设施；组织一系列文艺展演、纪念活动等红色文化体验活动。

红色拓展型体育旅游，即充分结合自然景观与红色人文，将体验式学习与革命传统教育完美地融为一体，强调传统的旅游活动与全新的试验式以及全新训练式的培训内容相结合。比如，红安影视城就是以革命战争历史事迹为主题，借助影视城现有道具和布景，开展定向越野或者革命主题真人 CS，使广大旅游者重温历史、强身健体、修身养性。再比如，在高桥镇周边将军故居密集区域建设"铁血将军"高桥亮剑军事主题公园，定位为华中地区最大的军事文化体验基地。以"感受将军文化，体验军旅传奇"为主题，通过武器陈列展示、战争场景模拟、战争角色扮演、战争主题游乐、虚拟现实体验等游览内容，以一流创意打造高品质的军事主题公园。

红色探险型体育旅游产品，即强调体验感、强调旅游产品所特有的刺激性、冒险性。通常情况下此类旅游产品以青年人为主，通过这一种旅游项目能够全方位地激发游客挑战极限的欲望，具体可通过开发山体、水体以及森林等资源，让游客在各种红色体育旅游中，感受那勇士漂以及重走红军路的，通过这些旅游项目始可让游客拥有一个全方位的、切身的体验，真正感悟大别山特有的革命情怀，适当延长旅游时间，从而提升其健身性以及教育性，总体上说得到了广大旅游爱好者的认可。如智取红军洞可开展于七里坪镇鸡公寨半山腰上大大小小的红军战备洞中，洞中伸手不见五指，可结合周围山体开发攀岩和探险运动。另外，还可结合"艰苦红军路"，比如回放挺进大别山那些激情燃烧的岁月，感悟全长 460 千米的环大别山红色旅游公路自行车赛的魅力。

红色体育运动会。红色体育运动会充分融合了体育文化与红色文化，发挥体育赛事特有的形式、规则，淋漓尽致地诠释了革命战争期间那感人的事迹，传承着革命精神与信念。红色体育运动会开启了我国关于红色旅游的先河，充分体现了国务院文件精神，即始终以"光荣与梦想、创新与传承"将红色元素融入具体体育赛事之中，传承革命传统教育，以体育的方式，将国家精神宝库融入具体活动中，彰显红色文化以及民族精神之精髓。

其他体育旅游产品。

竞技型体育旅游产品。红安县在 2013 年曾经举办过中国红安热气球挑战赛，然而总体来说，红安县的竞技体育发展比较薄弱，缺乏大型体育赛事举办经验。然而，当下群众体育热情高涨，红安应抓住机遇举办一些中小型的赛事促进体育事业的发展，比如，在旅游淡季举办小型马拉松、广场舞赛事等吸引参赛者和游客，带动淡季旅游消费和旅游市场。

民俗型体育旅游产品。红安县有着悠久的历史文化，依托丰富的宗教、历史名人、文化遗产等特色文化资源，进一步挖掘其历史文化价值，丰富产品的表现形式，增强参与性和趣味性，并提升其教育功能，重点开发宗教文化旅游、历史文化旅游和地域文化体验等产品。定期举办不同规模类型的节庆赛事活动，不断在区域内形成舆论热点和品牌影响力，提高短时间内的客流量和知名度。比如，打造吴氏祠荆楚文化体验区，在陡山村、程家书屋及周边传统村落区域，以吴氏祠堂和荆楚传统民居为核心特色，综合开发乡村休闲观光以及乡村民俗文化、创意文化、度假等相关产品，重点建设荆楚古建艺术展、荆楚传统村落体验、荆楚乡土文化体验、原乡度假酒店和乡村创意文化基地等。再比如，在端午节等节庆举办赛龙舟、木筏接力等水上体育活动等。

体育旅游线路开发。

根据红安的资源禀赋和公路道路设施情况，一方面充分结合原有的体育旅游资源，另一方面合理开发各种新的体育旅游资源，可以尝试打造红安县体育旅游特色旅游线路，按主题可以分为以下三条基本线路。

红色经典主题体育旅游线路。主线为七里坪苏区红军小镇—黄麻起义和鄂豫皖苏区纪念园—似马山—高桥亮剑军事主题公园。该线路覆盖了红安县几个最具代表性的红色旅游景点，并且涵盖平原山地、自然人文不同的景区类型，在参观游览之余便于开展各种体育休闲活动，运动量适中，能够满足不同年龄段的游客，包括老年人和青少年儿童接受革命传统教育和身体锻炼的需要，适宜打造为红色体育旅游经典线路。

生态休闲主题体育旅游线路。主线为天台山隐修养生度假区—天台寺佛禅文化旅游区—火连畈茶农文化度假区—金沙湖国家湿地公园。该线路目前各主要景点仍在规划建设中，作为红安新打造的生态休闲体育旅游线路，该线路沿途环境清幽、景色秀美宜人，适合个人或团体休闲放松、亲近自然、寻禅求隐以及老年人养生养老。

乡村田园主题体育旅游线路。主线为红安国家登山健身步道—永佳河田园慢城休闲区—吴氏祠荆楚文化体验区。（其中国家登山健身步道是《红安县旅游发展总体规划（2015—2030年）》中计划打造的按照国家标准建设的登山健身步道系统，也是武汉都市圈首条国家登山健身步道，配套建设完善的标识系统、环保设施、安全警示系统和户外安全救援体系，并提供登山健身步道指导手册。构建五条登山健身步道，引导形成"一带四环"的步道体系，包括倒水河滨河步道带、天台登山环线、湿地生态环线、乡村休闲环线和将军传奇环线）。由于城市污染日益加重，乡村旅游成为短线旅游热点。该线路在传统农家乐基础上增加了健身步道的体育锻炼方式，耗时短、体验度佳、有益身心，是对红安县传统旅游线路的一个补充。

第六章　湖北商品和旅游融合发展

第一节　湖北省商品产业发展概况

一、湖北省旅游商品资源概况

湖北省是长江文明的中心地带，地理位置得天独厚，人杰地灵，早在先秦时期便创造了灿烂的楚国青铜文化和音乐文化，深厚的文化底蕴和秀美的自然风光成为旅游商品成长和繁荣的沃土。湖北旅游商品品种丰富，包括仿古青铜器、仿古漆器、绿松石制品、菊花石、三峡石、根雕、贝雕、木雕、竹器、刺绣、玉制品、绿色食品，涵盖了旅游工艺品、纪念品、文物复制品、湖北地方特色的日用工业品和土特产品等方方面面，下面是湖北省各地区旅游商品的一览表（见表6-1）。

表6-1　湖北省各市区旅游商品一览表

地区	旅游商品
武汉市	武汉牙雕、武汉木雕船、洪湖汉绣、武汉绢花、武汉出口国画、邮票贴画、蒋在谱剪纸、武汉金银制品、黄陂泥塑、武汉皮鞋、武汉地毯、高洪泰铜响器、朱锡计算盘、武汉界豆、武汉棉花糖、汪玉霞咸酥饼、四季美汤包、小桃园煨汤、淡炎记水饺、武汉热干面、武汉面窝、黄鹤楼牌汉汾
襄阳市	天麻、大头菜、半夏、板鸭、金黄蜜枣、根雕家具、隆中茶、蜈蚣、谷城花炮、襄阳山药、襄阳花红、谷城空心面、襄阳胡辣汤、石花大曲、襄阳应时黄酒、珍珠液
宜昌市	长阳山羊板皮、西陵特曲、枝江大曲、清江鱼、五峰名茶
荆门市	丰乐河陀螺包子、黄金港白酒、风干鸡
荆州市	九黄饼、千张肉、无铅松花蛋、五香豆豉、仿古漆器、金漆盆盘、荆州锦缎、荆州雪茄、荆州酸甜独蒜蒜、酥黄蕉、散烩八宝饭、湖北淡水贝脂、金蝶牌无纺织条纹地毯、荆江牌水瓶、监利柳编、洪湖羽毛扇折纸扇、荆州黄花菜、江陵九黄饼、监利龙凤喜饼、白云边酒
十堰市	绿松石雕、房县烙花筷、武当山龙头手杖、贡米桥米水葡萄米、郧阳三乌鸡、郧阳柿饼、武当山冻豆腐、郧县高炉烧饼
黄冈市	黄梅挑花、宋埠纸拉花、章水泉竹器工艺、蕲春岚头矶工艺陶、罗田板栗、武穴桂花酥糖、红安瓮子粑、黄州烧梅
天门市	天门塑料盆景、天门绢、天门蓝印花布、麻洋糖皮蛋、岳口皇尝饼
咸宁市	应山自然景工艺玻璃、咸宁桂花、桂花蜜、应山大红袍、青山麻烘糕、咸宁桂花酒
黄石市	大冶彩绘玻璃工艺、金牛麻花、黄石港饼
随州市	厉山皮毛玩具、随州银杏
咸宁市	咸宁竹器、老通城豆皮
仙桃市	沔阳草编、沙湖盐蛋、沔阳三蒸
恩施土家族苗族自治州	毛坝漆
潜江市	神农架金鸡、神农架猴头菌、头顶一颗珠、江边一碗水、文王一支笔

续表

地区	旅游商品
神农架林区	武昌鱼、西山东坡饼
鄂州市	孝感麻糖、孝感米酒、云梦鱼面、安陆涢酒

二、湖北省旅游商品资源的特色

湖北旅游商品特色鲜明，一些民间工艺美术在海内外享有盛誉，比较突出的有年画、挑花刺绣、土锦、竹木器、羽毛扇、淡水贝雕和珍珠。有些品种在全国乃至世界上都是稀有的，如绿松石、墨石、白鹤玉、菊花石等，可供开发成旅游纪念品的矿产资源丰富，级别高，如十堰的松香玉，神农架的水晶和玛瑙，黄石的孔雀石，宜昌的三峡石，远安的紫砂陶土，恩施的冰舟石和云景石等。

近几年来，旅游、轻工、文化等部门和企业积极协作，以楚文化和湖北省旅游风光为主题，开发了一批既反映湖北省旅游风光和历史文化，又适应旅游市场需求，并具有观赏和收藏价值的旅游商品，如湖北工艺箔画、湖北旅游纪念卡册、楚文化系列手工地毯、三峡风光系列真丝品、青铜系列文物仿制品、根雕盆景艺术品和汉味旅游食品等。如武汉机械工艺研究所为天安门和世纪坛生产了全套共108枚中华和钟，现已研制出和钟的微缩旅游纪念品，深受广大游客喜爱。目前，全省共有旅游商品定点生产企业52家，其中6家被评为国家旅游商品定点生产企业，10家获国家小额贸易出口权，省内各主要旅游景区（点）都设有旅游商品或销售摊点，旅游商品专业市场逐步发展，黄鹤楼旅游购物街、磨山楚市、长阳和谷城根雕市场、神农架木鱼旅游商品一条街、九宫山云中湖农特产品市场等均初具规模，目前，湖北省旅游购物收入已经占国内旅游总收入的26%，国际旅游创汇的24.4%，在全国居于中上水平。旅游购物业的发展不仅增加了旅游收入，还增加了地方就业，推动了湖北省传统产业转型和经济结构的调整。相信随着湖北省旅游事业的发展，湖北旅游购物业也将蒸蒸日上，前景更为光明。

第二节　湖北省旅游与商品产业融合发展现状

一、旅游与商品产业融合的价值

旅游产业被誉为21世纪的朝阳产业，旅游产业的快速发展能够带动地区产业结构优化、刺激消费水平的提高，从而推进我国城市化进程。旅游产业兼具经济性、生态性和品牌效应，可以促进旅游景区周边地区经济的发展。

（一）旅游景区的商品流通性

1.旅游商品概念解析

近年来我国旅游产业的发展带动了旅游景区商品的快速流通，进而也拉动了旅游景点周边地区经济的迅速增长。从游客维度进行分析，景区购物行为属于旅游活动的重要组成部分，游客在景区购买商品在客观上带动了旅游景点周边地区经济的增长，同时旅游景区的商品也满足了游客对审美、社交和休闲方面的需求。从旅游商品的供给者角度分析，景区商品是增加景区收入的重要途径之一。随着我国产业集成化水平的不断提高，旅游产业与第一产业、第二产业及第三产业的结合度越来越高，许多地区的经济发展需要旅游产业带动，因此旅游商品的概念也逐渐被放大，其具体包括景区特色农产品、工业消费品和景区纪念品等。总体来说，旅游景区商品是由旅游产业派生出来的特殊商品，其被赋予了特殊的使用价值和审美价值。旅游地区的特色商品与旅游产业结合后，能够为消费者带来更高的商品附加值和消费体验，进而带动周边地区相关产业的发展。

2.旅游商品的流通性

在旅游市场中，旅游产品主要是指可以流动的有形商品，旅游商品的流通性随着地区旅游产业的发展不断提高。从商品流通的视角分析，景区游客流动量的增加会提高旅游商品的流通性，从而进一步挖掘该地区的旅游市场潜力。旅游产业发展的一个重要特点是产业的聚集效应，商品聚集效应强的地区往往旅游产业也更为发达。旅游产业的发展需要大量基础设施的投入与广告宣传，而经济欠发达地区往往缺乏足够的资金投入，无法对本地区旅游产业进行深度开发和利用，因此难以充分发挥旅游景区的商品流通性。

由此可见，旅游产业、旅游景区商品和地区经济增长之间存在十分密切的关联性，有助于推动地区旅游产业的发展，提高旅游景区商品的流通性，能够更好地发挥地区商品流通产业的聚集效应和产业链优势，从而强化旅游产业与第一、第二产业及第三产业之间的关联性，进而拉动地区经济增长。强调旅游景区商品的流通性，更多的是以景区商品流通带动地区经济的发展和产业结构的调整。从流通的角度研究旅游景区商品对地区经济的影响，需要重新定位旅游商品流通市场和旅游商品之间的关系，并从商品流通的维度定义旅游商品的供给者特点和需求者偏好。旅游景区内商品的供给者与需求者之间的关系，不能被简单地定义为产品的生产者和使用者之间的关系，而应该以旅游商品流通性为标准，并充分发挥旅游商品在推动地区旅游产业中的积极作用。旅游商品流通性的重要意义，不仅在于其能够提高景区销售收入，更重要的在于其商品流通能够带动景区周围其他产业协同发展。

（二）旅游商品流通性对地区经济增长的影响

提高旅游商品的流通性能够改善旅游景区周边地区的经济环境，从而带动周边地区经济增长，逐步实现产业资源的优化整合。

1.提升地区的经济总量

我国旅游产业已逐渐成为国民经济的主导产业之一，旅游产业本身不仅能够创造巨大收益，还能够带动其他产业协同发展。景区旅游商品收益是旅游产业收益的主要组成部分，也是拓展景区特色旅游的重要途径之一。旅游景区商品流通性不断增强，刺激了周边地区经济的增长。这种经济增长方式按照生产要素的投入产出比，可以分为粗放型增长方式和集约型增长方式两种。粗放型增长方式单纯依靠增加生产资料的投入数量来获得高产出,这种生产方式仅适用于一国经济发展的起步阶段;而集约型生产方式则依靠有效的方式调整产业结构,实现对稀有资源的优化配置,以较小的生产要素投入和环境代价来获取较高的社会产出。以旅游产业为代表的第三产业就是一种绿色集约型经济业态。随着居民生活水平的提高,越来越多消费者开始重视休闲娱乐方面的支出,因此,我国每年的旅游出行人数屡创新高。旅游景区游客数量的增加提高了旅游商品的销售收入,景区旅游商品的流通性也逐渐增强,这也为制造业发展提供了空间。旅游景区的商品,无论是特色农产品、手工艺品还是景区纪念品,多为本地农户或企业生产制造,旅游商品流通性的增强直接带动本地经济水平的提高。

经济增长方式按照结构分类,可以分为投资驱动型增长和消费驱动型增长。由于目前我国的经济增长已由高速增长方式转变为稳健的增长模式,房地产业、建筑业、制造业也趋于饱和。在这样的背景下,应主要依靠国内消费拉动内需,我国虽国土广阔、人口众多,具有十分强大的内部市场需求,但长期以来并没有充分发挥其在国内市场的积极作用,究其原因在于流通产业的发展滞后所致。近些年来,旅游产业逐步显现出巨大的发展优势,其不仅仅能够创造大量的 GDP,还能带动周边地区其他产业的发展,从而形成强大的产业聚集效应和协同效应。

2. 优化经济结构和产业结构

旅游景区商品流通性增强不仅带来了经济总量上的增长,还带来了产业结构上的优化。商品流通业的产生是社会化分工的产物,商品流通能够缓解生产和消费在时空上的矛盾,在显著提高生产效率的同时也带动了居民消费水平的提升。对于旅游景区的商品流通产业而言,商品流通效率的提高:一方面可以满足游客的购物需求,提高当地旅游产业的总体收益;另一方面还能逐渐优化当地的产业结构,建立以旅游产业为主导的产业结构体系,使当地的社会资源配置达到最优水平。反过来看,如果旅游景区的商品流通产业发展程度较低,就难以充分利用游客资源,也无法带动地区间其他产业的发展,从而无法达到优化产业结构和经济结构的最终目的。基于上述分析,旅游景区商品流通性的优势不仅在于其提高了当地的经济总量,而且在于其能调整景区周边地区的产业结构,实现区域经济的整体协调发展。

3. 改善景区周边地区的就业水平

随着我国旅游产业总体布局逐步完善,旅游产业的带动效应逐渐显现。随着旅游产业链体系的日趋规范化,旅游产业和商品流通产业的结合愈发紧密,旅游景区商品销售迎来了一个高峰期,其不仅拉动了地区经济的增长、优化了产业结构,而且带动了旅游景区周边地区的就业水平的提高。目前,我国农村市场存在大量剩余劳动力,旅游产业本身的发展除了能够解决一部分居民就业问题外,旅游景区商品的快速流通和大量销售也刺激了旅游景区周边农产品加工、相关原材料生产等产业的发展,从而进一步解决周边地区剩余劳动力的就业问题。当前，旅游产业已成为我国国民经济的支柱产业，其对经济的增长会产生重要的推动作用，而旅游产业与流通产业相结合，能够进一步发挥旅游产业的主导优势，从而提高周边地区相关产业的经济发展速度、解决当地劳动力就业难的问题。旅游产业和流通产业都属于劳动密集型产业，能为不同层次的劳动者提供各种各样的就业岗位，从而能够很好地缓解社会就业压力。

4.刺激地区消费水平的提高

凯恩斯学派认为，在市场经济条件下，生产与流通之间存在着相互作用的关系，即生产决定流通，但商品流通也会对生产环节起重要的拉动作用。从旅游市场的角度来说，旅游商品流通性的不断提高会带动景区周边其他产业的发展和周边地区就业水平的提高，这也提高了经济总量水平和居民总体收入水平，从而提高地区消费水平。正是由于商品流通环节的介入，缓解了消费者与生产者之间的矛盾，也降低了由此带来的生产风险和经营风险。旅游景区商品流通效率提高作用还体现在其加速了需求和供给之间的匹配速度，并提高了资金和商品的流转速度。旅游商品流通性的提高对地区消费水平的刺激作用主要体现在两个方面：一方面，旅游产品流通性的提高为大量的景区游客提供了各式各样的特色商品，刺激了景区游客的消费动机；另一方面，通过景区旅游产业和流通产业的发展，带动了周边地区的经济增长和居民就业，进而提高了周边地区居民的收入水平和消费水平。经典消费理论认为，居民的消费动机取决于商品的价格下降和居民收入水平的提高，而旅游景区商品的快速流通既满足了景区游客的消费需求，也增加了周边地区居民的收入水平，从而为当地居民消费水平的提高提供了基础。

旅游景区的商品流通性对于周边地区的消费驱动效应还表现在其提高和优化了产业结构的总体布局和专业化分工水平，从而扩大了旅游景区周边地区产业规模和消费规模。景区周边地区产业规模的逐步扩大能提高农产品加工企业及工艺品加工企业的利润水平，同时还能提高周边地区就业水平和居民的收入水平，而居民收入水平的提高是地区消费水平提高的根本保证。旅游产业的发展和旅游景区硬件设施的逐步完善，吸引了大量游客资源，而游客数量的持续攀升为旅游景区商品销售提供了商机，并从客观上增加了旅游景区商品的流通性。旅游商品需求的增加会给当地生产部门带来规模性的扩张，也势必会带来就业机会的增长和居民收入增加，进而促进消费水平的提高和改善。从旅游景区商品流通对地区消费水平的综合影响看，商品流通中介的存在扩大了商品的来源，丰富了景区商品的种类和数量，降低了商品流通本身的成本。旅游景区商品流通性的提高，缓解了商品生产者与消费者之间信息沟通的障碍，使商品交换行为更加顺畅，这有效节约了商品流通的交易成本，同时也刺激了地区消费水平的提高，从而形成正向循环。

二、湖北省商品和旅游产业发展及融合现状

旅游商品在旅游创汇中的地位已经越来越重要，通常被当作旅游业经济效益的"晴

雨表"。我国旅游商品的开发各地区之间存在着差异，在旅游商品的开发工作进行得比较全面、较深入的地区其旅游业的经济效益一般也较好。

现在各地普遍存在这样的问题：几乎所有旅游行业都了解本地乃至全国其他地区的旅游商品，但真正到了顾客需要购买的时候，都拿不出高质量的能反映当地特色的令顾客满意的货色来，因而无法取得相应的经济效益。究其原因，主要还是旅游商品的开发还只是停留在表面，"只是打雷，未见滴雨"，没有进行深层开发，更谈不上进行大批量的生产，有些地区则干脆放弃对有些商品的开发。下面仅就湖北省旅游商品开发的实际情况来谈谈如何对旅游商品进行深层开发。

湖北省的旅游业在"92 中国友好观光年"的大气候中取得了长足进步，其旅游商品的开发情况也比以前有所改善，但仍有许多不尽如人意的地方。尤为重要的是，还没有充分展示湖北省的特色。例如，有些商品，如漆器等，来自广东、福建、上海等地，其实湖北省内也生产这些商品，并富有地方特色。这种做法导致湖北省内的旅游商品同其他地方的旅游商品一个面孔。这种千篇一律的商品对游客，尤其是过境游客不会有多大吸引力。

北京旅游学院副教授顾维舟先生将旅游商品分为三大类，即旅游实用品，如土特产品、旅游食品、旅居用品、服装、轻工产品、纺织产品等；工艺品，如织绣、陶瓷、编织、雕刻、镶嵌器具、传统工艺、民间工艺等；艺术品，如绘画、书法、版画、蛋画等。开发旅游商品就是要对以上内容进行规划、生产、管理、经销、引导，使这些商品在设计、装潢、推广、宣传上更能吸引消费者，刺激消费，以产生最大的经济效益和社会效益。这里所谈的深层开发包括两层意思：一是对已开发的商品进行更深层次的开发，使之取得更大的经济效益；二是对尚未开发的商品进行挖掘。

湖北省的旅游商品开发虽然基本上兼顾以上原则，但总的来看特色还不够。根据本人对省内一些较大旅游商店的实际调查和《湖北特产风味指南》一书中的资料，可将湖北省已开发和未开发的旅游商品列成"情况分析表"，由表 6-2 可见：

对于能反映地方特色的旅游商品，如工艺品、土特产品等，几乎没有进行开发或开发的深度还远远不够。

在已开发的产品中，由于片面追求利润，导致"舍近求远""鸠占鹊巢"的现象经常发生。如江陵仿古漆器，其休漆工艺在古时候就闻名全国，如今在湖北内地的旅游商店却难以见到，取而代之的是陈列于柜台中的不惜劳民伤财从福建运来的漆器，谷城的藤制家具、土家织锦等也有类似情况。

已开发的产品没有系统化、程序化，有时会出现供销脱节现象。如旅游食品中有些像孝感麻糖等这样便于携带且名声较大的商品只出现在产地，而其他地方如湖北旅游商店内，却几乎"绝迹"。另外，对已开发的旅游商品的主要市场，经笔者调查省内各大旅游商店分析得知，近 80% 的顾客都是本地居民。外地或国外游客很少在旅游商店购物，因而根本没有展示"旅游外供"的特色。

对有些比较实用的旅游工艺品的宣传不够。如洪湖汉绣、章水泉竹器工艺等,为什么没有北京的景泰蓝那样有名,其中重要的一点,就是宣传没有起到"兵马未到,粮草先行"的作用。

旅游商品的质量、包装有待进一步提高,以便促进销售,如宜红茶、罗田板栗、郧阳柿饼等。

旅游商品的销售反馈系统不完善、不健全,反馈信息不及时、不准确,全凭人员的主观判断,没有进行切实的深入分析,以致把握不了市场,吸引不了顾客。

这里所讲的能突出特色的旅游商品的主要市场是,指外地游客(包括国外游客),以及本地居民去外地探亲访友者。由于本地商品与其他地区的旅游商品不同,具有新鲜、奇特以及能给人以美感等特点,外地游客也就会对它产生兴趣,产生购买的欲望,要到外地探亲访友的本地居民也会带些有特色的商品送给亲友作为纪念。

表6-2 湖北省旅游商品开发情况分析表

分类	已开发的旅游商品	主要市场	尚未开发的旅游商品	主要市场
工艺品	1. 绿松石雕 2. 武汉木雕船 3. 武汉绢花 4. 蒋在谱剪纸 5. 黄陂泥塑 6. 邮票贴画 7. 天门塑料盆景 8. 宋埠纸拉花 9. 武汉金银制品	当地居民	1. 武汉牙雕 2. 洪湖汉绣 3. 武汉出口国画 4. 江陵仿古漆器 5. 章水泉竹器工艺 6. 土家织锦	过境游客及周围居民
握手工业品	1. 武汉皮鞋 2. 武汉地毯 3. 床单 4. 羽绒制品 5. 沔阳草编 6. 监利柳编	当地居民及国外游客	1. 天门蓝印花布 2. 荆江牌水瓶 3. 谷城古藤制家具 4. 咸宁竹器 5. 房县烙花筷 6. 谷城花炮	当地居民及过境游客
土特产	1. 宜红茶、茶砖 2. 武汉棉花糖 3. 襄阳大头菜	当地居民	1. 咸宁桂花 2. 鄂西竹菌 3. 武昌鱼 4. 罗田板栗 5. 郧阳柿饼 6. 利川黄连 7. 神农架金鸡、猴头菌	过境游客及当地探亲访友的游客

续表

分类	已开发的旅游商品	主要市场	尚未开发的旅游商品	主要市场
旅游食品	1. 孝感麻糖 2. 汪玉霞咸酥饼 3. 黄石港饼 4. 西山东坡饼 5. 云梦鱼面 6. 西陵特曲酒 7. 白云边酒 8. 清蒸武昌鱼 9. 天门清炖甲鱼 10 沔阳三蒸 11. 荆沙皮条鳝鱼 12. 老通城豆皮 13. 四季美汤包 14. 小桃园煨汤 15. 淡炎记水饺 16. 武汉热干面 17. 孝感米酒 18. 黄州烧梅	过境游客及当地居民	1. 石首鸡茸鱼肚 2. 江陵散烩八宝 3. 洪湖红烧野鸭 4. 洪山菜薹炒腊肉 5. 咸宁桂花酒 6. 襄阳应时黄酒	当地居民

开发本地旅游商品有这样一些好处：一是产品具有特色，对游客有吸引力，能给经营企业以及生产厂家带来利润。二是可以节省大笔运费。三是可以宣传本地旅游业。四是本地旅游商品在其原产地已初具一定的规模，在开发的过程中可以节约许多时间以及人力、物力、财力，以便降低商品成本。

具体开发时应注意以下几点。

首先，应调整政策，支持旅游商品生产，把旅游商品生产创汇视同外贸出口，减免税收；其次，生产企业要与销售企业紧密联系，销售企业要注意给生产企业投资，以市场为导向，生产适销对路的产品；最后，销售企业要注意扩大经营范围和销售渠道，增加经营方式，如对于旅游食品，旅游商店可以汇聚全省各地的名店、名菜、名吃于一处，组成美食城。"楚风"味道的菜肴，注重原汤原汁，可以进一步开发挖掘，形成具有"楚文化"特色的菜系。对于未开发的旅游商品则要经历以下步骤：一是注意对旅游新产品构思的搜集；二是构思的筛选与评审；三是市场分析；四是市场试销；五是新产品投放市场经销；六是投放后的评价及市场信息的反馈。

关于旅游商品的推销，应该了解市场需求动态和顾客的购物心理。针对湖北省的旅游商品的"楚风"特色及其主要客源市场，在推销湖北省的旅游商品时应注意以下几方面：一是宣传要突出特色——"楚风""外供"；二是扩大销售渠道及经营方式；三是在对外宣传时可先介绍武汉市的风光及湖北旅游景观，然后适当介绍旅游商品，见缝插针，"以大带小"；四是对当地居民应有一定的优惠政策，让他们成为旅游商品的宣传成员；五是增加旅游商品宣传的真实性和可靠性。

湖北省旅游商品现只在各地分散开发，还未进行"小集中"，汇聚在一起，才能给人以整体完美印象，其特色将会更加鲜明。

第三节　湖北省旅游与商品产业深度融合发展对策

一、树立大旅游商品的概念

由于长期以来对旅游商品认识存在误区，使旅游商品的产品结构不尽合理，工艺品、纪念品所占比例过大，这直接影响了旅游商品的深开发，最终形成品种单一特色淡化、粗制滥造、创汇水平不高的局面。因此，要振兴旅游购物，必须彻底转变对旅游商品的狭义认识，树立大旅游商品的概念和"小商品、大市场"的观念。开发旅游商品，不仅要开发纪念品、工艺品，而且要开发土特产品、文物及仿制品、日常生活用品、旅游食品等多种类型的旅游商品。湖北旅游商品资源类型丰富、种类齐全，这为旅游商品的深度开发提供了很好的条件。大旅游商品的观念一旦确立，就能拓宽旅游商品的种类，许多地区也就可以变资源优势为产品优势，并能带动当地相关产业的发展。

如湖北英山县是湖北省老区县、国家重点扶贫开发县，由于环境恶劣，过去山区农民常年以野菜、树叶和杂粮充饥，近两年来，当地政府大办旅游业，重点开发旅游土特商品，以天堂野菜有限公司为龙头的土特商品加工企业开发出了香椿、竹笋、蕨菜、薇菜、桔梗、灯笼大椒等"山野菜王"一系列旅游商品，不仅成为当地旅游市场的畅销货，而且还打入了武汉、上海、南京、黄石等大中城市市场。

二、以资源—市场为导向进行市场定位

开发旅游商品，必须研究旅游者的购物动机，准确把握旅游活动的新特点、新时尚，从而正确选择和确定旅游商品的开发方向。

旅游者对这些旅游商品的评价状况，可以说在一定程度上决定了湖北旅游商品的开发方向。中成药/保健品、旅游食品两大类型湖北有较大资源优势，旅游商品的地方特色、景区特色、景点特色和民族特色是其生命力所在，而湖北许多旅游商品的文化内涵丰富、地区差异性强。因此，结合资源优势，以市场为导向的旅游商品深开发，在于大力扶持开发具有湖北特色的旅游商品、纪念品，形成三峡、三国、武当刀剑、土家民俗、武汉都市等六大商品系列，重点开发绿松石雕、武当刀剑、荆楚文物复仿制品、竹制工艺品、旅游食品等精品，大力展销烟、酒、药、服装等地方名牌工业品。

三、加强旅游商品开发设计人才的培养

人才是旅游商品创新的关键，旅游商品的开发设计人员不仅要拥有开发设计方面的技能，而且要拥有很强的旅游专业素质。政府应为一些有旅游商品开发专长的人才提供适宜的生长环境，给予一定的政策支持。政府为旅游商品的产、学、研、销一体化提供便利条件，使人才的作用得以充分发挥。可参照上海豫园商场与上海交通大学联手建立

旅游商品设计开发中心的成功做法，通过旅游商品生产企业与旅游科研单位联合组建旅游商品开发机构，走旅游商品开发设计的专业化道路。省内开设旅游专业的院校，可增设旅游商品工艺专业或开设旅游商品开发等方面的课程，培养专门人才。挖掘并尊重民间工匠和艺人在制作和开发传统地方特色旅游商品的能力，建立必要的市场激励机制，充分发挥民间艺术家的作用。

四、实施优秀旅游商品及名牌产品发展战略

纪念性、艺术性、实用性、收藏性是旅游商品应具备的基本特征，它要求旅游商品不管是所用材料、制作工艺还是实用性能、包装装潢等都应该体现较强的质量意识，这是树立旅游商品品牌形象的基础。另外，要深入挖掘本地区、本景区的文化内涵，以深厚的文化背景为依托，设计出特色鲜明的旅游商品。民族的东西才能代表自己，有文化内涵才有生命力，以"人无我有，人有我新，人新我特"树立品牌形象，加强旅游商品品牌促销，参加全国旅游商品大赛，举办及参加大型旅游博览会或专门的旅游商品展销会，集中展览展示湖北优秀旅游商品及名牌精品，扩大声誉，促进销售。

此外，可考虑设立湖北优秀旅游商品的评审制度，成立有专家、高级工艺师和有关部门参加的优秀旅游商品评审委员会，并严格按程序每年评审公布名次，提高优秀旅游商品的知名度。

五、优化旅游购物环境

购物环境的好坏是决定旅游商品对旅游者吸引力大小的重要因素。为了激活旅游购物市场，增强湖北旅游商品的创汇能力，应积极采取措施，优化旅游购物大环境。

首先，在行、住、游等基础设施已趋于完善的地区，应重点发展旅游购物。在武汉、宜昌、襄阳、十堰、荆州等主要旅游城市建成比较集中的旅游购物区和旅游商品展销批发中心；其他城市、旅游中心城镇建成一批具有一定规模的特色旅游商店；景区在游客集中区设立旅游商品销售网点，星级饭店、游船设立旅游商品销售橱柜。加强对旅游购物网点的管理，对那种以收取高额回扣为目的，引诱甚至胁迫旅游者购物的恶劣行径要进行坚决打击。

其次，开展旅游购物步行街的创建工作。旅游购物步行街在世界旅游发达国家的城市中十分普遍，它是作为现代旅游城市丰富旅游活动形式，完善旅游产品结构，创造良好旅游购物环境，扩大旅游购物消费的重要措施。因此，那些拥有良好商品经济基础和大量流动旅游者的城市如武汉、宜昌，应当结合各自城市的特点，积极创造条件，尽快创建汇集旅游商品传统老字号和特色地方美食及传统建筑的旅游购物步行街。

六、湖北商旅与文旅融合典型案例

（一）黄冈市商旅文融合发展的特征

1.节庆活动等成为商旅文融合发展的重要引擎

根据统计，节庆活动和各种会议是拉动地区商业、文化、旅游的共同发展的重要引擎。

蕲春雾云山第四届丰收节、2018 湖北中医药康养游暨李时珍蕲艾文化旅游节、2018 大别山（黄冈）地标优品博览会暨首届东坡文化美食节、2019 大别山（黄冈）世界旅游博览会等，这些活动不局限于某一特定的主题，而是在这一主题的基础上，开展各种展销会、招商引资发展会、民俗风情体验会、文学作品交流会、美食特产品鉴会等体现和发展"旅游＋文化""旅游＋商务""文化＋商务"以及"旅游＋文化＋商务"的发展模式。

2. 三者融合发展为各自领域的发展提供重要契机

商旅文的融合发展极大地促进了商业、旅游、文化领域的全新发展，带来巨大的经济效益。各种节庆和商品推介活动拉来大量投资和开发项目，全市开工建设旅游项目近百个，总投资近 500 亿元，一批金融、工业、商业资本进入黄冈，黄冈的红安苕、团风荸荠、武穴佛手山药、蕲春艾制品等特色农副产品深受客商和广大消费者欢迎，不断地"走出去"，产业链条也不断延伸。生态旅游、智慧旅游不断创新，旅游服务质量和游客满意度不断提高。红色文化、名人文化、信仰文化等黄冈特色文化大放异彩，《铁血红安》等影视剧先后播出，持续引爆客源市场。

3. 发展机遇良好

黄冈处于湖北省东部、大别山南麓、长江中游北岸，京九铁路中段，与河南、安徽、江西相邻，武汉城市圈、长江经济带、皖江城市带和大别山革命老区振兴都对黄冈市的发展有很大的辐射带动作用，发展机遇良好。一方面这些地区作为国家重要的发展极，近年来，政府在政策、科技和资金方面给予较多扶持，黄冈正好受到这积极的辐射作用，依托于它们的发展环境发展自己，为商业、文化、旅游的发展带来巨大的发展机遇和一系列的便利条件，使其在最近发展中可以较为便利地招商引资、建设和完善景区，兴建文化产业，为商旅文化融合提供发展助力；另一方面，因为距离较近、地缘关系密切，它们也是黄冈巨大的游客来源地、特色产品销售地、优秀文化扩散的和招商引资重点对象区，对其商旅文的融合发展来说极其重要的。

4. 支撑环境较好

黄冈市地理位置优越，旅游经济发展有广阔的客源市场。交通便利，具有"承东启西、纵贯南北、得天独厚、通江达海"的交通和区位优势。黄冈市政府非常重视商旅文的融合发展，积极出台了促进招商引资十条措施、关于支持企业创新发展和降低成本的七条措施等，另外，还组织专家对其发展就行指导和研究，政策优势突出。黄冈红色、绿色和古色资源丰富，大别山红色旅游区是全国 12 大红色旅游基地之一，革命遗址、纪念陵园、名人故居、纪念场馆众多；山地地形景观、水文景观和植被景观丰富且独特，如大别山国家森林公园（罗田）、吴家山森林公园（英山）、龟峰山古杜鹃群落（麻城）以及号称"中原第一峰"的天堂寨（罗田）等；此外，这里名人、名作和名寺众多，毕昇、李时珍、李四光、闻一多等 1600 多位历史名人诞生于黄冈；四祖寺、五祖寺（黄梅）是禅宗佛教的著名道场，有"小天竺国"之美誉。黄冈还是著名的黄梅戏的发源地，楹联之乡和教育之乡,红色文化、名人文化、禅宗文化、戏曲文化、医药文化、美食文化等在此交相辉映。

5. 总体水平较低

黄冈市虽然很早出现了商旅文融合发展的趋势,也有一部分商旅、文旅、商文以及商旅文三者融合发展的项目(如武穴佛手山药乡村文化旅游节、罗田薄刀峰推"'翰墨飘香,丹青溢彩'文化游"李时珍文化旅游区建设等),但总体上,其商旅文融合发展的总体水平和发展力度还较低,丰富的文化资源和旅游资源尚未转化为经济资源,旅游和文化所创造的商业价值仅在少数的县里较好,大多数地区还没有将其丰富的文化、旅游资源和商业的发展整合起来,与其他省市相比,由于黄冈市早期以传统农业、加工贸易为主导产业,且加之部分主管部门之间的功能重叠以及职责划分不清,使其在服务业配套上相对不足,而作为商文旅融合发展的关键一环——旅游业,其配套更加欠缺,整体旅游市场的吃、住、行、游、购、娱基本还停留在"一日游"的初级阶段,各要素分布较为分散,没有形成整体,在快捷的客源疏导体系、便利的游客咨询服务体系和完善的网络无线覆盖等方面,与国际标准还有很大差距;市县间旅游交通网络尚未建立,各地的特色文化资源也未得到深入挖掘和开发,商旅文的融合发展仍有很大改进与发展的空间和潜力。

(二)黄冈市商旅文融合发展的实施路径

产业融合是不同产业间或相似产业间互相渗透的一种融合形式,其广泛存在于整个社会经济体中,丰富的文化和旅游资源,欣欣向荣的旅游市场和稳定增长的经济走势为商旅文三大产业融合发展提供了有力保障,也为黄冈市商旅文融合发展提供了多种路径选择,通过多种融合路径设计具有核心竞争力和独特性卖点的旅游产品和创意空间,并借助广泛、有力的市场宣传有助开拓旅游市场,实现商旅文融合可持续发展。为防止发展模式的片面化和发展目标的偏离,需要确立各发展路径下的产业融合模式、过程和形式,现主要从重组性融合、渗透性融合和延伸性融合三大路径进行探讨。

1. 重组性融合

(1)产品驱动型

产品驱动型融合路径主要将三大产业的各项产品整合,形成各具特色的产品,文化创意产业的发展思路为其提供了良好的发展路径。

特色文化旅游产品。

打造黄冈市特色文化旅游产品,挖掘地方特产深度加工,并引入游客体验自制项目;加大对罗田板栗、红安大布、英山云雾、蕲春中药材、地方手工艺等旅游商品的深度加工和研发,运用创意思想突出其时尚性和实用性。

因企业追求利润最大化的经营动机,企业往往聚焦于旅游纪念品,而忽视能够彰显企业文化内核的旅游用品,旅游用品主要包含住宿类、餐饮类和景区类,同时,旅游用品也分为免费和付费两种类型。通过免费旅游用品的设计传达景区及企业文化,通过游客亲身使用体验,从细节体现地方特色,从而提高旅游用品的顾客价值,提高顾客支付意愿，是"旅游+文创"大趋势下景区和企业需要共同努力的方向。

黄冈民间工艺历史悠久，种类繁多，最负盛名的有黄梅挑花、红安绣活、英山缠花和蕲春官窑陶艺制作技艺，以文化创意盘活传统文化品牌，带动红安大布、红安苕等地理标志产品的开发利用，为农村留守妇女创造就业平台，民间工艺资源可以与旅游纪念品结合，打造具有当地特色的手工艺品产业链，营造艺术小镇的氛围。利用科技手段将手工艺和民间工艺产品融入文化元素，全面实施地方戏曲振兴工程。提升民间工艺资源的附加值，把民间工艺产品变为艺术品，与电商结合，让民间手工艺品成为特色产业。结合东坡饮食文化、李时珍药膳文化、养生文化、鄂东农业文化，打造"舌尖上的黄冈"，形成地方特色餐饮标签，推出特色食品和特产。黄冈市由于景区分布较为分散，游客多以自驾作为主要出行方式，对餐饮用品具有硬性需求。黄冈市可凭借自身丰富的农副产品资源，结合市场自驾游趋势，开发家用吊锅、真空吊锅食材、山林天然矿泉水、野生猕猴桃汁、野生板栗、野生山果等为自驾游客提供便利的旅游餐饮食材。在停车场、游客服务中心、旅游大巴换乘处等设置扫码购物贩卖机，节省购物时间，促进消费，即买即走，送货上门，实现"线上+线下+物流"一体化，节省游客结账、打包时间，消除哄抬物价、价格不透明的弊端，同时满足非自驾游游客对便利出行的迫切需求，打破原始购买数量、购买地点的限制。

教育产品与旅游产业的融合。

利用黄冈中学的教育氛围和丰富的旅游资源，推出或打造相应的研学旅游产品或项目，衍生的教育产品和商业融合，制作 MOOC 云课堂，融合卷、题、解、法的黄冈密卷APP 等形成特色教育产业链。以黄冈中学、黄冈文化与旅游融合，打造研学旅游，夏令营，军事集训营等产品，推进黄麻纪念园、孝感乡文化园等研学旅行基地建设，推出特色课程，加快研学旅行活动逐步规范化、高效化，提升旅游从业人员队伍的素质。

康养医疗产品和旅游地产的融合。

蕲春县拥有丰富的中医药材和医药资源，可以推出中药养生系列产品，在旅游产业的住宿设施上可以融入禅养生、中药养生、将军文化等主题文化元素，构建具有地方区域特色的精品民宿，经济较为发达，人口密度较大的地区融入房地产。

（2）业务融合型

业务融合以企业为主体，商旅文产业的融合会带来大量企业和行业的出现，例如，文化旅游业、文化会展业、文化创意产业、动漫业、娱乐业。这种融合形式和路径直接导致企业内部结构的变更，使新的企业具有各产业组织和业务上的特点。在商旅文三大产业发展过程中，三者为了通过产业结构升级保持自己的竞争优势，会先将价值链进行拆分和重组，在文化产业价值链和旅游产业价值链以及商业链相似或者交互的部分进行衔接，从而打造新的产品，赋予各产业新的价值。旅游产业链升级优化过程中，从上游到下游的物质和信息投入产出模式如图 6-1 所示，通过商旅文融合发展模式，可以实现旅游产业结构跨越式发展的核心。

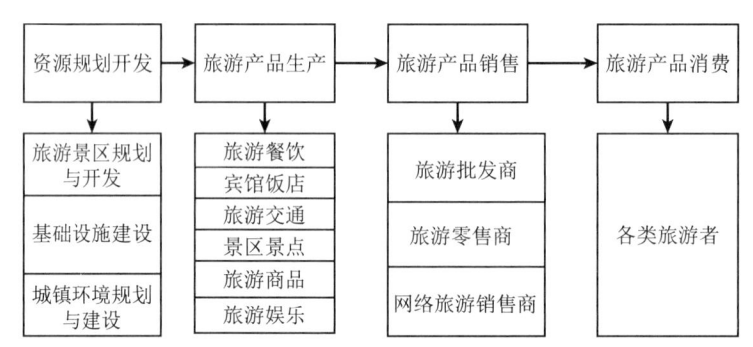

图 6-1 黄冈市旅游产业链升级图解

依托自然资源为核心。

黄州区美丽的巴河旅游经济带，沿岸乡野田园气息，因长期保护性开发，土地山林、水系河流得以良好的保护，尤其是巴河沿岸的湿地、草场、沙滩、水面面积扩大，生态环境优美，可以充分挖掘内涵，敢于探索，打造美丽乡村和生态旅游小镇，与旅游地产结合，构建集名人文化、亲水养生为一体的旅游休闲度假品牌。

以陈述文化主题为核心。

赤壁风景区和黄冈古城可以以特色建筑为平台，属地文化为灵魂，基于特色文化的现代演绎，营造与现代城市差异化的情境，打造具有历史特色的建筑展现，充分挖掘自身文化内涵，运用现代科技，打造商业地产和文化旅游集聚体。宝塔公园、李四光纪念馆、陈潭秋故居纪念馆、安国寺景区及禹王城可以进行旧城或古街改造，保留当地特色和风貌，营造历史文化旅游小镇氛围。文创产品的设计与开发是一个浩大工程，是需要团结社会各界力量共同参与的巨大产业，需要整合社会资源，如黄冈市非物质文化遗产研究中心、大别山旅游经济与文化研究中心、高校等，依托"产学研"一体化思路，调动黄冈本土非物质文化遗产传承者、艺术家、文化从业者、手工艺匠人群体的参与积极性，构建黄冈文创宣传、推广、学习、交流的平台，摸准市场脉搏、找准研发路径、推动文创发展。例如，以成功申报的黄梅戏、挑花、禅宗、善书、袖活、岳家拳、花鼓戏、李时珍传说8项国家级非物质文化遗产为文化切入点，开发相关文创产品。与此同时，挖掘文化 IP，设计黄冈符号，综合各类文化元素，形成如日本熊本县的"熊本熊"之类的文化符号，使其为黄冈的可持续发展注入灵魂。

以产品提升文化景观为核心。

综合考虑各片区的功能、特点、位置等因素，通过一条主线把各区主题串联到一起。开发旅游地产，营造旅游休闲产业，通过综合产业强大的关联带动效应实现新的经济增长点。目前，游客多会选择影视取景地，体验或尝试走明星"同款"旅游路线，例如，西安地摔碗酒，因抖音的放大效应，成为各类游客的打卡点。通过技术、资源与市场融合，实现旅游产业与网络平台的推广融合,打造互联网"网红景点",通过网络及手机电脑客户端APP实现景点推广。通过网络园区景点化、网络摄影展、APP线上推广加大景区知名度进而增加客源,提升景区效益,增强游客感知,促进商旅文全面发展。黄冈市政府可以征集黄冈旅游形象代言人,选择各个微平台的大V用户,创新传播和消费符号,从而竖立旅游地品牌,引领旅游营销策划创意点。黄冈市拥有丰富的红色旅游资源,可与全国红色旅游线路设计大赛组委会合作,在各大高校征集线路及产品设计方案;开展旅游微传媒大赛,对黄冈市整体旅游资源进行对外整合宣传。

以嫁接产业主题为核心。

以旅游为主导,根据地缘特色与可及资源,整合农业、文化、运动、会议会展、医疗健康等相关产业,形成泛旅游产业链格局,复合引擎铸造项目独特吸引核,提升整个区域价值,实现项目运营或销售的获利。如旅游休闲产业与医疗业融合形成养生或健康产业。积极推动"旅游+互联网"投融资创新,大力推广众筹、PPP等投融资模式,引导社会资本介入"旅游+互联网"领域,加快"旅游+互联网"创新发展。鼓励旅游企业和互联网企业通过战略投资等市场化方式融合发展,构建线上与线下相结合、品牌和投资相结合的发展模式,4A级景区实现免费Wi-Fi、智能导游、电子讲解、在线预订、信息推送等功能全覆盖。

2. 延伸型融合

(1) 市场驱动型

市场化进程使企业从市场出发在回到市场,在此过程中通过资源、技术以及产品和业务的渗透延伸形成融合发展的业态是市场融合的主要力量。市场竞争的日益激烈导致各地旅游业发展形成具有相当规模并发展成熟的旅游目的地。对于旅游业发展比较突出的市县,例如,麻城市和黄州区,旅游业可以作为产业转型升级的首选。对政府而言,开发旅游,土地可获得有效升值,不但能解决当地就业问题,而且能快速拉动区域经济全面发展,对大规模商旅文地产项目开发的支持力度较大,该类项目开发也以城市运营为主要手段之一,同时对项目而言可借城市推广塑造自身品牌,可以构建已有项目如洪广毕昇温泉度假村、四季花海、童玩谷、丽景山庄;加速推进茶香小镇、桃花冲度假小镇、楚江南温泉小镇等特色小镇的建设;创新投资,持续通过招商引资等方式,引进市场主体,激发活力,以连续性的节会、赛事、演出等视觉体验性活动,提高全域旅游宣传营销的精准度、现代感和亲和力,带动餐饮、住宿、娱乐、文化、农业等相关产业的发展。通过旅游业与影视业类别的现代服务业的渗透和延伸融合,建立特定元素影视基地。如襄阳唐城以唐朝为主题的影视基地,摄影与旅游功能同时开展,丰富多彩的产业形态和旅游内容,同时以此来完成既定市场的巩固和潜在市场的开拓工作,利用互联网进行商业模式创新。互联网改变了传统旅行社的商业模式,并进一步影响扩展至住宿业、旅游交通、旅游景区等领域。智慧酒店、智慧交通、智慧景区层出不穷,互联网为旅游产业发展创造了新动能。

（2）功能延伸型

功能延伸包括根据三大产业不同功能进行产业融合，例如，将娱乐场所景点化、历史文化聚集地景点化、购物场所景点化、构建旅游商品创意园区等。同时，可以通过农业或红军元素与文化影视产业融合，建立特定元素影视基地，延伸原有影视产业或旅游产业的功能，如襄阳唐城以唐朝为主题的影视基地，摄影与旅游功能同时开展，丰富多彩的产业形态和旅游内容，同时以此来完成既定市场的巩固和潜在市场的开拓工作。农业与文化影视产业和综艺节目合作，重推红军线路产品和民俗，宣传区域形象，打造特定品牌，实现商旅文功能的延伸和融合，使旅游业向文物馆和博物馆渗透融合，可建立红色文博馆、黄梅文博馆、东坡文博馆、时珍中药文博馆等。通过文博旅游业的融合，使文化为旅游产业提供内容、旅游为文化产业提供服务，达到文化为旅游增加内涵、旅游为文化实现增值的双赢目的，同时促进文化旅游产业的融合发展，使文化演艺业向旅游产业渗透从而实现融合，形成旅游演艺或实现演艺场所景点化来丰富文化旅游产品，将景点优势资源与艺术表演融合，以此来形成轰动效应，进而引领市场消费需求并占领旅游市场规模，获得游客的认可。如黄州区东坡赤壁景区可开设围绕三国典故与苏东坡人生轨迹为主题，加之现代化手段与技术创作大型原创历史文化主题话剧表演秀；蕲春县可以凭借李时珍故乡设计以李时珍为主人公，以创作汇总《本草纲目》艰辛过程为故事情节的主题表演，加入现代灯光、水幕、音响、歌剧舞剧等元素来增强吸引力；红安县、英山县可创作主打红色革命主题表演，既可以提高景区影响力，又对黄冈的历史文化起到了极大的宣传作用，也为黄冈旅游再添一枚新名片，使旅游形象变得立体饱满，可借鉴桂林《印象刘三姐》、西安《长恨歌》、杭州《宋城千古情》、襄阳《隆中对》等国内知名度较高的大型情景剧。文化产业与旅游产业要在激烈的场竞争中，凭借双方的部分经济活动的交叉、渗透、需求的互补性，力求在融合中降低交易费用，达到互惠互利，在竞争中实现共赢。产业体制创新，继续推广"旅游+"模式，整合项目，持续建设有积极性的乡村旅游点，重点促进泛旅游融合业态发展。通过"旅游+文创+新零售"增加旅游经济贡献，促进地区经济增长，从而形成良性旅游投融资态势；通过"旅游+演艺"挖掘黄冈市的文化内涵，发挥节事旅游魅力，促成文旅融合新突破；通过"旅游+互联网建设"做好营销，炒出"卖点"，输出黄冈IP，让游客在网络上"被旅游后"仍能产生强烈的实地旅游的愿望；做强景区管理，从游览细节优化体验，期待黄冈市能够实现全区域、全产业的联动化、信息化、智慧化。实现旅游产业向电子商务产业的渗透融合，加强旅游产品特色化、精致化与品牌化，通过"旅游+"，使传统的一二三产业焕发新的生机与活力。通过旅游区资源产品与文化产品与电子商务在线上宣传推广相融合，根据产品特点选择不同的营销模式，以此形成文化旅游发展的独特性卖点。挖掘文化IP，设计黄冈符号，综合各类文化元素，形成如日本熊本县的"熊本熊"之类的文化符号，使其为黄冈的可持续发展注入灵魂。总的来说，推动商旅文高质量融合发展，需要对区域旅游资源和产品进行系统规划，使产业融合多维渗透，各项目实现集聚发展，提高整体规划的科学性，综合布局的合理性，充分发挥区域融合潜力，不断优化举措，形成长效机制，达到最佳发展效果。

3. 渗透性融合

（1）资源驱动型

资源驱动型融合路径主要是指其他产业以特定资源的形式融入某一产业，例如，其他产业的生产经营活动及其产品通过精心策划和创新性开发利用，形成新型综合资源，使相应资源的外延不断拓展，从而丰富产业所含资源和产品类型，满足多样化需求。

乡村多功能资源融合助力旅游业。

以"旅游商品产销"模式，引入智慧旅游主题；大力兴办和扶持一批从事特色手工艺品、绿色农产品开发的龙头企业和专业村、专业户，通过在游客服务中心设立特色旅游商品形象店、旅游商品进超市、电商微商营销等方式，开发野菜、佛果、禅茶等地方特色旅游农产品，打造特色餐饮街区，开展旅游商品和绿色食品认证、贴标工作，开办土特产超市、特色休闲购物街。利用"互联网+"，打造农旅电商平台，开展与携程网、去哪儿网的战略合作，坚持线上线下相结合，力争早日开通手机、网络预订业务，提升旅游商品价值，如红安茶叶、板栗、茶油、红薯、油面等及其深加工制品，新建湖北首家地方特色馆线上线下体验店"佰昌京东特色馆"借助京东平台的巨大流量，让山茶油、花生、茶叶、红安大布、红薯等大别山优势农副产品搭上电子商务的快车。

例如，龟峰山"十人寨"利用龟山岩绿茶品牌，打造"唐王茶坊"，推出茶餐厅、品茶室、购茶店，打造不同类型的旅游商品，带动当地旅游业的持续发展，推动龟峰山旅游从单一的季节性赏花游向休闲度假养生多日游、全年游转变。英山神峰山庄、罗田乡村旅游景观带、蕲春李山村、红安陡山村、祝家楼村等，均可借鉴相应的路径和模式，打造10—20个乡村旅游模范村、休闲农业与乡村旅游特色村以及乡村旅游风情走廊。

充分利用乡村庭院、果园、茶园、花圃、林地、水库、湖泊等自然资源，大力发展具有乡村特色的观光、采摘、垂钓、住宿、餐饮、购物等经营实体，建设一批特色采摘园、观光园、体验园，提供相应的纯绿色蔬菜、茶叶、散养山鸡蛋等农产品，带动游客进行打糍粑、挖土豆等农活体验。通过发展乡村旅游实现"旅游+农业"融合发展，提高休闲农业、乡村旅游服务功能和水平，研究解决乡村旅游吃、住、行、游、购、娱、养、学等服务设施综合配套建设问题，促进黄冈休闲农业与乡村旅游全域大发展态势，不断总结并推广现有乡村旅游的成功模式。

按照因地制宜、分类发展思路，黄梅县可以充分利用乡村农业和禅文化重点推动"五祖寺+菩提小镇、四祖寺+农禅小镇、妙乐寺+黄梅戏文化小镇、老祖寺+紫云小镇、江心寺+梅苑小镇"的发展模式，实现文旅融合；以玫瑰谷、太白小镇、袁夫稻田、澳科、梅苑等为抓手，实现农旅融合；以地方特色旅游产品、旅游农家乐等为抓手，实现商旅融合。黄冈乡村游、赏花游发展迅猛，假期各地围绕梅花、樱花、油菜花、桃花、杜鹃花、玫瑰花等资源，开展了丰富多彩的赏花旅游和宣传营销活动，吸引了大量省内外游客到黄冈乡村赏花、踏青、休闲和度假。

节庆民俗资源推动旅游业节庆。

民俗可以依据当地特色和资源举办，根据节庆活动种类可以分为民俗活动、宗教活动、政治活动和科教等不同主题，例如，黄冈市拥有丰富的红色旅游资源和科教资源，赋予其特定主题，可以举办相关活动。2014年的黄冈东坡美食节，举行烹饪技能大赛，设有东坡创新菜、黄冈农家菜、面点小吃、餐厅服务共4项个人项目。同时，"六大"评选设黄冈十大名菜、黄冈十大名点小吃、黄冈十大风味名店、黄冈十大名厨、黄冈十大餐饮优秀企业、黄冈十大餐饮企业家。节庆民俗资源与旅游产业融合既可以招商引资，又可以吸引游客前来；相应的科教类节庆可以将黄冈中学校庆与游学旅游相融合，打造相应的产品。持续推进打造"民间文艺艺术节""老君眉茶文化艺术节"等文化旅游品牌，带动民间传统文化传承发展，对于帝王湖景区等自然资源比较适合开展体育赛事的景区可以开展攀岩、射击、射箭等项目，夏季可以开展漂流、蹦极等项目。

红色革命文化资源带动旅游业。

红色旅游是市场较为常见的旅游类型。黄冈市拥有大别山红色旅游区等丰厚的革命历史资源，红安、新县为鄂、豫、皖3省结合部，是黄麻起义的策源地、鄂豫皖苏区首府所在地，也是刘邓大军千里跃进大别山的落脚地。"千里跃进、将军故乡"是其红色文化的核心。红色旅游文化是中国文化不可或缺的一部分，发展红色旅游是为了弘扬中国的民族精神。红色革命文化与旅游产业相融合，可以有机地将社会效益和经济效益结合，但面对全国各地红色旅游产品较为雷同的现状，如何加强黄冈红色旅游产品特色，加强游客的学习性、故事性与参与性，加强旅游商品的吸引力是黄冈市红色资源和旅游产业融合面临的挑战。依托丰富的红色资源，可以打造相应的文化和相关实景演出，与影视剧结合，形成完整的产业链。

中药材资源和医道文化与商业的融合。

李时珍医道文化是一个独一无二的大IP，如何综合利用科技手段，对李时珍医道文化进行产品创意设计，才能既形象直观地展示医道文化内涵，又能满足旅游者体验性、娱乐性的需求是关键。蕲春县可以充分发挥医疗与中草药资源的优势，与旅游地产相融合，打造康养小镇和高端度假型养老模式。将传统的观光和深度的健康度假结合起来，与国内知名医学院、大型中医院形成有效整合，打造成为大别山地区一流的养生度假产品。中药科普体验与康养旅游业的渗透融合，通过保健护养与旅游度假联合驱动开发，增强康养旅游吸引功能。同时，可以与举世闻名的李时珍及《本草纲目》和初具雏形的黄冈本草中药、中药加工产业，与湖北省中医院对接，形成以中医药文化传播为主题，集中医药康复理疗、养生保健、文化体验于一体的中医药健康旅游示范产品,推动中医药产业与旅游市场深度结合,在业态创新、机制改革、集群发展方面先行先试。

依托万密斋养生文化,在罗田建设万密斋养生文化产业园,即建设集旅游观光、养生保健、休闲娱乐为一体的综合养生休闲文化体验区。开发赤龙湖国家湿地公园养生养老基地、桐梓太极温泉、李时珍健康产业园以及李时珍国际医药港、李时珍医药工业园和经济开发区、李时珍纪念馆、李时珍故居、李时珍国际健康文化旅游区等旅游项目。

（2）空间融合型

空间融合型路径的空间不仅是指地理意义上的空间,而且包括文化空间和生活空间。硬性空间和柔性空间的结合将为商旅文融合发展带来新的发展态势和集聚模式。在经济较为发达的商业中心,表现出创意产业和旅游产业快速发展并高度集聚的态势。

如图6-2所示,通过将文化企业集聚在一个特定的时空范围进行整合的一种创新型产业发展平台,形成如文化产业园或历史文化街区。图6-2分别展示了以文化、旅游和商业为集聚中心的产业融合路径,如文化路径1指以文化为主要核心或侧重点进行产业发展和集聚,主要针对黄冈市已有的历史文化街区和村落,或者闲置的老工业厂房加以整合,构建特色文化产业园,引入资本和市场流。旅游路径2是指在现有旅游景区或度假区等旅游资源内,配合商业业态资源,以旅游休闲度假为导向进行土地综合开发模式,建立度假酒店集群、旅游度假地产等具有较高服务品质的旅游休闲度假集聚区,如黄州区的陈潭秋旅游综合开发片区的开发与建设。商业路径3具体到一定的空间即为一定区域内的商业或城市综合体,主要是以商业为主的中心区域,人口密度大,交通可达性强。例如,万达广场等城市综合体,加以融合文化和旅游,使其成为可以吸引城市居民和外来旅游者商业消费的热点场所。综合体路径4即为旅游城或具有超大空间尺度的空间将文化、旅游和商业进行有机融合的综合体。

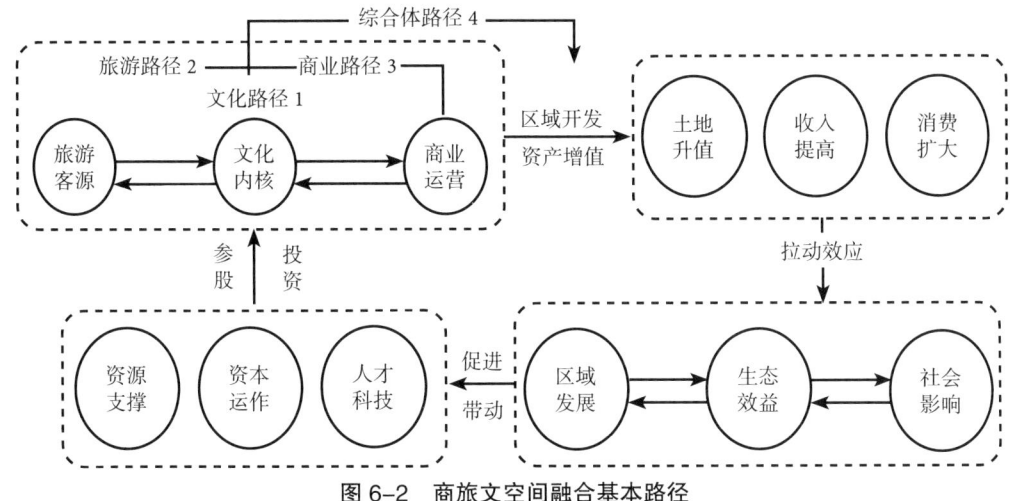

图6-2 商旅文空间融合基本路径

商业空间和文化空间的融合路径。

历史文化街区以市井文化为特征，与城市生活紧密相连，在保留街区历史风貌与传统民俗文化的基础上，挖掘其商业效应，通过引入餐饮、住宿、娱乐等业态进行创意建设，打造与传统文化相融合的现代公共休闲空间，完成从单一地理空间到旅游文化消费形态的转变，在创新性的文化体验过程中搭建人与历史文化相连接的桥梁。通过旅游资源吸引多功能房产类开发，招商引资的同时拉动房地产业与旅游行业的同时发展。例如，东坡文化旅游区、浠水巴水河畔田园综合体、黄梅世界风情文旅产业园、蕲春李时珍文化旅游区、罗田全域旅游五景区五小镇、遗爱湖风景区、红安将军文化博览园等都可以借鉴该融合路径。

文化和旅游空间的融合。

产业价值网络构建的文旅融合，打造创意产业园或旅游小镇。要整合现有文化要素进行旅游项目打造，实现旅游产业升级，如民俗体验馆、主题民宿、文化艺术节等；要将生产、生活、生态空间与旅游空间相融合。例如，罗田文化馆、红安县图书馆、浠水杂技馆，蕲春县文化中心、浠水数字图书馆、红安县文化馆、博物馆装修布展等，弘扬民族民宿，完善服务功能。以杉木乡安乐村牌楼湾，柳林乡商子湾等古建筑群为重点，引入文创公司，对古建筑进行包装设计，提供旅游、住宿和餐饮等服务。实现旅游产业向文化创意产业渗透融合，通过文化产业与旅游产业在地理空间、文化空间和生活空间的广泛融合，建造文化产业园区、主题公园、创意景观和标志性景观来增强核心吸引力，以此形成文化旅游发展的独特性卖点。

创意空间和旅游空间的融合。

遗爱湖畔的黄梅戏大剧院作为平时市民和游客较多的聚集点之一，不仅可以展示创意十足的舞台声光电效果，而且可以对剧院外部空间进行创意整合，与当地传统建筑结合建设一个文化地标，继承历史文化并融入现代元素，形成特色风貌区。

将文化创意与丰富的资源结合，例如，红安县具有丰富的红色、绿色、古色资源，现已建成将军影视城和楼子石战场影视基地，接下来需要精心打造特色创意产品和文化品牌，可以定时定期举办相应真人实景演出，让游客体验红色氛围。进一步创新宣传方式，形成融合强大定场。举办各类文化节目，开展多种体育赛事活动，植入文化旅游元素，提升文化旅游形象。例如，黄州区居然之家将构建垂直森林城市综合体，实现从连锁专业家居卖场到构建新商业综合体，增加体验性项目，创意与高科技融合，已建成的居然之家涵盖开啵乐乐 Pororo 儿童乐园、建福康养老小镇、创吃货天下美食广场、签耀莱成龙影城等新业态，由"大家居"向"大消费"进一步转型，营造体验经济，吸引游客前来，进一步完善购物体验和消费战略，对已有的《魅力中国城》深化营销成果，加强与联盟城市旅游合作营销，以小节庆、大营销的思路，多方宣传促销，拓展推介渠道，展示旅游营销新形象，并持续推进智慧旅游建设，完善旅游公共设施体系。

第七章　湖北推动文旅、体旅、商旅融合发展的策略

第一节　产动力体系对策

一、创新商业模式

商业模式是包含一系列要素及相关关系的工具,用来阐明特定实体的商业逻辑。湖北旅游与文化产业融合发展模式大多是由政府主导的,相对缺少企业自主创新和合作。所以,湖北省旅游和文化企业应该提高合作意识,不断创新商业模式。例如,开发大型文化旅游创新项目,可以学习借鉴国外的相关做法——由相关的旅游集团、文化公司和媒体各方共同投资成立项目制股份公司,并且由项目制股份公司开发运营旅游文化创新项目,通过旅游与文化产业融合发展创新来实现两大产业互动共赢发展。有些新项目可能不具备成立项目制股份公司的条件,可以学习借鉴环球嘉年华、迪士尼等知名旅游文化项目的具体运作方式,采取合作运营、共享收益、共担风险的模式实现联合运营。总之,湖北省的旅游和文化企业应充分发挥自身优势,实现强强联合,尝试运行新的商业模式,进而为两大产业的深度融合发展提供动力支撑。

二、加强技术创新

目前,湖北省虽然在技术创新促进旅游与文化融合发展方面取得了一些成绩,但是与深圳、上海、北京等一线城市相比,技术创新产品相对比较单一。因此,通过技术创新来实现旅游与文化产业的延伸性融合模式仍有较大发展空间。

湖北省旅游和文化企业在开发旅游与文化产业融合产品时,首先应该仔细调查了解旅游者的文化背景、需求喜好和生活习惯,掌握旅游者的消费需求,准确定位文化旅游新型产品的市场开发方向。在研发新型旅游产品的过程中,应该创新产品开发手段,创新利用先进的技术融入文化资源,把优质的旅游和文化资源转化成现实价值,开发出备受消费者青睐的高质新型产品,打造一系列文化旅游创意新产品,如电影之旅、文化创意园区、动漫之旅、节庆会展、音乐节等,强化新型旅游产品的参与性和体验性,提高旅游者的满意度。

三、改革管理机制

针对湖北省旅游与文化两大产业融合发展过程中存在的管理机制不合理的问题,可

以通过改革和创新相关管理机制，从而为湖北省两大产业的融合发展注入发展动力。要实现旅游和文化产业的深入融合发展，离不开科学合理的管理机制进行引导和监督，但是，目前在湖北省旅游与文化产业融合发展的实践中，相关管理部门存在着条块分割、多头管理等问题，阻碍了旅游与文化两大产业的深入融合发展。因此，相关管理部门应该加强合作与交流，相互协调促进，以"大旅游、大文化、大市场、大产业"为发展契机，改革现有的两大产业融合发展的管理机制，逐步构建起统一、高效和共促发展的创新管理机制，为两大产业的深入融合发展提供必要的制度保障。

创新管理机制可以从以下几个方面着手：建立常态化的合作协调机制，充分调动各政府机关和管理部门的资源，强化各有关部门的合作，构建"政府主导、文化与旅游部门主管、各有关部门联动、全社会参与"的两大产业融合发展机制；各有关部门应该定期召开会议，讨论合作事宜，并及时解决两大产业融合发展中出现的问题；建立企业主体机制，以具有鲜明特色的文化旅游企业和大型集团为突破口，组建大型文化旅游集团，进行市场化运作，从而实现企业之间的融合发展，带动两大产业的深入融合发展；加强产业融合投资机制的建设，放宽市场准入要求，允许民间资本进入文化旅游产业，同时推进条件成熟的文化旅游企业上市融资等。

四、与网络营销耦合

以湖北省大别山地区旅游产业为研究对象，运用耦合分析的研究方法，分析了旅游产业发展以及网络营销的关系，从而为大别山地区旅游经济发展，提出了有针对性的发展建议。

（一）旅游网络营销与耦合分析

1. 旅游网络营销

旅游网络营销系统，主要是以旅游景区自身网络平台为基础的，在政府主导作用下，企业与政府共同开发建设的一种信息化应用系统。在这一系统中，具有信息量大、更新速度快、服务系统等方面的优势，给游客带来了极大方便。目前，旅游网络营销系统在世界范围内的主要景区都得到了广泛应用，也成为目前国内外景点开展营销活动的最为主要的方式。作为景区管理者，也纷纷完善景区的信息化系统建设，为消费者提供了更加权威有效的旅游信息。随着我国第三产业的大力发展，全国各省区都希望在旅游业有所作为，加快旅游网络营销系统建设，加速旅游产业的发展和转型。

根据统计部门官方统计，截至2021年12月，中国网民规模达10.32亿。与此同时，我国在线旅游数量也以30%的速度保持着高速的增长，互联网在旅游营销中的价值和地位也越来越高。实际上，网络营销在推动传统旅游业转型方面，起到了积极的作用，旅游网络营销与旅游产业之间，是一种相互作用以及耦合关系。

首先，通过旅游网络营销，能够进一步扩大旅游经典的知名度水平，特别是三、四线城市的影响力，在加强游客对于景区了解程度的同时，能够有效地推动景区旅游的进一步发展。

其次，为了进一步推动旅游业发展，必须拥有一定的资金支持以及广泛的宣传效果，推动旅游网络营销系统的全面发展。所以，以湖北大别山地区旅游产业发展为例，通过了解该地区网络营销系统以及旅游产业发展关系之间的耦合程度，有助于深入了解这一地区的旅游营销现状，从而帮助该地区制定恰当的营销策略，推动当地旅游业的长期发展。

2. 耦合分析

系统耦合，最早是物理学中的一个概念，是指有两个或者更多系统，在彼此相互作用情况下相互影响，从而形成协同。后来，耦合概念不断扩展，并逐渐应用到医学、旅游学以及生物学等不同领域。其中，与其他学科知识不同，旅游学受到多种学科的影响，是一种交叉学科，特别是网络技术的发展，给旅游业的发展带来了较大变革。目前，在信息化程度不断提升的情况下，旅游产业的发展，已经从传统的单要素竞争朝着综合竞争的方向发展。其中，不同旅游景区也在积极发展旅游营销的作用。目前，受到互联网信息高速发展的影响，各大旅游经典网络营销系统的应用，成为旅游经典扩大影响力水平的重要标志，网络营销系统以及旅游产业之间相互作用的关系，呈现耦合促进的发展趋势，有助于推动景区的健康发展。

（二）湖北大别山区旅游产业 SWOT 分析

大别山地区，具体来讲，主要包括湖北武汉市、黄冈市、孝感市及其 16 个县区构成，总面积为 2.84 万平方公里。大别山旅游景区客源市场丰富，毗邻湖北省省会武汉，与江西九江、黄石与鄂州地区接壤，大别山旅游景区到安徽省、河南省以及江西省的距离也都在 300 公里以内，这些地区客源市场丰富、经济发展水平较高，交通便捷，为大别山地区旅游市场发展，带来良好的条件；其次，以红色旅游为主打品牌的大别山地区，与其他地区的红色旅游经典也有很大区别，客源市场也具有一定的特殊性。目前，根据客流量统计数据显示，来大别山地区参观旅游的游客中，主要以 18—55 岁的中年人为主，游客身份以学生以及各地企事业工作人员居多。这些游客普遍受教育程度较高，了解大别山地区的历史人文。从出游方式上，主要以跟随旅游团出游的方式，并且以学习性为目的的公费旅游团为主，而自费前来大别山地区旅游的散客相对较少。

近年来，随着大别山地区交通通达程度的日益完善以及当地自然风光的吸引，大别山地区自驾游游客也呈现日益增加的趋势。特别是对于家庭集体出游的游客来讲，父母在带领孩子领略祖国大好河山的同时，能够让孩子接受革命传统教育，具有非常强的意义。从游客来源地来讲，主要以大别山地区周边县市为主，这一比例达到了 60% 以上。在旅游景区发展中，如果这一经典带有极强的政治性色彩，那么，这一景区旅游业的发展则具有很强的不确定性。这一点在大别山地区的旅游发展中体会非常明显。从游客季节数量结构上讲，存在着非常鲜明的旅游市场淡旺季，特别是在某些重大纪念日或者节日期间，大别山地区都将会迎来旅游旺季。

1. 大别山区红色旅游的优势

由于大别山地区丰富的自然景观以及人文景观，也为当地红色旅游资源开发提供了重要条件。在我国土地革命时期、抗日战争以及解放战争时期，大别山地区都发挥着其应有的历史功绩，从而使大别山旅游经典具有独特性和竞争性的特点。目前，当地开展的主要活动包括：参观战争遗址、瞻仰先烈陵墓、参观开国元帅故居等。通过这些活动，能够让我们设身处地感受大别山地区当时居民的革命主义精神，此外，在参观完历史遗迹之后，游客可以参观游览革命前辈曾经战斗过的地方，了解大别山地区民众的生活，在和平环境下，陶醉于眼前优美的自然风光。回忆过去战争中的峥嵘岁月，游客在欣赏自然美景以及回忆革命年代历史人文故事的同时，听一场大别山地区正宗的黄梅戏表演，或者尝一尝大别山地区的手工油面等，这些都是其他红色旅游经典不可比拟的地方。在方圆2.84万平方公里的大别山地区，湖北大别山地区是革命战争中的核心区域，在这里发生了很多感人至深的故事，也是大别山地区的核心地带。

2. 湖北大别山区红色旅游的劣势

湖北大别山地区在红色旅游开发中，也存在诸多不足。比如，开发思路过于狭窄，缺乏开发深度。在旅游景点开发中，过分强调景点的红色旅游价值，整体旅游基调比较"深沉"。其实，在具体景点开发中，应该将景点开发的重点关注大别山地区的生活上，让游客真正体会到革命老区人民的生活状态。作为景区管理者，就忽视了这一卖点，也就很难满足目前消费者多样化的旅游需求。因此，在目前景区资源开发中，大别山地区旅游产品明显存在着同质化问题，很难形成对游客的吸引力。此外，在产品开发问题上，依然将产品开发集中在战争本身，特别是凭借静态的革命遗迹为主，缺少与现代方式的融合，因此，游客的体验感、参与感不强，很难形成对于客户的吸引力；最后，部分景区为了增加游客的游览时间，专门扩展了一些与旅游景点完全不搭边的旅游项目，或者将这些项目与当地的红色旅游主题牵强附会，改变了传统原汁原味的大别山精神。在这种做法中，虽然能够在短时间内，能够给旅游景点创设一定的旅游收入，但是，从长期发展来讲，必将使得大别山地区红色旅游逐渐失去其特有的意味，不利于推动旅游景区的长期可持续发展。

此外，由于大别山地区涉及周边16个县区，不同县区之间也没有形成良好的合作交流机制，在景区资源开发商，雷同性过高，在开发过程中存在着很强的盲目性。这种做法，一方面很难发挥大别山地区旅游景点的创意型，容易出现产品同质化；另一方面，也会出现旅游景点与广告宣传之间的差异性，很难形成大别山地区旅游文化的品牌核心竞争力。

3. 湖北大别山区红色旅游的机遇

根据我国十三五发展规划，特别指出要进一步加强红色旅游景点的开发，并提出了指导性意见。在十三五规划以及湖北省进一步推动大别山地区红色旅游项目发展的诸多文件下，湖北省将优先推广大别山地区旅游景区发展，作为加快推进武汉城市经济圈发展的重要方向。作为大别山地区的核心区域，湖北大别山地区应该在国家政策的积极引导下，加强对于这一地区旅游资源的深度开发，推动红色旅游景点朝着系列化、主体化的方向发展。此外，旅游景区还应不断提升景区的配套基础设施建设，加强配套餐馆、宾馆的建设，开设特色农家菜等方式，延长游客在景区的停留时间，通过这种方式，能够进一步扩大旅游景区的产业链范围，进而能够获得旅游收益的最大化。

4. 湖北大别山区红色旅游的威胁

具有较强政治色彩的大别山地区，在政府主导作用下，很难真正参与到市场竞争环境中来，特别是与其他类型的旅游项目相比，很难形成产品竞争力水平。缺乏值得游客留恋的经典，很难有游客第二次来到这里；另外，从品牌知名度上来讲，湖北大别山地区由于知名度欠缺等问题，很难吸引来自远方的游客。因此，这一地区的客源市场一直都是以周边市场游客为主。受到上述两个方面因素的影响，使该地区市场的游客资源已经达到饱和状态。与此同时，作为红色旅游项目，具有很强的政治性特点，在营销方式以及开发方式上，也存在着严重不足。再加上当地生态环境恶化、景点之间竞争程度加强等因素，都是湖北大别山地区面临的主要威胁。

（三）湖北大别山区旅游产业发展

1. 把握旅游网络营销主动权

在旅游业的发展过程中，最重要的就是要建立异地旅游供给者以及旅游消费者之间的关系，此外还包括旅游供给方内部的联系等，比如，当地旅游景点管理部门以及旅游主管部门之间的关系，旅游部门以及其他方面的联系等。在这些联系中，如果越准确越直接，那么，就越能加强旅游经济的发展。作为服务性行业，旅游景区提供的产品主要是以服务为主，也就是吸引更多游客前来消费。因此，为了更好地提升旅游景点的影响力，当地旅游企业可以通过网络传播等方式，对于旅游景区进行宣传，从而在网络旅游营销中掌握主动权。大别山地区各县市可以再结合自身旅游资源特色以及地域特点的基础上，专门开设旅游服务网站。对于大别山地区整体自然环境以及人文环境等方面，进行深入介绍。

此外，在这一旅游服务网站，游客还可以查询最新旅游信息，进行门票预订，甚至选择电子语音导航功能等。所以说，旅游服务网站的建设开发，使游客更加方便地了解了大别山地区的旅游服务，减少了旅游成本，从而有助于享受良好的旅游服务体验。为了提升湖北大别山地区的影响力，大别山旅游景区可以通过开设官方旅游微博，并由专业人员负责维护，及时更新关于大别山地区的旅游发展现状、旅游路线等内容，对于微博粉丝提出的问题，予以积极回复。通过官方形式，提升服务质量水平，进而提升景区服务的透明度和公开性。此外，对于景区内出现的恶劣影响事件，也可以通过微博方式进行公开声明，从而树立景区良好的责任形象。根据目前我国网民的网络使用偏好，使用频率最高的就是搜索引擎以及即时通信工具。一方面，从搜索引擎建设方面，大别山旅游景区可以通过与百度等主流搜索引擎合作的方式，扩大大别山区旅游的点击率和影响力。具体来讲，主要包括增加地址栏搜索、外部链接以及广告词排名等方面，进行广告宣传投放。另一方面，在即时通信工具方面，大别山景区可以利用微信、QQ等平台，加强与游客之间的实时交流互动，对于游客提出的宝贵意见，予以采纳改进等。

2. 加大资源整合

在大别山周边县区，基本上每个县区都拥有独特的自然资源和旅游资源。但是，从资源的质量上却存在很大的差异。此时，从当地政府发展的角度，如何将分散的旅游资源有机结合起来，同时还要考虑到不同县区特色的自然旅游资源发展特点，需要结合不同地区自身发展实际情况，打造具有不同风格的自然生态旅游资源以及历史文化旅游资源的风格，具体来讲，要做到以下几个方面的结合：红色资源相结合，红色资源与绿色资源结合，红色资源与古迹资源结合，红色资源与佛教资源结合，静态资源与动态资源结合，历史文化与现代文化的结合等。而这几个方面的结合，主要是建立在推动湖北红色旅游发展前提下，突出红色旅游的现实功能，将红色旅游与当地生态环境开发有机结合起来。而对于后两种结合，则主要是从湖北大别山红色旅游产品开发的角度，创新产品营销的方式，给游客带来更好的体验感。

3. 优化空间布局

根据大别山地区红、绿、古三种不同的旅游资源，结合当地发展实际，可以围绕"一心三区"的原则，完善大别山地区旅游发展布局。这里，一心主要是指黄州区，这里经济发展水平高，是当地政治经济文化中心；三区则分别指麻城旅游区、罗田旅游区以及黄梅县旅游区等。在这一原则的指导下，旨在将黄州建设成为全国性的旅游集散中心，同时带动其他周边旅游景区的快速发展。

4. 提炼特色主题

为了进一步提升景区的影响力水平，可以加快景区特色主题建设，景区特色主题代表了一个景区最为核心的组成部分。根据景区自身发展的特点，提炼景区特色主题，应该以旅游资源发展特点以及市场发展情况为基础，结合旅游地区发展实际情况，从而提炼出特色主题。在红色旅游中，最为重要的来源与核心就是革命事件的历史遗存。大别山地区的红色旅游资源主要零散地分布在前文所说的16个县区内，历史中比较著名的黄麻起义、刘邓大军挺进大别山等事件，都可以当作重要的红色旅游资源来予以开发，从这些历史事件中，我们也应该提炼出历史特色主题。比如，每年4月，利用麻城这一杜鹃花开的时期，在黄麻起义地点打造红色主题线路，宣传"黄麻惊雷、万山红遍"，让游客了解黄麻起义有关的经过、故事等。每年7—8月，可以通过举办徒步走的方式，让游客重温刘邓大军挺进大别山的场景。

5. 塑造旅游地区品牌

基于"以红色为基础,红色、古色和绿色相结合"的湖北大别山红色旅游深度开发思路,结合当地特有的自然资源发展情况,确定符合当地发展特色的旅游文化品牌。在大别山旅游文化产品宣传上,可以将其口号确定为"挺进大别山,体验红绿古,感受红土情"。[1] 在这一品牌形象影响下,以红安为发展龙头,整合周边县区旅游发展资源,重点打造"将军故里"品牌;加强大别山地区生态旅游建设品牌,实施红色旅游以及绿色旅游相结合的方式,打造"山水大别"品牌等。

第二节 保障体系对策

可以围绕政府、政策和环境三个方面为湖北省旅游与文化产业融合发展提供保障体系,具体措施有树立新理念、转变政府角色、提供政策支持和营造发展环境。

一、树立旅游管理体制新理念

(一)以服务为主导

湖北省旅游委员会作为湖北省旅游市场管理的主体部门之一,明确政府本身在旅游管理过程中以管理为主导还是以服务为主导,随着我国社会主义经济的发展,我国政府管理体制也在不断改变,旅游管理职能也在不断进行改革。纵观旅游管理体制的发展变化,政府在每一个阶段总有一个职能起主导作用,其他职能围绕着主要职能共同发挥作用,形成了政府旅游管理体制的治理模式。主要管理职能的不同,导致的管理体制不同,纵观旅游发展过程可以总结政府管理模式主要是政府管制型和政府主导型两种管理模式,现在,我国要构建同市场经济相适应的服务型政府,以服务社会、服务民众为基本职能的政府模型。所以,旅游管理部门也需要转变政府职能,确立服务为主导的旅游管理体制,以适应我国社会主义市场经济发展的内在规律,建立促进旅游经济发展的旅游管理体制。

(二)以公民为主导

政府在管理过程中无论是以"官"为主导还是以"民"主导,都体现了政府管理理念,即为谁服务的问题。我国作为社会主义国家,人民当家作主,一切权利属于人民,政府是维护和实现最广大的人民利益,全心全意为人民服务,是政府行动的最高宗旨。政府在管理旅游行业,应该以满足公众的需求,提高办事效率,提供高质量的服务,改变"门难进,事难办,脸难看"的服务态度,而不是简单对旅游企业、旅游社会团体、旅游者作出回应,旅游政府管理者应该积极和公众建立合作关系。政府旅游管理者在制定政策提供服务应该以民众为主体,满足民众真正的需要,而不是以自身利益为主导或者凭空想象来制定政策,任何与旅游企业、游客、旅游社会团体公共利益相违背的政策,都将与我国建设服务型政府的理念相冲突,这就要求政府在制定政策、法律法规、旅游规划、

---

[1] 曹诗图,韩国威. 对"灵秀湖北"旅游形象主题口号与标识的商榷——兼论湖北旅游特色与品牌打造 [J]. 三峡论坛,2012(3).

发展战略过程中协调各方的利益主体之间的关系,把满足民众共同需求为核心,制定更好地服务民众的政策,紧紧围绕"服务民众"为理念的思想展开工作[1]。

(三) 有限性政府

"有限政府"和"全能政府"是指政府在治理社会过程中自身定位问题。"全能政府"的管理体制,政府管理社会过程中拥有无限扩大的权力,容易超过法律规定的界限,形成管理"越位",从而造成旅游管理主体的盲目性服务、缺失性服务。"有限政府"是指政府在权力、职能和规模上受我国法律法规的严格限定,我国旅游管理政府应该遵循社会主义市场经济的发展规律,提高应对风险和信息反馈能力。

在现代经济发展过程中,充分运用"看得见的手"和"看不见的手",凡是能够由市场机制解决的就交给市场解决,在市场失灵的情况下,需要发挥"看不见得手"的作用,促进市场经济良好的发展,不断提高政府宏观调控能力,使政府在资源配置过程中有所为、有所不为,在提供公共产品、公共服务和促进经济发展过程中,需要受到社会各界的监督,避免政府权力滥用,从而应该明确政府在市场经济中的职能,将政府的主要职能转变为经济调控、市场监管、社会管理和公共服务方面来,形成多元化服务体系,更好地促进经发展。

(四) 透明化政府

"透明行政"和"暗箱行政"体现了政府为民众提供服务的方式。透明政府是指政府在管理过程中公开信息,通过公开信息避免政府与公众之间的信息不对称,同时有利于公众监督政府的权利,真正实现权力在阳光下运行的理念,实现透明理念、透明政府有机统一的透明化政府。

从权力制约角度来讲,政府在行使公共权力需要受到社会各界监督主体的监督,其服务方式、程序、地点、时间、人员等都应该是公开透明的。制度问题是根本的、全局性的、稳定性的、长期性的,要让权力在阳光下运行。在旅游管理行业中,普遍存在信息不对称的现象,经营者用低价来吸引消费者,从而造成经营者相互的不公平竞争,低价吸引消费者造成坑蒙现象等恶劣的旅游管理问题。对于这种市场失灵现象,需要"看得见的手"对其进行干预,制定相应政策,为旅游企业营造一个合理、公平的竞争平台,让旅游公司的信息在公开、透明的环境下运行,为消费者提供真实可靠的旅游信息,营造一个在阳光下运行的企业和政府。

二、转变政府角色

政府在旅游与文化产业融合发展中,主要起引导和推动作用。所以,湖北省委省政府可以从以下三个角色转变入手,推进湖北省旅游与文化产业的深度融合发展。

(一) 开拓者

在旅游与文化产业融合发展的初级阶段,可以由政府引导建立文化旅游产业园区,

---

[1] 李蕾. 论"新公共服务理论"与服务型政府建设 [J]. 商洛学院学报, 2007 (3): 127.

将旅游功能与文化产业有机结合起来，同时，通过搭建文化旅游信息平台、提供资金支持和制定产业优惠政策等手段，促进湖北省旅游与文化产业的深度融合发展。

（二）规范者

知识产权以及版权维护问题是旅游与文化产业融合发展过程中两个相当重要的制约因素，因此政府应该出台相关法规和条例，规范旅游与文化产业的融合发展，并为旅游与文化产业融合发展提供一定的服务。

（三）协调者

政府的协调作用主要体现在以下各方面：采用各种鼓励措施促进文化与旅游企业联合发展；协调社会各界力量，改善两大产业融合发展的大环境；解决旅游与文化产业融合发展过程中的行业壁垒；宣传整体文化旅游形象；保护消费者利益等。推进湖北省旅游与文化两大产业深度融合发展的政府"角色"如图7-1所示。

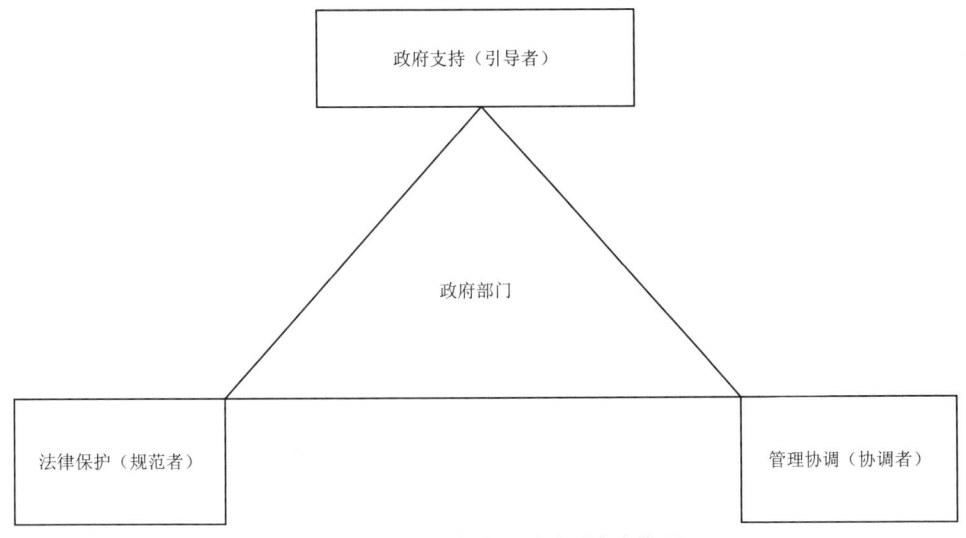

图7-1 产业融合发展政府"角色"图

三、提供政策支持

体系旅游产业发展的外部环境支持必须全面考虑影响旅游产业发展的因素，据此有针对性地提出支持方法和措施。其中，政治性支持起着前提性的作用，即只有给予旅游产业一个良好的发展空间，才能最终实现发展目标；相反，在一个僵化的体制环境内，经济活动极有可能违背客观经济规律，束缚主体活动范围和积极性、创造性。经济支持是最主要、最直接的支持方式。社会支持旨在创造良好的社会环境，促进旅游业的发展。

（一）政策支持

旅游产品需求的整体性与供给的分散性，决定了旅游各供给部门之间的协调配合。然而各供给主体都有自己的利益驱动，容易为追逐各自的利益而损害整个行业的利益，如采取不正当竞争手段坑害消费者、损害同行，旅游行业愈演愈烈的价格战。这就需要一个有效的行业协调管理机制，来统一规划、协调、指导、沟通各旅游供给主体的生产经营活动，促进行业发展。从发达国家的经验来看，较为理想的旅游组织管理体系应该包含两个主体：一个主体是政府行业管理机关，代表国家履行行业管理职能，主要以法规和政策手段为主，是一种调控和干预性管理；另一个主体是产业界的行业管理组织，以协调服务为手段，实行自主协调行业管理。

在湖北省旅游业发展过程中，各级地方政府在确定发展目标、协调社会力量、推动旅游开发等方面起到了很重要的作用。但也存在一些问题：如行业管理协调乏力、政多出门现象严重等。此外，相对政府中的其他传统机构，旅游局成立时间较晚，但旅游发展的形势又较快，加之旅游局自身的机构能力有待加强、人员素质有待提高、旅游发展资金短缺等原因严重制约了旅游行业管理职能的实施。因此，湖北旅游要实现新突破，就必须加强政府机构在旅游发展中的作用，以保证旅游基础设施建设、协调社会力量、规范行业管理等方面的工作有效进行。

1. 建立旅游产业发展的决策协调机构

旅游产业是一个综合性、依托性和关联性极强的产业群，涉及国民经济的诸多行业。在计划经济体制下形成的资源条块分割和政企不分状况由来已久。单就旅游的核心依托——旅游吸引物的管理来说，风景名胜区归建设部门管理，森林公园归林业部门管理，自然保护区归环保局管理，文物古迹归文物或文化部门等。承担交通、游览、住宿、餐饮、购物、娱乐服务的企业由各有关行政部门管辖，又涉及计划、交通、城建、公安、环保和卫生等众多部门。要实现大旅游、大市场、大产业的目标，就必须建立大管理的体制，为旅游产业的顺利发展提供组织保障体制。

建立有效的旅游管理体制，必须从旅游业的产业特征去考虑。通过比较国内现行的几种旅游管理机构职能的优劣，除充分发挥湖北省旅游局行政管理职能外，针对旅游局在管理方面的局限性，需要组建高层次的旅游产业发展委员会，皆在促进发展，实现协调发展。该委员会应超越各种部门间的隶属关系，直接对政府负责。按照"统一领导、明确职责、分清主次、相互配合"的原则开展工作。旅游产业发展委员会的主任由省政府主要领导担任。产业委下设办公室，作为常设机构。将各行各业与旅游相关的权责统一归口省旅游产业发展委员会，并以法规性方式固定下来，减少条块分割现象。提高行业管理的科学性和效率，如归口于文物、文化、林业、园林、城市规划等部门管理的旅游开发、建设内容，应由省旅游产业发展委员会协调管理。

但旅游产业发展委员会并不能取代旅游局作为政府主管旅游的行政部门，旅游局侧重对旅行社、星级饭店、油船、旅游景区景点、导游等与旅游较为直接的业务的管理、市场和形象促销、人员培训和旅游网络建设；属于其他管理部门业务范围内的旅游管理，则通过旅游产业委员会进行协调，建立各部门联合管理的机制。

2. 加强旅游局的机构职能建设

在健全机构的同时，通过人力资源的培训和增加财政预算，提高旅游局的机构能力。旅游局应强化以下相关方面的职能：

加强旅游服务监督；

提高旅游项目开发和管理水平；

组织编制旅游规划；

建立和实施旅游规划的监测和评估体系；

提高宣传促销的有效性；

收集和发布有关的旅游信息；

加大政府旅游管理部门人员的培训，提高管理人员素质；

协同旅游开发中的利益相关者，帮助各方建立公平、有效的利益分配机制；

加强旅游统计财务的力度，提高旅游统计财务的质量。

3. 发挥旅游行业协会的作用

在市场经济条件下，行业组织是由企业自愿参加和组织起来的具有法人资格的社会团体，是行业的协调、监督、自律和自我保护组织，是加强企业联系的纽带，是沟通政府和企业的桥梁，是一种市场中介性组织。

旅游行业协会由旅行社协会、旅游饭店协会等组成，其成员以旅游企业为主体，同时有旅游管理、教育、培训、研究咨询单位和专家。协会的主要职责是：在当地民政和旅游行政主管部门的监督管理下，根据协会章程开展调查研究、协调联络、协助政府贯彻落实有关的方针、政策，向政府反映同行企业的正当要求，制定行业规范并开展民间对外交流、宣传咨询、教育培训等工作。同时，协会还可以通过行规、行约及会员共同制定的文件，协调本行业中企业与企业之间的利益、矛盾，避免过度竞争，保证行业的健康发展和市场经济的正常运行秩序。因此，在湖北省旅游产业管理体制的建设中要积极发挥行业协会的作用。

4. 旅游风景区管理体制创新

根据我国现行的行政体制，各类风景名胜资源，仍然分别归建设、林业、海洋、地质、环保、文物、文化、旅游部门行使管理权。在旅游业增加值占当地国内生产总值比例比较大的地方，为促进旅游业的发展，必要时可成立与旅游相适应的管理机构，如风景名胜区管理局（委员会）、国家森林公园管理处、自然保护区管理处、文物管理委员会等，作为国家资源所有者的代表依法实施管理权，其主要职责是执行有关法律法规，保护资源和环境，确定开发利用的方针原则，制定和审批保护和发展规划，审核有关开发项目的可行性报告和方案，代表政府管理区域内的民政事务。

风景名胜、文物单位、森林公园的旅游经营权归国家控股的企业操作，或实行社会事业体制、企业化经营。作为资源所有者代表的国家有关行政部门及其执行机构，不宜直接从事旅游接待和其他经营活动，应该实行政企分离和政事分离。

在风景名胜区实行所有权、管理权和经营权分离的同时，必须建立独立完整的景区开发和保护的监督体系。该体系包括国际组织和国际公约的监督、国家法律法规的监督，规划系统的监督，社会公众媒体的监督。

（二）法律保障

加强旅游业的法规建设，保证旅游主管部门依法管理，旅游企业依法经营，旅游职工依法从业，是保证旅游产业健康发展的法治基础。考虑到具体情况，可以制定法律的实施细则，包括：旅行社管理条例；饭店管理，包括饭店、游船星级划分体制；导游人员的培训与管理；度假区的开发与管理；旅游景点质量体系的划分与评定；旅游服务质量的投诉与管理；旅游商品的管理与销售；对有关法律中涉及旅游行业部分的具体实施措施的细化和标准化。

（三）管理协调

中国旅游产业政策自改革开放以来经历了两次转折性调整。第一次是在20世纪70年代末80年代初，旅游业从外事性、公益性事业向经济性的产业转变。第二次是在20世纪90年代末，新旧世纪交替之际，中国旅游业将从第三产业的龙头产业和国民经济的新的增长点向国民经济的重要支柱产业提升。为保证第二次转变的顺利完成，湖北省要建立符合湖北旅游实际情况的产业政策体系，包括旅游产业的基本政策、扩大需求政策、发展旅游供给的政策、旅游投资融资政策。

1. 政府主导是发展旅游产业的基本政策

在国民经济欠发达、市场经济欠成熟的国家，大多数强调政府的作用。政府根据市场经济规律，制定相应的产业政策和措施，并通过各种有效手段进行旅游业的组织、引导、协调和管理。如果没有政府的宏观调控，没有政府引导的适当资金扶持，没有政府的组织、协调与管理，就难以解决旅游发展过程中遇到的问题，难以取得社会各方面的理解、配合和支持。

2. 扩大市场需求的政策

大力发展入境旅游、积极发展国内旅游、适度发展出境旅游，以入境旅游为主导、国内旅游为基础、出境旅游为补充，是现阶段中国旅游发展的总方针、总政策，也是湖北旅游发展的总方针、政策。

（1）大力发展国际旅游市场

省政府从财力、人力等方面支持、鼓励对外旅游市场促销工作，应逐步增加对外宣传促销经费，拥有湖北省整体旅游形象的宣传，积极参加世界性和地区性的旅游博览会，如伦敦的世界旅游博览会等。

对于主要的入境游客源市场——欧美等地，派驻营销代表，让他们充当信息的来源和发布点，维护与旅游业界和媒体的关系；加大对韩、日地区的旅游宣传力度，在旅游景区做好相应的配套工作，如可在景区指示牌上增加韩语、日文字说明；加大对韩语、日文导游的培训等。对国际旅行社实施创汇奖励制度，鼓励国际社会积极招徕境外客源。

（2）积极开拓国内旅游市场

旅游部门与教育部门合作，在假期倡导和推行科普旅游、革命传统教育旅游等。旅行社、饭店、交通客运部门对师生科普旅游及老年人、残疾人旅游提供方便和优惠。采取有力措施，如通过各种艺术节、旅游节、旅游博览会等形式，维持和巩固现有客源市场，提高旅游者的停留时间和人均花费。大力加强网上促销活动，这是湖北省近期内应大力建设的项目和突出战略。互联网已经成为市场营销十分重要的辅助工具，湖北省应充分利用这一促销工具。

3.优化旅游供给政策

（1）化旅游行业结构政策

旅游行业主要由行、游、住、食、购、娱六各要素构成，制定旅游行业结构优化政策。寻求六大要素的最佳配置、协调发展，对供大于求的行业加以控制，对重点行业和短缺行业实施倾斜和扶持，使各大要素充分发挥互补作用，形成旅游的综合生产力。如在交通基础设施薄弱地区，对交通建设实施政策倾斜，结合当地发展经济的需要，尽快构建交通通道，重点解决发展旅游中存在的交通瓶颈问题。对旅游住宿供过于求的地区，要控制新建饭店，现有饭店要有计划地进行更新改造，优化饭店的功能结构和档次结构；对后期的旅游区，如神农架林区、恩施的利川等，住宿设施一般数量少、档次低，要加快饭店建设，各个地区要针对本地旅游住宿额状况和今后客源市场的需求，确定发展政策。

（2）优化旅游地区结构政策

湖北省各个地区旅游业发展的阶段、规模和地位各不相同，旅游业分别呈现起步、发展和发达等阶梯式发展的不同特点。应按市场经济发展规律，对旅游业发展处于不同阶段的地区，实行有差异的产业促进政策。在初始阶段，采取数量型、速度型、规模型发展政策。尽快形成产业基础，构建产业骨架；发达阶段，采取质量型、效益型、集约型发展政策，侧重提升产业素质，提高经济、社会、环境三大效益。

（3）优化旅游产品结构的政策

优化旅游产品结构要重点把握好客源市场与产品市场的关系，协调观光产品、度假产品、商务会展产品与专项产品的关系，主打产品与配套产品之间的关系，特色产品与通行产品之间的关系，大众产品与专业产品之间的关系，高价位产品与中低价位产品之间的关系，等等。

四、营造发展环境

在产业发展融合新趋势、消费者需求不断发展变化的时代背景下，湖北省面临文化产业的发展滞后和旅游发展遭遇瓶颈等问题。因此，湖北旅游和文化产业行政主管部门应该达成融合发展共识，清楚地认识到旅游业对文化产业发展的扩散和带动作用，文化对旅游产业的渗透和提升作用，产业融合是促进两大产业结构转型升级并实现跨越式发展的强大动力和必然趋势。湖北省应该积极培育营造旅游与文化产业融合发展的有利环境，加强旅游和文化企业之间的合作，形成"激活思维"，依托网络信息技术为企业提供"交流、商务、资讯、交易、营销"五位一体的综合信息交流平台，为两大产业的融合发展创造更多合作机会，促进旅游与文化产业快速融合发展。

（一）基础设施优化策略

1. 交通设施建设

旅游交通是发展旅游业的命脉。交通条件的好坏，直接影响游客的旅游决策。而且旅游交通的便利程度，或者说可进入性，不仅是发展旅游资源和建设旅游地的必要条件，而且是衡量地区旅游业是否发达的重要标志。一方面，以铁路和公路为主，继续加大对铁路和公路改建和新建力度，深入挖掘现有交通条件的潜力，积极探索高效的道路利用方式，以适应日益增长的客流对交通设施提出的新要求；另一方面，加强主要航空港建设和各个支线机场的建设，同时利用优越的水运条件，以长江和汉江为主干，积极改造这些主河道的通航能力和通航条件，并着手新建旅游码头以满足未来发展需要。

2. 软件设施建设

旅游咨询服务作为旅游业的软件基础设施，对其产业化的发展也起着非常重要的作用，这一设施的建设能够为旅游业向外向型发展，扩大服务范围和提高服务质量提供有力保障。利用信息网络平台建设旅游商业协作网络，为中小企业专业化发展创造环境，构建平台。通过多媒体等信息技术的使用，增强旅游景区的震撼力和感染力，增加可参与性，提高旅游服务设施的人性化服务水平，以此提高旅游服务的便捷性。

（1）信息化网络架构

按照统一标准、区域合作、互通互联、资源共享原则，加快构建全省旅游电子信息网，建立和完善全省有关旅游网络信息网的建设，并与全国各省市、世界主要客源地市场联网。建立旅游咨询服务机构，完善信息采集、预报制度和系统，为游客提供优质的旅游信息。

（2）旅游目的地信息系统的建设

这是旅游业与信息化最优的结合方式，所以旅游目的地信息系统的建设也是目前迫切需要解决的问题之一。政府与企业双管齐下，以提供政策保证和资金支持，注意借鉴成熟的系统模式和技术进行操作。

3. 接待设施建设

作为旅游业六大要素其中的两项："吃和住"，其本身问题的解决可以使不同的旅游群体获得满足，进而在一定程度上激发旅游者对旅游景点的满意度和来湖北省旅游的动机。新形势下旅游业的新发展要求继续引导建立一批度假型、商业型、会议型旅游高级饭店，主要是在重点城市和重点旅游景区适度强化建设，增加一批星级饭店。适应自助游、自驾游、家庭游等国内日益增长的散客市场需求，引导建设一批特色鲜明的家庭旅馆、汽车旅馆、青年旅馆和露营地的建设。

4.环保设施建设

环境保护主要包括固体废弃物和废水的处理，这是目前我国众多景点存在的共性问题。为此，应该加强旅游景点和周边环境的整治力度，建立健全配套的环境保护设施的建设，以此美化环境，为旅游者创立美好的环境体验。以汉口江滩为例，整个沿江花园包括各种设施可以说井然有序，然而在广大的沿江滩涂地带的环保条件令人担忧，由此而影响游客的心情。类似这样看得见的和潜在的影响旅游的"环境"问题，在今后的建设中应引起相关部门的高度重视。

（二）空间结构优化策略

1.圈层结构

武汉城市圈位于中部地区的经济腹地，处于我国东西和南北的结合部和我国的"十"字形以及发展轴线的交会处，人口占湖北省总人口的一半以上，是省内最大的旅游市场客源地。充分发挥武汉中心城市的辐射带动功能，加大周边地区旅游开发力度，以会展商务旅游、文化观光、都市周末度假休闲游为主的大武汉都市旅游圈与红色旅游、三国旅游的重点专项旅游相结合，形成中心城区、内圈、外圈"三圈组合"的空间格局，如图7-2所示。

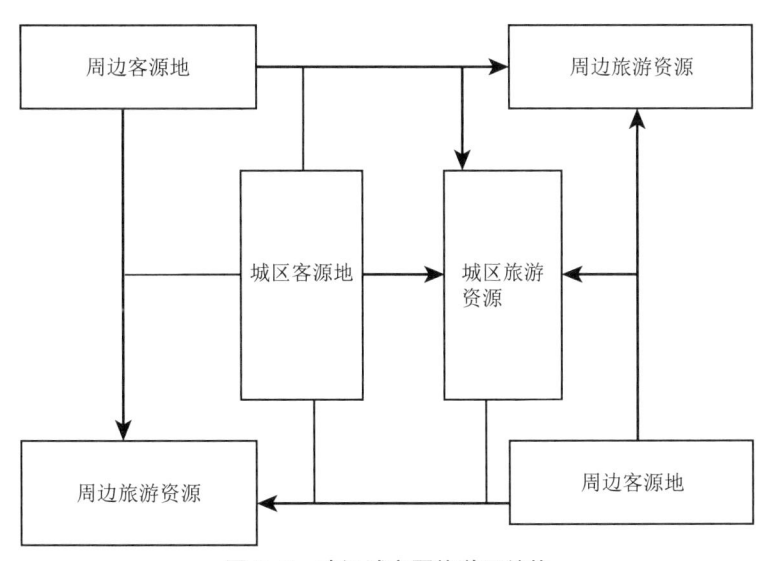

图7-2 武汉城市圈旅游区结构

襄阳和宜昌作为湖北省副中心城市在带动区域发展中起着重要作用，在成为湖北省主体功能区区划中的重点开发区后，将是未来承载人口转移、支撑区域经济发展和人口集聚的重要载体。上述地区均属于旅游资源富集区，拥有长江三峡、三国文化等自然和人文景观的旅游优势资源，加上周边人口集聚和便利的交通，适宜打造为湖北省旅游产业空间结构的重要节点，以此形成两个小圈层，带动区域旅游产业发展。

2. 点轴结构

纵观湖北省旅游资源和客源地分布，汉丹—襄渝线、汉宜高速和长江航道三条交通轴线可以作为湖北省旅游产业发展空间的点轴结构。汉丹—襄渝线连接的武汉、襄樊、丹江口和十堰是省内主要客源地，同时沿线分布以随州编钟为代表的楚文化，襄阳以古隆中、襄阳古城、水镜庄为中心的三国文化旅游区、武当山世界文化遗产旅游区和丹江口水库旅游区，并可连通神农架北线；汉宜高速是沪蓉高速湖北段的主要组成部分，纵贯人口密集的江汉平原地区，交通区位条件极其优越，沿线分布仙桃、潜江"农家乐"乡村旅游，荆门明显陵世界文化遗产旅游区，荆州古城游览区为依托的三国文化主题公园和宜昌长江三峡观光度假旅游区，并可延伸至神农架和清江土家民俗生态旅游区域；抓住国家全面建设长江黄金水道的机遇，建设黄石、黄冈、荆州、宜昌、巴东等地旅游码头，开发荆江段沿线景区，打造三峡水上观光的延长线，将宜昌、荆州、武汉等地景区纳入游船线路，加快开通"一江两山"重点旅游区域内河航线。

3. 集群结构

鄂西北山岳游以武当山、神农架为代表，是华中地区山岳旅游资源最集中、山岳景观最独特的地区，也是湖北省重点打造的"两山"明星级景区，以此为中心沿交通线路开发新景区，并开拓鄂西北区域旅游市场，可形成鄂、渝、陕、豫四省旅游联动和区域旅游网络；鄂西南以宜昌为中心，包括长江三峡和恩施清江峡谷，该区集山水人文风情于一身，三峡大坝、长江三峡和土家族风情都具有独特风格，是湖北省最具吸引力的旅游目的地之一，在同周边省市合作旅游开发的基础上，同时利用交通线与鄂西北旅游板块相连接，形成区域旅游空间联动；江汉平原荆楚游沿长江荆江段，包括鱼米之乡的江汉平原和洪湖，该区域是楚文化积淀最深的地区，可充分发掘历史，向中国乃至世界展示楚文化的魅力；鄂东大别山区是湖北省乃至全国红色旅游资源最丰富的地区之一，同周边省市联合开发大别山区旅游，形成旅游线路互联和景区合作，打造京九沿线鄂、豫、皖红色旅游中心。

第三节 供求体系对策

一、需求优化策略

亚当·斯密提出过一个定理：市场范围决定分工程度。从经济学的角度来分析，劳动分工依赖市场的范围，而同时劳动分工帮助决定市场的范围，分工程度可以说是产业化程度的代名词，分工程度越高，则专业化程度也就越高。湖北省要提高旅游业的产业化程度，就要提高湖北省旅游业的专业化分工程度，拓展和细分旅游客源市场尤为重要。

（一）培育本省客源

以武汉、宜昌、襄阳为中心，湖北省基本形成了"一主两副"的城镇旅游客源格局。特定区域形成的旅游客源具有相似的需求偏好（如旅游目的地选择、旅游动机等），不同区域形成的旅游客源则具有不同的需求偏好。有针对性地开展武汉城市圈、宜荆荆都市区和襄十随都市区的区域旅游营销，运用差异性策略培育旅游消费者群体，是提升湖北省旅游业产业化的重要手段。

1. 武汉城市圈旅游客源特征与培育策略

武汉城市圈占据湖北省经济社会发展的"大半壁江山"，以武汉为核心的城市圈是全省政治、经济、文化、教育、交通中心，拥有数量众多的国家机关工作人员、企业员工、商人和高校学生。

培育策略：提升观光旅游产品，开发短途一日游等休闲、度假、生态、文化专项旅游产品，以适应不同旅游消费群体多层次的市场需求；利用都市居民对自然山水的向往和对水的情有独钟开发大别山区和鄂西山区的山水漂流线路，使游客在游山玩水中体会生活的乐趣；以武汉城市圈为试点推广旅游年票制度，实行区域内景区的一人一年一票制，鼓励本区域居民的市内游、省内游；进一步提升"一江两山"区域商务、会议旅游目的地的首位度，特别是对武汉城市圈提供专线、专车。

2. 宜荆荆都市区旅游客源特征与培育策略

宜荆荆都市区总人口1342.2万，城镇居民年人均可支配收入10719元；该区域作为休闲、商务、会议等重要的旅游目的地，本地区也存在巨大观光、休闲游市场。

培育策略：以周边游为主体，继续巩固本市一日游的市场，鼓励居民利用周末等休息时间外出游览家乡景色；利用本省商务、会议游的机会宣传区域内的著名景区，实现区域旅游互动。

3. 襄十随都市区旅游客源特征与培育策略

襄十随都市区总人口1176.9万，作为"三线"建设的重点地区，拥有数量众多企业员工，观光、度假、商务、会议游拥有较大市场。

培育策略：宣传和倡导旅游文化，通过率先接受旅游文化的消费者形成一定的影响力，使更多民众接受旅游文化观念并真正参与到旅游活动中来，发掘潜在的旅游消费者；利用新的节假日休息时间，增加省内短途旅游；推动形成省内的商务、会议旅游目的地，加快省内各旅游区域市场的融合。

（二）吸引外省客源

伴随西部大开发和中部崛起的推进，湖北省周边正形成合理的区域经济格局。作为中部崛起的重心，湖北"承东启西、接南转北"，坐拥"九省通衢"的武汉，长江"黄金水道"及众多铁路、公路干线，对吸引周边省市的游客具有极大优势。

1. 邻省客源市场培育（中部地区的客源拓展）

在相邻省份中，湖南和河南是湖北省传统的旅游客源地，其中湖南与湖北在清朝时统称湖广行省，共同拥有洞庭水系和楚文化的渊源，基于上述特殊历史关系、地理关系及文化关系，巩固湖南传统客源地，特别是发挥咸宁区位邻近性优势，开发温泉旅游项目对扩展湖北省旅游客源尤为重要；河南省与湖北省同样是旅游大省，彼此拥有特色的旅游资源，湖北省要发挥江、河、湖、水多的水资源优势和武当山道教文化特色吸引中原游客，并同河南共同开发鄂、豫、皖交界的大别山区红色旅游，进一步向周边省市开拓市场，形成鄂、豫、皖红色旅游区域一体化发展。

同上述两省区相比，临近的江西、陕西、安徽、重庆客源近几年来增长较快，但游客数量规模还比较小，还存在很大的上升空间。因此，要发挥区位邻近交通通达性优势，以特色产品吸引邻省客源。鄂西地区主打"一江两山"名片牌，发挥汉丹—襄渝铁路作为川陕交通要道的作用，突出武当山必经之咽喉吸引重庆、陕西游客；提高恩施州清江峡谷和神农架等景区的可达性，充分利用长江水道和宜万铁路建设的机遇，进一步拓展重庆、四川等西南地区的旅游市场。

2. 三大城市群客源市场培育

长三角、珠三角和京津唐三大城市群是我国经济最发达，人均收入最高的地区，是湖北省重要的客源市场培育地，近几年来，广东、浙江、江苏、北京、上海等地区来鄂旅游人数增长较快，湖北省要进一步采取措施提高上述地区旅游客源的市场份额：充分发挥长江三峡、武当山道教文化、神农架等独特旅游资源优势，突出旅游文化特色；提升旅游服务水平和服务质量，在游客中形成良好的口碑和印象；出台政策打破区域限制，促进联合开发机制的建立，形成景区跨区域宣传；利用各种媒介工具推出"大三峡""大武汉"的旅游形象，重视宣传平台的建设；聘请专业广告营销公司对湖北省各地区旅游的联合市场营销计划和活动进行指导，联合组织旅游营销团队，深入客源市场开展联合旅游推介会；把握全国旅交会的机会，加强与全国各旅游企业的联系，提高外联能力。

二、供给优化策略

（一）促进旅游市场主体建设

1. 旅游产业链的培育

旅游产业链是指为满足旅游者的旅游需求形成的不同产业、部门之间的动态链接，是建立在旅游产业内部分工和供需关系基础上的产业生态图谱，其目标是追求经济、社会、生态三者效益的最大化。

根据旅游的六要素——食、住、行、游、购、娱，可将旅游产业横向链条划分为餐饮、饭店、旅行社、景区、交通、旅游商品六大部分，如图7-3所示。

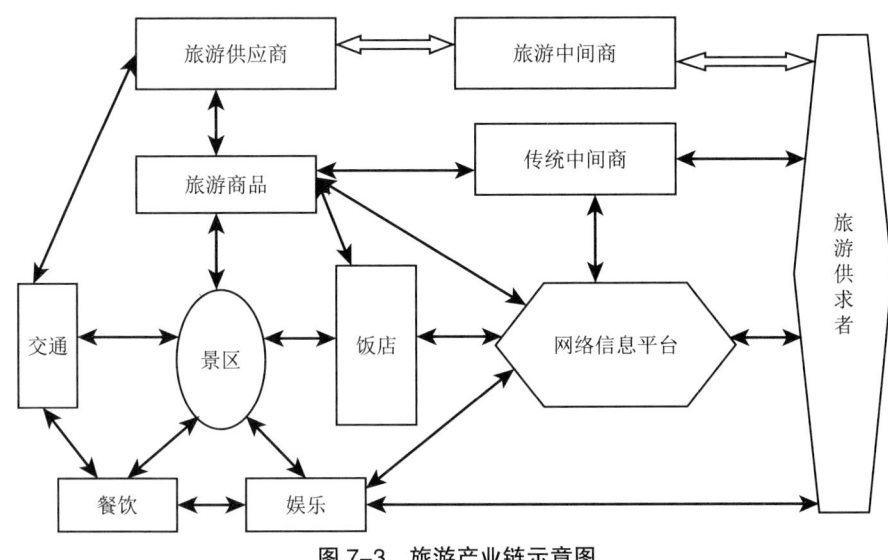

图 7-3　旅游产业链示意图

加强旅游六大要素的协调和配套发展，以适应市场需求，是旅游产业深化发展的基本思路，也是旅游产业结构发展的一般趋势，即旅游产业链一体化。因此，实现湖北省旅游产业链的调整与优化升级，可以从饭店、景区和网络营销三方面着手。

（1）饭店建设

在旅游饭店建设上，要正确处理饭店总量、规模与布局结构之间的关系，调整档次结构，增加有效供给。旅游中心城市侧重调整饭店结构，旅游副中心城市可考虑建设少量小规模别墅型高星级饭店，旅游发展地区要以中、低档经济型饭店为主（三星级以下）。新建旅游饭店的规模、档次与类型要以周密的市场调查为基础，科学的市场预测为依据，精确的投资回收测算为保证，杜绝领导意志、长官意志的决策方式。旅游餐饮行业要树立品牌意识，重视周边环境建设和文化氛围营造，打造餐饮名店；重点开发荆州风味、土家风味、乡村风味等地方特色菜肴和绿色食品，引导城市近郊和景区大力发展以餐饮为主的"农家乐"项目。

（2）景区建设

从政策方面看，景区景点开发建设应以引进国内外资金和旅游业自身进行扩大再生产投入为主。同时，应广开融资渠道，广泛吸纳资金，增强对旅游业发展投入的能力。

一是进一步优化投资政策，推行投资主体多元化，建立政府引导、市场运作投资机制。坚持"谁投资，谁受益"的方针，积极实施"以资源换技术、以产权调换资金、以市场换项目、以存量换增量"的举措，加快资本市场融资步伐。

二是要积极争取将效益好的旅游企业和旅游景点包装上市，发行股票，募集社会资金。

三是要积极争取贷款对旅游业的投入和积极争取国家旅游局对特色景区景点的专项投入。另外，还要积极支持本地大型企业参与旅游开发建设。通过多条渠道筹集更多旅游发展资金，为湖北旅游业的发展提供强有力的财力保障。从景区品牌策略来看，湖北省的旅游资源开发要形成"旅游资源→优势旅游资源→品牌旅游资源"结构特征，推行以市场为导向的"市场—资源—产品—市场"新模式。

（3）旅游网络营销

网络营销，又称在线营销，是指企业为实现营销目标，借助联机网络、电脑通信和数字交换媒体进行的营销活动。旅游散客化趋势在非典后进一步显现，因此发展旅游网络营销势在必行，合理地应用旅游网络营销进行生产创新，增强企业竞争力是旅游发展的必然趋势。湖北省旅游产业现在已进入快速发展阶段，但旅游网络营销还与全国平均水平存在一定差距，应积极参考国际国内先进经验，结合本省实际情况，尽快建立完善的旅游网络营销。

2. 信息时代旅游价值链的构建

一般来说，价值链创新主要体现在以下几个方面：一是整合价值链，剔除价值链中没有增值的环节；二是优化价值链，通过改善技术、管理或资金，使原来的价值链更有效率；三是延伸价值链，通过增加产品或服务的性能或特性，更好地满足需求。基于以上分析，结合价值链的一般模型和价值网的一般模型，对传统价值链进行了重构，形成了信息空间中的新旅游价值链系统，如图7-4所示。

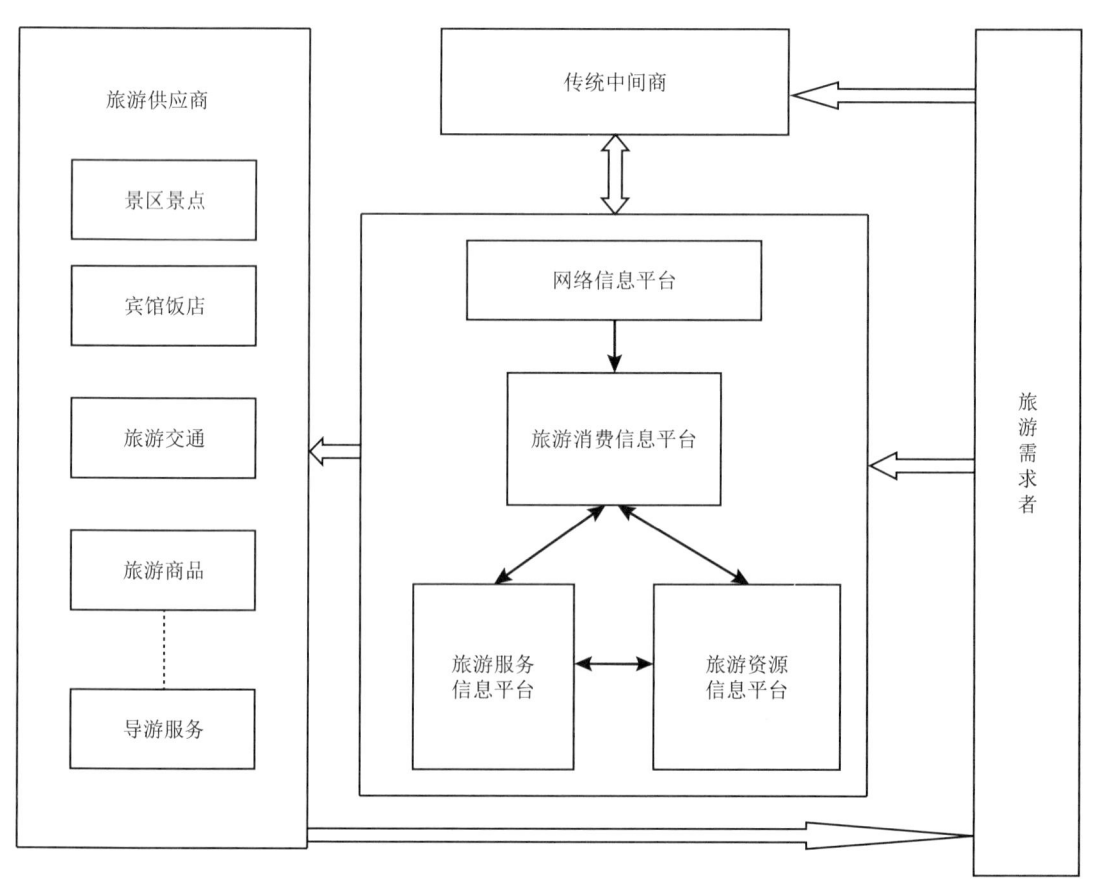

图7-4 信息环境下的旅游价值链

价值链管理强调的是，在企业生产经营过程中，如果管理费用大于交易成本，那么企业应将这一业务单元外包出去，从而缩小企业规模。互联网对旅游业尤其是旅行社业最大的影响——降低了交易费用，这使企业得以集中资源培养自己的核心业务，并将不擅长的职能或业务环节剥离，最终体现为企业趋向小型化和专业化。这与现代旅游业所要求的大协作、大网络并不矛盾。因为在网络环境中，企业间可以灵活地通过虚拟联合，形成以市场机会为基础，以短期项目和目标的实现为终结的虚拟企业（组织）。

随着信息技术的进步，尤其是互联网作为一种生活工具逐渐成为旅游者主流生活方式的趋势下，整个基于传统旅游价值链的消费模式都将逐渐向基于新旅游价值链的消费模式转变。新价值链的构建让我们看到旅游业在互联网上发展的前景，这将有助于作为旅游行业中重要实体的旅行社在两条价值链平行发展的阶段介入互联网时代的战略定位和战术选择。

首先，应该充分认识到互联网的普及将给其生存带来巨大危机，积极应对，加快企业的信息化建设，努力在新的价值链中发挥自己的作用；其次，对于诸多中小型旅行社，在实力单薄、无法承受旅游电子商务巨额投资的情况下，集中培育旅游信息的专业服务实力，向旅游专业咨询网站的方向发展。而居于垄断地位的超大型旅行社，则可以强强联合，尝试建立综合性的旅游产品网络销售平台。导游服务公司也应该意识到互联网带来的巨大商机，利用自己现实世界中的人力资源优势，发展网络导游服务公司。

3. 基于大推动理论的旅游产业化提升

大推动理论是英国著名发展经济学家罗森斯坦·罗丹提出的一种均衡发展理论。大推动就是对国民经济的几个部门同时进行大规模投资，以促进这些部门的平衡发展，从而达到推动经济发展的目的。结合湖北省旅游产业化发展现状，大推动理论对于提升旅游产业化程度具有重要的现实意义。该理论强调投资与增长的部门间的均衡，湖北省旅游产业结构不均衡的问题已成为产业化提升和旅游经济发展的制约因素，为克服需求和供给对旅游经济发展的限制，需要在全省范围内对旅游产业各部门同时进行投资，特别是交通等基础设施部门，以取得旅游"外部经济效果"。

（二）旅游品牌的设计构想

旅游产品结构不是一个静止的结构，而是在不断地运动和变化。随着旅游者需求的发展变化，对产品结构和产品层次提出新的需求。如旅游者由观光旅游需求变为对度假旅游的需求，由对普通交通工具的需求变为对高级交通工具的需求等。因此，为延长现有旅游产品的生命周期，也需要注意对现有旅游产品进行深层次开发，创造新的价值，在满足旅游者需求的同时，保持旅游产品结构的优化（见图7-5）。

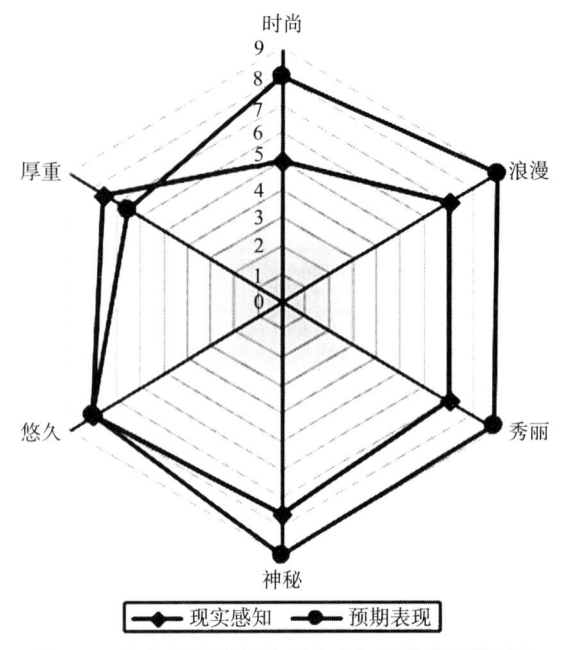

图 7-5 湖北旅游形象的现实感知与游客预期对比

1. 旅游品牌核心理念的提炼

（1）品牌现状与预期的对照

从湖北旅游品牌形象给予旅游者的感知来看（见表 7-1），现实的感知与公众预期的感知两者之间存在较大差距。

表 7-1 旅游者对湖北旅游品牌的现实感知与未来预期比较

旅游品牌属性	现实感知	未来预期
厚重	荆楚之地，历史悠久厚重，但同时也给人沉重压抑和一丝失望（缺少表现形式）	开发能够展示厚重历史的旅游精品项目，历史旅游项目注重少而精，如省博物馆就很好，但此类型不宜过多
神秘	湖北旅游的未解之谜很多，令人向往	少炒作"野人探秘"，多突出探险中的科学精神，出科考旅游精品（恩施地质公园）
秀丽	湖北省旅游资源类型丰富，山川秀丽，但极品展示不够	应全面展示最具湖北特色的代表性的不同类型的秀丽山水，如清江秀丽山水
浪漫	自然环境上千湖之省很灵动浪漫、历史上楚人浪漫，九头鸟兼具南北方人的灵活	做好水文章，做好湖北历史风情与地方民俗的文艺表演，以此推广湖北内在的浪漫精神并吸引旅游者
时尚	感觉湖北发展的时代感不够，缺少时尚感	希望古老的荆楚焕发新的生机，绽放时代光彩，不断推出创新的大型旅游项目

从公众的未来预期看，大多数游客更多地期望湖北旅游在神秘未知、秀丽风景、时尚现代感和荆楚文化的浪漫展示方面有更好表现。

（2）品牌的核心理念与价值

近年来，湖北旅游品牌的推广语"极目楚天舒，浪漫湖北游"传播范围较广，因为借用了伟人毛泽东的诗句"极目楚天舒",故朗朗上口,接受率较高。但就人群反映,总感觉该口号较虚,"极目楚天,浪漫湖北"似乎并无太多具象形式和可延展内涵予以支撑,所以,听过口号之后难以留下深刻的具体印象。其实,湖北旅游品牌的核心理念应回归荆楚文化,并以自然山水(神农架、三峡、江汉平原)与人文精神(楚人彪悍而浪漫、太极武当)为载体,择取具有湖北地方典型图腾意义的符号印象(凤——九头鸟)加以具体展现。

2. 旅游品牌有机体系的构建

(1)品牌个性塑造与品牌联想

地域品牌。

个性湖北旅游品牌应着力塑造两点:一是动感,二是神秘,动感以图腾、飞翔的黄鹤以及千湖之省恣肆荡漾的水之灵动来表现;神秘则通过武当太极神功、存在诸多未解之谜的神农架以及传说中的神鸟九头鸟来引发旅游者无限遐想。

品牌形象联想。

就目前的韩国市场而言,湖北旅游的标志LOGO与该市场的文化需求基本吻合,但还应在湖北旅游形象中进一步突出太极与韩国文化(汉江和太极已经成为韩国文化的一个重要符号)之间的内在一致性。国际观光者比较容易受到山水美感的直观吸引,其审美和品牌联想基于直觉,这样更有利于面向国内和欧美等西方国际市场。

(2)品牌组织构建

母子品牌及品牌谱链。

从目前湖北省旅游的对外推广实践来看,主要突出对神农、荆楚、三国、名人、武当、红色、三峡、土家、山水九大系列旅游产品的推介,其目的是将湖北地域特色文化与旅游景区、产品线路相结合,对旅游文化进行了生动的诠释(见表7-2)。

表7-2 湖北省旅游品牌的谱系结构

湖北旅游品牌	自然旅游品牌	山岳旅游	神农架	华中屋脊、北纬38°的奇迹
			大别山	中国生态旅游的最佳视点(南北地理分界线)
			武当山	太岳武当、太极圣山、道教祖庭
			九宫山	湘鄂赣三省避暑胜地
			巴山	巴山夜雨、巫山云雨、壮美三峡
		水体旅游	长江	
			汉江	汉江文化魅力再发现之旅,汉江文化具有"风尚兼南北,语言杂秦楚"的多元性和包容性
			清江	震撼清江(资源篇)——八大世界级旅游资源品质
				激情清江(人文篇)——五大世界级旅游文化
				物华清江(商品篇)——五大世界级旅游商品体系

续表

湖北旅游品牌	人文旅游品牌	历史旅游	三国	文武赤壁、古隆中、当阳
			荆楚	荆州古城、湖北省博物馆
		人物	名人	神农、屈原、昭君、毕昇
		民俗旅游	清江土家族	巴人发源地、清江源头
			大别山野民俗	南北大别、红色圣地
			大武汉都市风情	汉口风情、武汉江滩
		人工	三峡大坝工程	水电奇迹、人类壮举

相关区域联合。

省内区域方面，以"一江二山"品牌整合宜昌、神农架、武当山（十堰）区域内旅游资源；以"大别山"品牌整合罗田、英山、黄梅区域内旅游资源；以"清江"品牌整合恩施、长阳区域内生态旅游资源与土家风情；通过各自区域内一系列旅游目的地和景区集群对以上品牌加以具体诠释和支撑。

省级区域方面，湖北省在塑造三峡、大别山旅游品牌的过程中，应积极采用"八互模式"与周边接壤省份地域进行联合，并突出湖北省在其中的主导地位和差异化特色。

主题文化联合。

湖北省"三国遗迹文化游"旅游线路已成为最受全国欢迎的20条线路之一。目前，湖北省正在编制"湖北省三国文化旅游总体规划"，在该总体规划中，将以武汉市为三国文化旅游集散中心，开发长江和汉水沿线两条三国文化旅游发展轴，将荆州古城、襄阳古城和鄂州吴王都城作为开发的三大热点，最终形成全面布局。此外，还将开发三国古战场体验游、三国英雄追踪游、三国名人朝拜游等旅游线路，并举办诸葛亮智慧文化艺术节、关公文化旅游节等节庆活动（见表7-3）。

表7-3 湖北省旅游子品牌联合后的可能效应分析

湖北旅游的产品与品牌	旅游品牌所联合的区域	实行品牌联合后的可能效应		
		光环效应（○）	叠加效应（+）	阴影效应（-）
一江二山	三峡、神农架、武当山	-	+++	-
三峡旅游	重庆、宜昌	-	+	-
三国旅游	赤壁、当阳、古隆中、四川	○	+++	-
武当山道教	江西龙虎山、三清山	-	+++	-
大别山	湖北罗田、英山、红安、黄梅，安徽金寨、岳西	○	+++	-
清江民俗风情	恩施、长阳	-	+++	-
武汉都市旅游	8+1城市圈	○○	+++	-
长江旅游	中下游核心旅游城市	○○	+++	-
中部温泉之都	咸宁、应城、英山	○	+++	-

荆楚文化包括物质文化、精神文化、社会制度文化、民俗文化四个层面以及炎帝神农文化、楚国历史文化、秦汉三国文化、清江巴土文化、名山古寺文化、地方戏曲文化、

民间艺术文化、"长江三峡"文化、江城文化、现代革命文化十个方面，但我们在湖北旅游品牌的推广中应有所取舍，择其精华，重点是借用荆楚文化中的象征性、符号性与娱乐性。如楚国服饰的绚丽纹饰、精巧的漆器、展现"楚风韵"的大型编钟乐舞表演，以及江汉平原、神农架、清江土家的民俗风情表演等。

对大别山和三峡旅游，建议在区域和品牌两个方向上交叉联合，在对湖北省旅游相关品牌进行联合的过程中，将会涉及品牌之间的联合效应，即主导旅游品牌与后置旅游品牌可能产生光环效应（○）、叠加效应（＋）和阴影效应（－）三类结果，因此，我们在进行旅游品牌时应加以关注。

品牌的内外差异化。

湖北旅游品牌针对国内外不同客源市场时应进行不必要的差异化，即做到国际市场与国外市场分开推广，针对特定市场展示湖北旅游品牌的不同侧面与差异化卖点。

3. 旅游品牌推广的节点策略

（1）客源地广告推广

从对旅游者决策行为的短期影响效果来看，客源地的媒体广告毫无疑问对旅游者的出游决策具有重要的信息参考价值和直接的行动指导意义。但由于目的地政府对客源地游客消费现状了解的局限性，以往由政府作为广告投放主体在客源地进行广告宣传的做法常常收效并不明显。因此，我们需要转换传统的广告投放主体，即由目的地政府换位为客源地企业，由客源地具有突出实力的旅游企业主导，配合湖北省的旅游推广计划，全面实施湖北省旅游广告在该地的投放，在广告实施后，由湖北省旅游局根据广告补贴政策和旅游推广的实际市场绩效进行激励。采用该策略，其广告效果预计维持效果可达一年左右。

异地广告补贴政策。

可采取绩效返点广告模式。如为打开华东地区市场，可锁定华东地区重点组团社，由其作为推广主体在当地进行具体的广告策划与宣传发布。然后，由湖北省旅游局按该组团社最终引来的游客人数规模进行补贴，在每季度或半年度、整年度累计返点激励。采用此模式进行客源地推广，估计总广告投入开支只相当以前的1/3，但最终的营销效果将大大提升。

本地广告补贴政策。

即采用政企联合广告模式，在具体的投入构成中，政府投入30%，目的地景区企业投入70%，政府补贴的重点主要是湖北省旅游业走出去的形象广告而不是单纯的企业产品销售广告，主要用于湖北省在中央媒体、外地媒体的广告投放以及参加国内与国际旅游交易会。

（2）形象广告与事件营销

中期锁定特定区域，围绕湖北旅游阶段性地推广主题，以广告为先导，以事件营销为重点,步步推进,实现分区突破,预计推广效果可维持三至五年。

广告营销。

应根据湖北省旅游工作的布局确定年度重点,由省旅游局提前发布年度品牌推广政策指南(主题与区域重点),大致的框架内容如表7-4所示。

表7-4 年度湖北省旅游品牌推广政策指南(框架)

品牌推广主题	每年主题的侧重点	1. 自然山水主题 2. 历史人文主题 3. 大事件主题
品牌受众区域	各区域的诉求重点	华北、华中、华南、华东、港澳、海外
推广媒体组合	各类媒体之间的分配	1. 电视(央视、地方) 2. 户外路牌(车站码头、高速) 3. 移动媒体(航班、公交巴士、火车) 4. 纸质媒体(杂志、报纸)
媒体投放时间	时间段、时间频率	1. 时间段选择(年度、季度、一天中) 2. 投放时间频率(重复次数、阶段密集度)
品牌标准化	标准色	黄色(凤)—红色(太极)—蓝色(江湖)
	LOGO	凤舞太极
	在不同媒体的呈现方式	动态(电视)、静态(印刷品)、立体(制作物)

事件营销。

抓住一切具有高度关注价值的重大社会事件(正面事件),如奥运会、世博会、国内外旅游交易会、华中旅游博览会、光谷科技—华中动漫节、名人文化旅游节庆(屈原、毕昇、昭君、木兰等),积极推广湖北旅游品牌,并由此广泛积累湖北旅游品牌的良好社会口碑(表7-5)。

表7-5 湖北省旅游品牌推广关联事件策划内

事件主题选择	1. 双年度主题事件(旅游交易会、旅游博览会) 2. 年度内主题事件(旅游促销会、旅游大篷车)
事件目标受众	1. 全国区域(华北、华中、华南、华东等市场) 2. 特定区域(国内特定市场与国外特定市场)
事件组合方式	1. 计划规定性(国内与国际旅游交易会) 2. 自主策划性(旅游促销会、旅游专题活动)
事件启动时机	1. 计划指令性时间安排(国际、国家的相关节庆) 2. 自主策划性(年度重点、阶段重点、临时机遇)
事件运作方式	1. 参与国内外固定的节庆(规模声势夺人、展示表演方式创新) 2. 自创主题的客源地促销(主题吸引人、宣传声势夺人、互动方式营造现场声势、主题活动传播口碑效应)

（3）整合文化营销传播

远期应以文化传播为核心，工作重点立足于潜移默化之中对受众进行文化感化，预计维持效果在五年以上。

教科书营销。

教科书对一个人的精神成长来说至关重要，它所起到的潜移默化作用不可估量。教科书关于任何一个地方、一个人物、一个事件的精彩描述都可能在读者心目中打上深深的烙印，使读者对某个与之关联的特定地方形成刻板印象或憧憬向往。古语云：读万卷书，行万里路。当遇到某一个合适的机会，昔日的读者完全有可能将从前的教科书作为心灵历程的旅游指南。有鉴于此，湖北省政府应立足长远，积极组织政府公关，影响"全国中小学教材审定委员会"的选题决策，将涉及湖北旅游内容的优秀文学作品纳入中小学教材之中。

影视文化营销。

应当有计划地拍摄一批湖北旅游专题宣传片，创作一批能代表湖北旅游形象的优秀地方歌曲，因为成功的影视作品对塑造地方形象非常重要，例如，当年的电视剧《来来往往》曾经一举炒红了武汉的吉庆街。所以，从长远的口碑积累效应来看，湖北省应设法每两年推出一部能够反映湖北鲜明地方特色的影视作品，如《巴山夜雨》《木兰传奇》《神农氏》《毕昇传奇》《太岳武当》等都是具有鲜明湖北地方风格的优秀创作题材。另外，还可积极与国内著名的影视剧组或经纪人接洽，免费为其提供相关影视拍摄场地，通过银屏展示湖北秀丽风光。另外，还可以借助电影大片的轰动效应，围绕湖北旅游的阶段推广重点，与国内著名院线合作在特定推广区域推出电影片头贴片广告，宣传湖北旅游形象。

4. 旅游品牌推广的实施策略

（1）总体实施原则

总的来讲，就是要提高"三性"（针对性、专业性、有效性），坚持"三化"（市场细分化、渠道体系化、活动区域化）。提高针对性，主要是在目标客源层的设定上、宣传品的制作上、专业展会的组织上、市场开拓的战略战术上，努力突出针对性，而不能以不变应万变；提高专业性，就是要将专业性纳入宣传推广的全过程和各个环节，把专业理念和专业模式作为指导和衡量宣传推广的基本准则；提高有效性，就是要把有效性作为宣传推广工作的最终目标，逐步引入推广活动和宣传品评估机制，不断改进和修正工作方式和方法。

按照提高"三性"的原则，还必须坚持"市场细分化、渠道体系化、活动区域化"的基本要求，并将其贯穿到具体宣传推广工作的始终。坚持市场细分化，就是要将具有不同需求的游客群划分为若干子市场，再围绕确定的目标市场展开宣传促销；制定多元化的特色营销策略，以"一地一策、一品一策"的要求来细分产品、包装产品、细分客源，深度开发不同的客源市场。坚持渠道体系化。要形成宣传推广和企业销售的互动机制，完善体系。坚持活动区域化，就是要以"一地一策、一品一策"为基础，以整体形象为核心，以旅游线、旅游区为重点，远近区分，兵分各路，全面出击。要形成立体化攻势，采取差异化策略，展开针对性推广。我们感到，像武汉"两型"试验区、三峡—神农架、武当山—襄阳三国、咸宁温泉—九宫山—赤壁等区域，都应该具有针对境外或省外市场尝试走"三化"宣传推广之路的条件。

（2）媒体组合推广

集中力量开展主流电视媒体形象广告宣传。

湖北省应继续投入资金，以"游三峡、探神农、登武当、品三国、逛武汉"为主题，在中央电视台一套《晚间新闻》栏目，一套新闻频道《朝闻天下》栏目，四套《海峡两岸》栏目，九套《奥运在北京、旅游在中国》等栏目，播出贯穿全年的主题形象广告。在《请您欣赏》栏目播放湖北省8个旅游景区风光片，共播放2000分钟左右。另外，加强与本地电视台湖北卫视的合作。进一步办好湖北卫视"行游天下"专题栏目，做好重大旅游活动的新闻专题报道，推动湖北省旅游品牌的软性广告宣传（表7-6）。

强化主干道和人口集中区域的户外形象广告。

机场和火车站广告。

目前已经开播北京西站7座、北京站6座、上海站10座、大连站2座，共25座候车室大型电视屏幕广告，每天滚动12次播出以"游三峡、探神农、登武当、品三国、逛武汉"为主题的形象广告片，下一步应按照各旅游目的地的要求安排连续的全年广告投放计划，并在武汉高铁火车站、武昌火车站、汉口火车站和武汉天河机场推出湖北旅游的整体旅游形象广告，给进入湖北的外地旅客以直接的视觉冲击与印象。

表7-6 湖北省旅游品牌推广实施中的媒体组合

传播范围	传播受众区域	传播工具选择与组合
面	全国	1. 电视广告（央视、湖北卫视） 2. 杂志（硬广告+软文） 《湖北旅游》：航班投放、列车投放 《旅伴》：列车投放（面向全国） 3. 事件策划：如奥运火炬传递线路策划（与旅游线路重叠）
	特定区域	1. 电视广告（客源地电视广告） 客源城市电视广告 客源地公交车载移动电视 2. 杂志广告（硬广告+软文） 《湖北旅游》：客源地公共场所定点投放 《旅伴》：列车投放（面向特定区域线路） 3. 报纸广告（由客源地组团社作为主体进行投放） 4. 车站码头户外广告

续表

传播范围	传播受众区域	传播工具选择与组合
线	特定区域（沿线）	1. 电视广告（列车与旅游专线车载电视广告） 2. 杂志广告（硬广告＋软文） 《湖北旅游》：客源地公共场所定点投放 《旅伴》：列车投放（面向特定区域线路） 3. 报纸广告（由客源地组团社作为主体进行投放） 4. 路牌广告（高速公路互通） 5. 定位区域短信广告（对进入湖北的外地游客的短信问候）
点	特定区域（辐射面）	1. 电视广告（列车与旅游专线车载电视广告） 2. 杂志广告（硬广告＋软文） 《湖北旅游》：列车与旅游专线车载投放 《旅伴》：列车投放（面向特定区域线路） 3. 户外广告（高速公路互通路牌） 4. 定位区域短信广告（对进入湖北的外地游客的短信问候）
	特定城市	1. 电视广告（客源城市电视广告） 客源城市公共电视广告 客源城市公交车载移动电视 2. 杂志广告（硬广告＋软文） 《湖北旅游》：客源城市公共场所定点投放 《旅伴》：列车投放（面向特定区域线路） 3. 报纸广告（由客源地组团社作为主体在当地投放） 4. 车站码头户外广告

高速公路形象广告。

必须在全国主要高速公路路段投放形象广告。过去几年间湖北省共在几条高速公路主干道上设置了16座旅游形象广告牌，这对营造湖北省旅游氛围、宣传湖北省旅游品牌起到了推动作用，以后应根据各地旅游部门的意见或建议，继续增设一批旅游形象广告牌。

全面实施平面媒体的形象广告宣传。

在黄金周、长周末、暑期和重要活动期间，利用中国旅游报和省内报纸、电台做好专版专栏宣传。另外，应加强本地优秀旅游报纸和杂志的专版宣传，并深化特别报道活动。

（3）互联网推广

地方旅游门户网站优化。

地方旅游门户网站是网络时代湖北旅游形象推广的重要载体，有鉴于此，有必要对湖北省内目前旅游相关网站的运营推广现状进行全面调查，并针对其中存在的问题给予辅导帮助，适当时由湖北省出资，由省旅游局承办"湖北旅游网站评比活动"，给予优胜者或优秀创意方案提供者奖励，进一步推进湖北旅游网站建设水平的全面提升，营造湖北旅游的美好网络形象。

发起旅游论坛活动。

由政府适当资助，并发动民间力量创建"浪漫荆楚""凤舞太极""水注江汉""老汉口""九头鸟"等系列网上论坛，运用WEB 2.0技术和来自网民的人气在国内外掀起"湖北人侃湖北"的民间热潮，积极传播湖北的正面形象。

（4）旅游专题文艺表演

旅游景区专题文艺表演往往通过高度浓缩的地方文历史再现、形象符号化的视觉冲击，带给前来造访的异地游客前所未有的心灵感受，并在其情感深处留下深刻的文化记忆，同时还吸引了外地游客过夜停留。所以，近年来国内外的一些著名景区都在纷纷推出精心打造的旅游景区专题文艺表演节目。

有鉴于此，我们在进行湖北旅游品牌形象推广的过程中应积极运用这一文化手段，每年可尝试与文化部门联手举办"湖北地方旅游主题文化会演"，有意识地挖掘发现与培育一批有价值的地方旅游文化节目，并将其推向市场。

整合湖北旅游节庆。

长江是湖北旅游的核心生命线，长江串联了湖北旅游最高等级的旅游产品（赤壁、古荆州、三峡、神农架、神农溪）与目的地城市（如武汉、荆州、宜昌）。而湖北、重庆两地都在争夺长江旅游品牌的归属地，谁获得了长江的品牌归属，谁就获得市场的认可，进而就可获得长江三峡旅游的入境口岸目的地的认知。

自1966年开始，重庆已连续举办了十二届"中国重庆三峡国际旅游节"，在国际市场有效树立了重庆与长江三峡之间的品牌关联。目前，湖北省长江沿线城市节庆活动众多，如武汉的国际旅游节和长江国际抢渡赛，宜昌的三峡国际旅游节，秭归的屈原文化旅游节和龙舟赛，巴东的三峡纤夫文化旅游节等。纵观这些节庆活动，大多数是以长江文化为主题。从节庆的举办情况来看，前几届都举办得有声有色，到后来就慢慢淡化了，以至最终偃旗息鼓。湖北如果将这些节会活动进行整合，重点打造中国长江国际文化旅游节这一节庆品牌，将会极大提升湖北长江旅游的知名度和影响力，对长江沿线旅游起到重要的推动作用。节会可采取由国家旅游局和湖北省人民政府举办，每年由长江沿线的重点旅游目的地城市武汉、宜昌轮流主办，长江沿线的其他旅游城市荆州、咸宁等地的其他活动均纳入其中，作为分会场的形式举办，进行统一部署、统一组织、统一宣传。建议尽快将中国长江国际文化旅游节这一品牌注册，每两年一届的华中旅游博览会可作为该旅游节的一项重要主题活动。

三、实例分析

黄梅戏，俗称黄梅调或采茶戏，清乾隆以后发源于鄂、皖、赣三省交界的湖北黄冈市黄梅县多云山，后在安庆地区发扬光大，流传至今有近两百年的历史。黄梅戏具有丰富的艺术表现力，其唱腔优美动听；黄梅戏表演率真质朴、活泼细腻；戏词取材于民间，富有浓郁的生活气息和清新的乡土风味，因而雅俗共赏，感染观众。《天仙配》《女驸马》《牛郎织女》等一批经典剧目享誉海内外，被外国友人誉为"中国的乡村音乐"。但是，随着影视剧等多媒体文化产业的发展和传播，观众对于黄梅戏的需求在减少，黄梅戏文化发展现状不容乐观，即使是黄梅戏之乡，也难见人人争看"黄梅戏"的现象，导致这些问题产生的一个重要原因就是黄梅戏的文化发展缺乏载体。

（一）文化旅游是黄梅戏文化传承与发展的重要途径

基于文化元素的创意和创新，经过高科技和智力的加工出高附加值产品，形成的具有规模化生产和市场潜力的文化旅游产业。它的特征是具有高知识性、高附加值和强融合性，赋予文化旅游产业的个人才智和创意，使文化产业旅游焕发勃勃的生机与活力。从这一角度来看，以智力为资本的文化旅游产业，能在继承基础上不断光大非物质文化遗产，从而使其焕发新的生命活力。一方面体现了产业化运作的持久动力，另一方面有效克服了"资源的有限性"，避免了过度使用资源而带来的破坏性影响。

作为中国五大戏曲剧种之一的黄梅戏，曾经风靡国内外，传唱大江南北，影响深远。然而，同目前大多数的地方戏曲境遇一样，黄梅戏的市场正在大量萎缩，黄梅戏剧团尤其是县级剧团正为生存而苦苦挣扎，需要另寻出路。无论是为了弘扬民族优秀传统文化，还是为了保护黄梅戏非物质文化遗产，加大对黄梅戏文化发展的扶持力度，都具有十分重要的意义。

黄梅戏发展停滞、市场萎缩的原因众多，但黄梅戏市场化不足是其主要因素，这直接制约了其传承与发展。虽然黄梅戏获得了国家非物质文化遗产的精品名片，拥有可观的发展前景，并且大量的资金投入以及政府的保护政策固然能够促进黄梅戏的发展，但想要黄梅戏艺术事业能够获得真正的良性发展，则更需要加强与其他产业，尤其是旅游业的融合，以促进黄梅戏市场化的脚步。通过对黄梅戏进行文化旅游开发，不断扩大黄梅戏的市场影响力，从而更好地传承和发展黄梅戏艺术，同时，还能打造湖北黄梅戏文化特色旅游品牌，带动湖北黄梅戏文化旅游市场的发展。因此，文化旅游是非物质文化遗产保护与传承的重要途径。

（二）黄梅戏文化旅游产业的融合模式

与黄梅戏文化传承与发展的传统模式不同，文化旅游产业的发展使黄梅戏文化传承与发展更具持续性，因此，黄梅戏文化旅游产业的发展模式也就是其保护与传承的模式之一，在市场经济背景下，通过发展壮大黄梅戏文化旅游产业的同时，也自然地完成了对黄梅戏非物质文化遗产的保护与传承。目前，黄梅戏旅游开发形式比较单一。黄梅戏演出机构应加强同旅游市场的长期合作关系，逐步实现黄梅戏真正融入旅游产业，使清新自然又纯朴的黄梅戏，能够洗涤长期生活在都市快餐文化和肤浅浮躁的流行文化中人们的心灵，在愉悦心情的同时也满足了他们求新求异的心理需求。

1.黄梅戏文化与乡村游融合模式

随着经济的快速发展，人们对精神消费的追求提出了更高要求，"返璞归真"成为游客的真正需求。近年来，以农家乐和民俗游为主体的乡村旅游作为一个新的旅游业态应运而生，在各地方兴未艾、蓬勃发展。乡村旅游业必须具有突出的文化特性，提供的是一种精神价值和服务旅游产品，离开了文化的乡村旅游产品必将缺乏生机与活力。黄梅戏源于民间传说和民间生活，被称为"乡野吹来的风"，如《天仙配》《牛郎织女》《夫妻观灯》《打猪草》《打豆腐》等戏曲，乡野气息非常浓厚。通过与乡村旅游融合，这支生长于乡野的奇葩既为黄梅戏的发展提供了一个演出平台的同时，又能够激发灵感，创作出更加优秀的剧目，另外也解决了黄梅戏地方剧团经费不足的问题。

总之，加强黄梅戏文化与乡村旅游的结合是发展与传承黄梅戏的重要途径。目前，湖北黄冈市的乡村旅游规模逐渐扩大，优秀旅游乡镇以及星级农家乐逐年增加，当地政府也出台一些优惠政策，鼓励各地积极发展乡村旅游。借此机会，黄梅戏与黄冈乡村旅游的融合式开发将会打开一个全新市场，不仅丰富与传承黄梅戏文化艺术，同时还促进黄冈市乡村旅游产业的大发展。

2. 黄梅戏文化与休闲度假游融合模式

随着人们生活水平的提高，休闲度假游正日益成为人们旅游消费的宠儿。休闲度假旅游是以游憩、娱乐、度假、休养为形式，重在关注人的内在感受为目的的一种较高层次的旅游活动。黄梅戏与休闲度假旅游的融合：深化了休闲度假区的文化主题，打造了休闲度假旅游产品的特色，同时扩大了黄梅戏的市场影响力。黄梅戏最初是通过"自娱娱人"的形式，丰富了当时人们贫乏的业余文化生活。而现代人们选择休闲度假旅游的主要目的是追求轻松、闲逸。于是，清新、乐趣、如诚实率真的《打猪草》；热爱生活、夫妻和睦的《闹花灯》；机智、幽默的《春香闹学》等剧目，小生、花旦的表演，或狡黠诡诈，或憨态可掬，或口舌无忌或矫情恣意，都体现一种健康、平实、豁达的美学情调，蕴含着对生活的美好判断，引发对现实生活的共鸣，游客在获得审美的快感和满足的同时，在畅快淋漓的笑声中感受着生活的美好。在黄冈市，云丹山、天堂寨、四祖寺、五祖寺等风景区均设有休闲度假区，黄梅戏文化与休闲度假旅游的融合可以与这些休闲度假区为合作对象。

3. 黄梅戏文化与观光游融合模式

领略旅游目的地所特有的风景名胜、人文古迹以及风土人情是游客的主要目的。如果中国五大戏曲剧种之一的黄梅戏能够融入旅游业无疑是观光旅游的特色亮点。黄梅戏中的很多剧目都适合在大自然环境下上演，当在青山绿水的映衬下，黄梅戏更显得优美和清新，游客在观赏大自然优美风光的同时更能实地欣赏清新优美的黄梅戏艺术表演，从而绝妙地实现自然与人文的绝佳结合，从而为旅游景点增添了独一无二的文化艺术风景。在体验消费时代，走马观花式的参观游览并不为游客所喜欢，而是渴望体验差异化的和难忘的、意义不同的独特回忆。黄梅戏不仅可以将舞台扩大到大自然的天地，而且应寻求表演方式上的重大突破。比如，改变传统的演员演唱、观众欣赏的方式，在游客观光游览时与广大的戏迷游客同台演出，互动表演，游客留下的一定是深刻的印象和难忘的回忆。这种融合式开发比会馆茶楼类型的演出更贴近观众，观众也更容易接受黄梅戏。

（三）黄梅戏文化旅游产业开发模式的创新策略

基于上述黄梅戏文化旅游产业的融合模式分析，通过以黄梅戏文化创意为核心进行资源开发，打造黄梅戏文化旅游品牌，融合创新剧本和新技术于文化旅游产业中，进而创新黄梅戏文化旅游产业开发模式。

1. 强化黄梅戏文化创意为核心的开发模式

目前，农家乐、乡村游等旅游产业同质化严重，因此，必须进行产业差异化发展，而文化创意在产业差异化发展中显得尤为重要。黄梅戏文化创意是创作者对黄梅戏文化产品的内容、形式进行想象组合和再造的新颖性文化创造活动。这种文化创意：一方面经过优化配置文化资源形成独特的文化产品，如对黄梅戏文化民间传说、历史故事、民俗风情等进行深度挖掘和整理、集成和艺术再创作，使之成为极具感召力的文化旅游品牌。另一方面赋予文化旅游产品以特有的文化象征或文化符号，如电视剧《黄梅戏宗师传奇》，为邢绣娘影视旅游基地赋予了特有的文化符号，给来基地观光的游客树立最直观和最形象的产品意识和印象。

2. 打造黄梅戏文化旅游品牌的开发模式

在市场日益成熟、竞争愈演愈烈的今天，国内众多同类旅游产品要想在激烈的竞争中胜出，就需要创立自己的品牌。文化旅游品牌的底蕴是文化，要充分挖掘旅游产品背后的文化内涵和意义，满足消费者的心理需要和精神享受，旅游品牌才能得以认可。创建黄梅戏文化旅游品牌的重点是宣传和促销，要针对不同的消费群体，制订相应的促销方案，通过媒体宣传、实际行动以及各种文化节庆等渠道，宣传黄梅戏的艺术形象和旅游产品，逐渐扩大影响，真正让品牌成为黄梅戏文化旅游产业开发的无形资产。近年来，为了传承和保护黄梅戏文化艺术，举办了黄梅戏新剧目展演、黄梅戏艺术研讨会、黄梅戏曲票友大赛、黄梅戏民歌会等丰富多彩的艺术活动以及大别山旅游文化节、经贸项目招商推介等活动，扩大黄梅戏在海内外的影响，打造黄梅戏文化旅游的品牌形象。

3. 融合创新剧本与旅游产业中的开发模式

从一个乡间小剧种成为大家喜闻乐见的五大戏曲之一的黄梅戏，主要原因是优秀的黄梅戏剧目的不断推陈出新。为将黄梅戏文化融入旅游产业，适应游客轻松畅快地欣赏黄梅戏的需要，应大胆创新"小、快、灵"且简单易学的剧本。"小"是指剧本容量小、表演时间短；所谓"快"是指演出节奏快；所谓"灵"是指表演灵活。在这种互动性旅游的欣赏模式下，黄梅戏一些传统表演节目，比如，讨彩头、现编现唱、即兴表演等手段就极大地激发观众热情，活跃现场气氛。相比剧场等常规欣赏模式，互动性旅游的欣赏模式拉近与游客之间的距离，黄梅戏也容易被游客所接受，形成良性互动，从而在轻松愉悦的气氛中达到了宣传黄梅戏、普及黄梅戏的目的。此外，通过创新一些特色黄梅戏剧目，使黄梅戏更进一步贴近旅游产业发展的需求，丰富旅游接待中黄梅戏的表演内容。

4.融合新技术与文化旅游产品的开发模式

信息技术的快速发展,为文化创意与旅游产业价值实现方式互动融合提供了技术可能和受众基础。运用文化创意的思维和技术手段打造旅游产品,是未来黄梅戏文化旅游产业开发的一个重要方向。如为了将静态的旅游资源动态化,借助数字媒体和多维空间技术,配上声色光影,突破了旅游资源的静态与单调,增强了旅游的魅力;通过将现代的文化设计掺入传统的旅游产品中,提升了旅游产品的附加值,引领了文化消费潮流;将黄梅戏影视基地建在旅游景区内,以旅游地为背景题材,邀请优秀导演进行影视、动漫、网络游戏等的制作等。

第四节 科技体系对策

一、增强科技软实力

旅游与文化产业融合发展是以一定科学技术为发展基础和根本路径的,在湖北省旅游与文化产业融合发展中,科学技术起着至关重要的作用。从湖北省两大产业融合发展的环境来看,科技实力增强不仅是融合发展的重要促进因素,而且是充分体现文化旅游产品特色和魅力的必要手段。对于旅游与文化产业融合发展而言,科技实力的增强是实现旅游功能多元化,创新旅游新业态和实现文化旅游产品高附加值的必要条件。

(一)传播创意

海量信息成为新媒体时代的一个显著标志,品牌传播如果缺乏创意,就根本不能被消费者所接触和感知,更不要提更进一步的决策购买。旅游行业其实是品牌创意的绝佳领域,澳大利亚旅游局创意传播"世界上最好的工作"就是很好的例子,它甚至让人没有意识到这是一个品牌广告,旅游局不费吹灰之力就达到轰动全球的传播效果。中国的张家界天门山则是以创意事件博人眼球,飞机穿越天门洞、翼装飞人、玻璃栈桥等,创造了旅游品牌的传播奇迹。

品牌创意的传播实际上是寻求与消费者的文化和情感共鸣,对于旅游目的地而言,需要让旅游者形成对旅游目的地文化的认知,再通过身临其境达成文化和情感认同。新媒体时期的旅游者看重旅游体验,而以文化注入内涵的旅游品牌同样也需要采取文化体验式的旅游方式才能充分彰显其文化价值。因此,我们应当创造一个与以往完全不同的创新旅游体验,并借此引爆全网传播的爆点。

笔者构想的关于荆楚文化旅游品牌传播的创意是文化穿越游的体验方式。可以通过节目当中角色扮演的方式体验相对真实的历史文化和风土人情。从现实角度而言,我们不可能真正穿越时间和空间的限制,现有的旅游景区也不可能原原本本地还原历史风貌,但是科技进步赋予了想象更多可能,具体实现方式要依靠VR和AR的新媒体技术,旅游者通过简单的移动智能终端和穿戴设备来进入虚拟世界,旅游应用VR和AR技术的天然优势在于旅游地可以营造一个相对符合虚拟世界的现实环境，旅游者可以在虚拟世界中拥有第二个身份，但身体却是在实际旅游目的地完成体验。

首先，需要设计一款适配智能终端的应用程序，将十大荆楚文化旅游品牌名片以故事主线的方式植入应用当中，并植入LBS定位技术，根据使用者所处位置自动选择相应的故事主线进入。应用需要寻找专业人士进行研发设计，可参考游戏开发流程，依据不同的故事主线类型设计人物角色，整体风格和形象设计既要突出文化内涵，又要具备视觉吸引力，可以直接请游戏开发团队承包制作，保证开发应用的流畅度和美观度。

这款旅游穿越体验应用对旅游者来说将有至少两种不同的体验方式：一是在旅游行程前，通过VR眼镜进入应用，进行旅游行程的事先体验和准备，足不出户，就可以达到眼见耳闻的效果；二是在旅游行程中，旅游者只需携带最基本的智能终端，比如，手机、LBS定位帮助旅游者自动进入所处目的地相应的故事主线，旅游者可选择身份角色，以故事背景开始行程，在旅游目的地会有类似"签到点"的位置，到达某个位置，即可触发故事情节，配合AR技术，可以在智能终端查看叠加在现实环境上的穿越世界。考虑到VR和AR技术的区别应用以及旅游移动中的安全问题，将二者分别适用于不同的体验场景。

这一创意性的旅游体验方式一旦推出，必然会引起各方面的广泛关注，形成传播爆点，不仅对旅游爱好者来说是一个崭新体验，对于文化爱好者来说更是福音，还会引发他们的自主传播，而其他旅游目的地特别是文化旅游品牌也许会争相模仿，开发属于当地的旅游体验，但核心在于创意，人们会记住第一个，对于我们自己的旅游品牌来说同时收获了知名度和旅游收入。

（二）媒介整合

新媒体环境强调用"内容支配媒介"，品牌创意说到底就是一个想法、一个点，以往媒介资源有限，我们在品牌传播时可能会先考虑媒介选择，然后去适配媒介形式进行表达。如今得益于新媒体的便利，媒介资源俯拾皆是，因此品牌创意诞生后我们再去思考选择何种媒介。前文提到新媒体传播的显著变革是社会化传播，社会化媒体成为一股不容小觑的力量，对于品牌传播而言，则要加大在社会化媒体上的投入。旅游品牌的传播可借助社会化旅游网站和微博微信之类的社交媒体平台。

1. 社会化旅游网站开辟专属板块

在线旅游网站因应社会化传播的影响，逐渐增加社交功能，向旅游网站＋小型社交媒体发展过渡，转变为社会化旅游网站。对于省级旅游品牌来说，旅游品牌和景区的传播推广可以进行集中管理，在线旅游网站依据从国家到省级到市级到景区来分级旅游信息，我们要做的不只是分流基础的旅游信息，而是设计和开辟专属的品牌传播版块，在社会化旅游网站的原有功能基础上定制化这一传播平台。

湖北省旅游发展委员会已经意识到培育社会化旅游网站传播的重要性，在2016年7

月宣布与携程合作，以"知音湖北楚楚动人"进行主题推广活动，开展湖北深度游产品的宣传和线上促销，有"臻品游"万里长江暑期感恩之旅专场，"完美灵秀湖北，完美旅游季"特卖汇抢购专场、"1元抢优惠、玩遍大湖北"门票活动。携程网给了湖北省旅游推广一个优秀的平台，游客可以方便地选购湖北省旅游推广产品，通过专属活动页面，享受定制化服务。

这次主题推广是一次有益尝试，能够向更多旅游者推荐湖北旅游景区和行程，直接实现旅游收入的增长，但与旅游者的日常互动显得不足。品牌传播不仅仅是一时轰动，需要维系细水长流的消费者关系。因此，要让旅游者可以方便快捷地获得旅游品牌的各方面信息，即使在第三方的旅游网站，也能直接与旅游目的地品牌的服务者进行互动，对旅游品牌有全方位深入了解，促成旅游决策。

2. 社会化媒体平台积累社交资产

新浪旅游将品牌在社交媒体上的投入用社交资产的概念来表述，他们对社交资产所做的定义是，社交资产，即为单体或整体微博账号累积影响力的总和。通过某个地域的社交资产解析，可以了解该地域可覆盖的粉丝属性、粉丝兴趣和社交客源等。对于省级的旅游品牌而言，其社交资产应当包括省旅游局账号的社交影响力，市旅游局账号的累积社交影响力，省域内旅游景区账号的社交影响力以及旅游机构人物账号的累积影响力。在评估某个地区或者机构的社交资产时应当综合这些方面共同构成影响力的总和，即是其相应的社交资产。

要建设湖北省省级旅游局官方社交账号，还要提升各县市级旅游局账号，结合荆楚文化旅游品牌名片，打造一批具有影响力的景区账号，通过完善湖北省的旅游社交账号群，未来可能会达成两方面的效果，一方面是通过湖北省旅游社交媒体账号群体传播我们的文化穿越体验游戏创意；另一方面，传播创意一旦成为爆点，湖北省的旅游社交媒体必将持续受到各方面的关注，为湖北省旅游社交资产增值。

（三）执行推广

品牌创意和媒介渠道都得以解决后，还要有优秀的执行推广，新媒体时代的传播，关键在于如何让受众看到并选择你的品牌信息，要强化品牌传播过程当中的每个环节，不放过任何抓住消费者的机会。

二、培养复合型人才

推进湖北省旅游与文化产业深度融合发展，需要既懂文化又懂旅游的复合型人才，这些复合型人才不仅要知道如何通过将旅游服务开发来带动文化产业的发展，还要知道怎样将文化内涵融入旅游开发中，他们是推动湖北省旅游与文化两大产业融合深度发展的核心动力。当前，湖北省人才结构中缺少具有服务和创新精神的旅游和文化专业人才，更不用说是既懂文化又懂旅游的高级复合型人才了。

（一）当前行业（产业）人才培养的概况

要加大企业高级经营管理、旅游行政管理决策、专家型导游和旅游营销策划创新等创新型高层次人才队伍的建设，增强湖北省旅游产业发展的核心竞争力。旅游产业关于旅游人才培养和发展的制度为湖北省旅游人才的供给提供了强大制度保障。

（二）高职院校努力培养创新旅游人才

目前，全国共有57家旅游高等院校、22家旅游中等职业学校。湖北省有28所本科院校、50所职业技术和高中学校开设了旅游专业，居全国第4位、中部六省第1位。同时，湖北也是国内创办会展专业教育较早的省份。全国共有200多所院校开设会展专业，湖北开设与会展业相关专业的大专院校有23所，其中，17所高职高专院校，4所本科院校，2所中专学校。湖北省目前在校会展类专业学生1000人左右。湖北省旅游产业的快速发展，面临的却是教育培训资源的相对匮乏。创新人才培养已成为旅游业发展的瓶颈。目前，本科教育走的是高端路线，专业设置过宽和培养目标过高，导致学生具备理论知识，但缺乏实践操作技能。

（三）社会培训机构的旅游创新人才培养

1. 旅游行政管理创新人才培训现状

（1）旅游业发展高级研讨班

由湖北省旅游局牵头，举办旅游业发展高级研讨班，主要是对部分市州、县市区分管旅游工作的领导、旅游局长进行培训，使旅游行政管理人员了解当今世界旅游业的前沿态势，交流先进旅游地区的成功经验，提升执政能力、创新能力和加快推动旅游发展的能力。

（2）旅游创新专项培训班

由湖北省旅游局牵头，举办旅游专项培训班，主要是对重点旅游企业高级管理人员和旅游行政管理部门进行了创新专项培训。近年来，旅游局组织旅游执法培训班、创建A级景区培训班、新闻业务培训班、旅游应急处理培训班等6项专题培训，共有全省17个市（州）、直管市及林区旅游部门分管领导和相关科室负责人，省旅游强县旅游局分管负责人，五星级饭店、5A级景区、5A旅行社分管负责人以及省旅游局部分机关干部参加了创新专项培训。

2. 旅游创新经营人才培养概况

（1）中高级管理人员培训班

以湖北省旅游培训中心、市州旅游局、旅游院校及旅游科研单位为依托，分批次举办旅行社、旅游饭店、旅游景区中高级管理人员岗位职务培训班，提高中高级管理人员的持证上岗率和旅游企业经营管理水平。湖北省饭店经理岗位职务培训班、湖北省旅行社经理职务培训班、中高级导游人员培训班等，为湖北省旅游行业输送了大量中高级管理人员。

（2）创新紧缺人才和新型人才培养

由湖北省旅游局牵头，以专题培训的形式，邀请专家和业内人士加强对旅游营销、电子商务、产品开发、节事活动策划等紧缺人才的培养；加强会展旅游、红色旅游、乡村旅游等新兴领域旅游人才的教育培训工作。近年来，湖北省委组织部、省旅游局组织鄂西旅游圈五个市（州）120多名县、乡基层领导干部参加了全省生态文化旅游建设培训班，强化了旅游行业从业人员的生态保护意识。

3. 创新旅游一线从业人员培养情况

（1）旅游职业技能鉴定

在湖北省饭店中全面开展职业技能鉴定工作，全省参加鉴定员工共6402名，合格率为60%，湖北省被确定为旅游职业技能鉴定试点省份。

（2）全省导游大赛

每年举办全省导游大赛活动，培养和选拔一批有较高服务水准、过硬业务知识、良好职业道德的优秀导游人员。2012年第二届全国导游大赛，湖北省取得了与东道主广东获奖总数并列全国第一的历史最好成绩，共获奖项5个。

（3）导游和领队人员培训

主要是以导游年审、导游等级考试、领队考试为抓手，加大导游、领队人员培训力度，提高湖北导游队伍的整体素质。目前，湖北已经多次成功举办导游资格考试，导游人数新增4100多。旅游产业竞争最终表现是旅游创新型人才的竞争。面对旅游产业的新业态，湖北旅游业更需要有前瞻性的思考，以推动旅游创新人才的储备、培养和吸纳机制的形成。只有这样，才能从根本上解决旅游创新人才短缺的问题，使未来旅游经济在湖北地区经济总量中占有较大份额。

三、AR虚拟数字化产品设计案例

AR虚拟数字化与旅游文化在应用和产品设计上的结合，是作为一种新的交互媒介和设计载体进行数字化创意的设计运用。AR虚拟数字化技术又被称为增强现实技术，是运用虚拟数字三维成像与现实场景无缝叠加的技术处理方式，将虚拟场景融入现实场景中，运用交互行为方式、AI人工智能识别技术、大数据及移动物联技术开发的新颖的交互产品和数字体验产品。AR数字化技术在湖北特色旅游文化传播以及旅游文创产品设计上都有着具体的体现和运用，使之在文化传播上更具有互动性。

（一）湖北特色旅游文化及现状

湖北特色旅游文化较多，其中包含以武汉为中心的楚文化特色旅游文化、以武当山为中心的道教特色文化、以宜昌三峡为中心的三峡文化和以恩施为中心的土家族土司特色文化等。湖北特色旅游文化的区域和范围非常广泛，案例主要以湖北特色旅游文化中的典型代表和旅游场馆作为切入点进行深入讨论及研究。

湖北目前在各旅游场馆及景点都采取了分流及限制入场人数等措施，但在很多旅游场馆及景点仍然出现人群过度聚集的情况，一些场馆还是不能很好地进行旅游文化及工艺藏品的展示，特别是大型博物馆、美术馆等公益性文化性场馆都有类似问题。另外，对馆藏品的了解其实也是湖北旅游文化的重要体现，但游客在观展的时候缺少自主了解和互动了解的途径，使观展所获得的体验感和满意度不高，这也是目前湖北各大旅游场馆中出现的突出问题。而 AR 虚拟技术及 5G 互联网的普及给湖北旅游特色文化的传播及工艺美术馆藏品的展示提供了新的思路和途径，给旅游的受众群体带来了新的文化体验和互动方式。

（二）AR 增强现实技术

AR 增强现实技术是属于虚拟现实技术中的一种，其是一种将现实世界信息和虚拟世界信息"无缝"集成的新技术，这种技术的目标就是在屏幕上把虚拟世界套在现实世界并进行互动。AR 增强现实技术的交互实现需要三维图像技术、大数据、云计算、物联网、人工智能技术等的支持与配套构成，基于融合媒体的设计方式进行使用和交互。AR 增强现实技术包含三个特征：交互性体现、沉浸性、多维感知性。

1. 交互性体现

在用户可以使用移动设备和环境中的真实场景进行互动感应，极大提高了用户与现实场景的融合度，用户可以获得和真实世界同样的感知，对现实中的藏品可以进行类似旋转、点击、选择等交互操作，对旅游文化及工艺美术馆藏品有着极大的展示及互动体验功能。

2. 沉浸性

沉浸性是增强现实技术的另一个特点，体现的是一种混合真实世界与虚拟世界的方式，在真实与虚拟中让受众介入交互环境中，具有一定的沉浸性体验。AR 技术整合了多项现代科技，对于一些现实生活中很难进入的环境或场景可以通过 AR 技术来实现，可以与场景中的实物进行叠加形成新的场景，而这种沉浸式的体验也与真实环境一样，贯穿真实与虚拟场景。而使用者在这种沉浸式体验中可以获得常规视觉难以达到的效果和感知，这也是 AR 增强现实技术的优势之一。

3. 多维感知性

通常所说的多维感知一定是多个维度的，比如，视觉、听觉、触觉、嗅觉、味觉等。在增强现实技术创设的环境中，人们的感知维度不是单一的，而是多种感知的组合，在使用时除了视觉，还可以进行听觉、触觉等的感知，这种技术提高了用户在进行交互体验时的兴趣和参与性，可以提高感知的效率和深度。

（三）AR 技术在湖北特色旅游文化展示及工艺美术馆藏品观展中的运用

湖北特色旅游文化及工艺美术馆藏品很多，但由于展示空间的限制及馆藏品的限制性展览，都对湖北特色旅游文化的展示及工艺美术馆藏品的观展有一定的限制。如何更好地展示湖北特色旅游文化及工艺美术馆藏品，在观展规模限制的情况下更好地进行观展和传播文化，这是AR增强现实技术发挥其功用的具体体现。我们可以将特色文化及工艺美术馆藏品运用虚拟技术和现实三维图像的叠加技术进行互动设计，在大数据和5G网络系统的支持下，通过移动设备实现展品的360°查看、放大细节、展品特色介绍等多种功能。

（四）AR虚拟数字化设计及运用

AR增强现实技术可以运用的领域非常广泛，除了可以运用在旅游文化领域，还可以运用在旅游文化创意产品设计、文物数字展示及修复、工艺美术藏品的数字化展示等方面。这种先进的数字虚拟技术可以给湖北特色旅游文化的发展带来一些新变化，同时也可以给游客提供即时性较强、新鲜有趣的互动体验，从而让湖北特色旅游文化拥有更大的魅力。

1. AR数字化特色旅游文化创意产品设计

目前，旅游景点的文化创意产品已经成了一种潮流和时尚，湖北特色旅游文化中的博物馆文化、楚文化、非物质文化遗产等都成了文化创意产品设计的焦点，但如何使众多文创产品能够吸引消费者，除了常规的视觉传达设计的视觉感知设计外，应该可以尝试多维度文创设计思路。例如，在湖北省博物馆的楚文化展示中，结合随县"曾侯乙墓"的历史进行明信片、书签、鼠标垫、钥匙扣等文创产品设计时，除了在应用载体上丝印图形图像外，还可以运用AR三维成像技术将图形转换为立体动态图像，使用手机或者平板电脑等移动设备可以进行三维图像的转换并同时输出声音。同时，可以对其进行全方位的旋转查看并伴有讲解，从而让消费者全面了解"曾侯乙墓"的历史和文化。另外，在文创产品中借助AR增强现实技术来实现产品的交互化和游戏化。在文创产品中，可以通过三维成像技术和动画技术的相互组合，消费者在获得虚拟图像的同时，也有动画场景融入增强现实的场景中，产生一种新的展示和互动效果，从而激发游客的购买兴趣，增强他们的互动体验感。

2. AR虚拟文物展示设计

在湖北特色旅游文化场馆的文物展示活动中，一些游客走马观花，对文化了解甚少，有些甚至都不知道此文物的来龙去脉。这种情况的出现主要是由于馆藏品的展示方式和解读方式还有待完善。如果借用AR虚拟文物展示设计的方式就可以很好地解决以上在展览过程中遇到的问题。具体以湖北省博物馆馆藏文物"越王勾践剑"为例，在进行此文物的展示时可以在展馆醒目位置放置二维码，游客扫码识别后将在其移动设备上呈现出"越王勾践剑"的全部三维图像及文物讲解，并可以进行交互，如点击某个局部将放大并进行讲解，真正做到历史特色文化的传播。如果有什么疑问，可以运用AI人工智能的嵌入进行即时的答疑，从而给游客带来更好的互动效果和传播导向。

3. AR数字化在工艺美术藏品修复中的运用

利用AR数字化技术手段可以将在挖掘、运输、馆藏中遗失、损坏的陶器、青铜器、瓷器、玉器、珐琅器等工艺美术藏品进行修复。

一方面，通过对器物三维位置信息和朝向数据的应用获取物体的坐标信息，对文物的外形及断裂缺失的残口、纹理等进行数字修复；另一方面，通过AR数字成像处理技术，将视觉效果与馆藏实物图像重建，针对出土后长时间氧化造成的色彩脱落等问题，可以进行数字图像的上色与增釉，并对容器进行适当的数字艺术加工，从而给游客带来更好的三维视觉体验。通过AR增强现实技术，将工艺美术藏品以虚拟与现实相结合的方式展现出来，使游客在参观博物馆之类的公共空间时，可以通过手机及其他设备了解器物原本的状态及文化背景等内容，为大家节省了成本，从而实现了AR数字化工艺美术藏品修复设计。

AR增强现实技术运用，它的优势对实物进行实时的现场再现，不仅可以让游客感受工艺美术藏品的历史年代感，还可以感受当时的文化艺术氛围。它是在虚实结合的情景中再现工艺美术藏品，不仅可以在原有实物上复原文物，而且操作简单便捷，通过游客的参与定位系统，从而给游客带来不一样的虚拟视觉体验。通过使用平板电脑、手机等可移动设备，充分运用移动终端手持式的成像交互系统，利用其摄像头扫描功能和无线网络对工艺美术藏品进行信息识别，最后将三维仿真的工艺美术藏品及场景进行实时在线匹配，并传送至移动终端上，从而进行实景与工艺美术藏品的无缝结合，可以极大地增强工艺美术藏品的展示效果和文化传播效果。

4. AR数字化在旅游场馆中的运用

旅游场馆在整个湖北特色旅游文化中占有十分重要的地位，如湖北省博物馆、武汉市博物馆、湖北省美术馆、首义纪念馆、武汉市科技馆、长江文明馆等场馆，在传播湖北特色旅游文化中发挥了重要的作用。AR数字化与旅游场馆地结合在增强场馆功能性和互动性上有着重要的意义和作用。

首先，运用AR三维成像叠加技术和移动定位系统的结合，对湖北特色旅游场馆的导向识别系统进行数字化运用，形成数字化、网络化的导向识别系统，让游客在场馆内外都有方向指引。具体可以使用平板电脑、手机等可移动设备，利用增强现实APP来实现嵌入效果，也可以将AR数字化效果呈现方式嵌入微信小程序，通过移动端的摄像头扫描与现实场景进行层叠无缝对接，完成对现实场景的识别并提供方向指引图标和语音提示。

其次，在场馆内部的相关文物挖掘现场模型上，可以进行AR数字化图像匹配，使游客在观察挖掘现场的同时，实时进入AR增强现实的环境中，可以看到挖掘现场的不同功能与作用，并对此场景进行讲解；再嵌入互动场景中，实现在动态影像中进入当时挖掘现场的场景，领略当时挖掘的惊心动魄和紧张氛围。

参考文献

[1] 刘霞. 基于路径依赖的河南农业与旅游业融合发展研究[J]. 中国农业资源与区划, 2016, 37（3）: 233-236.

[2] 王中雨. 休闲农业中旅游业与农业耦合发展研究——以河南省为例[J]. 中国农业资源与区划, 2017, 38（4）: 232-236.

[3] 毛琦红. 乡村振兴背景下浙江食用菌产业现状及发展策略研究[J]. 中国食用菌, 2019, 38（10）: 67-69.

[4] 李进军, 陈云川. 现代旅游农业产业融合发展业态及问题分析[J]. 商业经济研究, 2017（15）: 167-169.

[5] 黄芳. 河南省农业与旅游业协调发展研究[J]. 中国农业资源与区划, 2019, 40（11）: 274-281.

[6] 杜德轩, 刘大坤. 对房县开发开放旅游资源的思考[J]. 湖北社会科学, 1998（4）: 2.

[7] 南曙光, 郝丹璞. 湖北房县旅游资源开发研究[J]. 十堰职业技术学院学报, 2013, 26（3）: 52-54.

[8] 林华. 国家级贫困县发展旅游扶贫的思考——房县为例[J]. 中国发展, 2015, 15（3）: 50-59.

[9] 焦彬, 王伟, 秦干. 基于生态、文化与产业和谐共生的欠发达城市空间发展战略研究——以湖北省房县为例[J]. 建设科技, 2016（24）: 56-57.

[10] 郭兴华, 阮英东. 房县茶产业现状与发展对策[J]. 中国茶叶, 2009, 31（12）: 38-39.

[11] 洪运兵, 邹清德, 程时广, 杨建辉. 房县山羊产业发展现状与对策[J]. 中国畜牧兽医文摘, 2012, 28（6）: 27-28.

[12] 李支立, 鞠海涛. 湖北房县"擦亮"食用菌产业名片[J]. 中国国情国力, 2018（11）: 73-74.

[13] 戴明合. 房县农产品电子商务发展现状及对策建议[J]. 基层农技推广, 2019, 7（7）: 74-76.

[14] 段兆瑞, 江凤香. 依托农业资源发展乡村旅游的思路[J]. 乡村科技, 2019（20）: 2.

[15] 农业部关于推进农业供给侧结构性改革的实施意见[J]. 理论参考, 2017（2）: 4-11.

[16] 朱为斌. 产业价值链提升视角下的农旅融合路径与模式研究[D]. 金华: 浙江师范大学, 2016.

[17] 谭明交. 农村一二三产业融合发展：理论与实证研究 [D]. 武汉：华中农业大学，2016.

[18] 王玉婷. 苏州市农旅融合演进研究 [D]. 苏州：苏州科技大学，2016.

[19] 梁伟军. 农业与相关产业融合发展研究 [D]. 武汉：华中农业大学，2010.

[20] 赵航. 休闲农业发展的理论与实践 [D]. 福州：福建师范大学，2012.

[21] 王南南. 我国农村一二三产业融合发展问题研究 [D]. 长春：东北师范大学，2018.

[22] 岳凤霞. 农旅融合视角下宜宾县冠英现代农业产业园旅游发展研究 [D]. 成都：成都理工大学，2017.

[23] 张孟梦. 乡村振兴背景下河南省农业与旅游业耦合协调发展研究 [D]. 郑州:河南大学，2019.

[24] 刘祥恒. 旅游产业融合机制与融合度研究 [D]. 昆明：云南大学，2016.

[25] 张新文，张国磊. 社会主要矛盾转化、乡村治理转型与乡村振兴 [J]. 西北农林科技大学学报：社会科学版，2018，18（3）：63-71.

[26] 张海鹏，郜亮亮，闫坤. 乡村振兴战略思想的理论渊源、主要创新和实现路径 [J]. 中国农村经济，2018（11）：2-16.

[27] 刘彦随，周扬，李玉恒. 中国乡村地域系统与乡村振兴战略 [J]. 地理学报，2019，74（12）：2511-2528.

[28] 何仁伟. 城乡融合与乡村振兴：理论探讨、机理阐释与实现路径 [J]. 地理研究，2018，37（11）：2127-2140.

[29] 陈龙. 新时代中国特色乡村振兴战略探究 [J]. 西北农林科技大学学报：社会科学版，2018，18（3）：55-62.

[30] 张志胜. 多元共治：乡村振兴战略视域下的农村生态环境治理创新模式 [J]. 重庆大学学报：社会科学版，2020，26（1）：201-210.

[31] 孔祥利，夏金梅. 乡村振兴战略与农村三产融合发展的价值逻辑关联及协同路径选择 [J]. 西北大学学报：哲学社会科学版，2019，49（2）：10-18.

[32] 陈锡文. 实施乡村振兴战略，推进农业农村现代化 [J]. 中国农业大学学报：社会科学版，2018，35（1）：5-12.

[33] 霍军亮，吴春梅. 乡村振兴战略下农村基层党组织建设的理与路 [J]. 西北农林科技大学学报：社会科学版，2019，19（1）：69-77.

[34] 高强. 脱贫攻坚与乡村振兴有机衔接的逻辑关系及政策安排 [J]. 南京农业大学学报：社会科学版，2019，19（5）：15-23.

[35] 张义丰，刘春腊，谭杰，等. 新时期中国茶旅一体化发展及前景分析 [J]. 资源科学，2010，32（1）：79-87.

[36] 黄海燕，曲志宝，姜华. 产茶区乡村旅游精准扶贫绩效评价研究 [J]. 福建茶叶，2018，

40（6）：128.

[37] 庞娇，魏来.特色农业与旅游业耦合协调发展的动力机制与路径：以中国18个产茶省份为例[J].世界农业，2018（11）：246-253.

[38] 姜含春，赵红鹰，葛伟.中国茶产业现状及发展趋势分析[J].中国农业资源与区划，2009，30（3）：23-28.

[39] 林婷.乡村振兴战略下福建茶产业的综合生态发展研究[J].福建茶叶，2018，40（10）：81.

[40] 陶佳琦.茶旅产业融合视角下乡村生态旅游开发策略探究[J].福建茶叶，2018，40（7）：133.

[41] 郭磊，李田玲，南瑞江，等.产业融合背景下十堰市茶文化旅游开发研究[J].湖北文理学院学报，2018，39（11）：25-29.

[42] 董菁，毛艳飞，张良.乡村振兴战略视角下乡村旅游产业的优化升级研究[J].农业经济，2018（9）：50-52.

[43] 袁正新，袁健子，张彩迪.张家界旅游管理体制创新的路径分析[J].旅游纵览（下半月），2017（11）.

[44] 吕砚.关于旅游管理体制改革的问题探析[J].现代商业，2016（16）：30-31.

[45] 周天宇.从旅游业发展趋势谈我国旅游管理体制改革[J].品牌（下半月），2015（8）：244-246.

[46] 周运瑜.张家界旅游综合改革试点城市评价体系构建与建设成果评估[D].昆明：云南大学，2015.

[47] 周启彬.丽江市旅游管理体制创新研究[D].昆明：云南大学，2014.

[48] 周琳.中国旅游业的制度创新研究[D].长春：吉林大学，2014.

[49] 李强.基于"三位一体"模式的珠海旅游管理体制研究[D].兰州：兰州大学，2013.

[50] 宋瑞.旅游行政管理体制改革的背景与重点[J].旅游学刊，2014（9）.

[51] 朱晓辉，符继红.现代治理体系下旅游管理体制改革的创新研究[J].管理世界，2015（3）.

[52] 闫雅萍.西安古都文化旅游管理体制问题研究[D].西安：长安大学，2008.

[53] 日照市改革创新旅游管理体制机制[J].机构与行政，2016（12）：44-46.

[54] 荣荣，曲凌雁，玛雅方.从旅游业发展趋势谈我国旅游管理体制改革[J].绿色科技，2013（8）.

[55] 吴杰.论我国旅游行业管理中的政府行为与旅游管理体制[J].中国管理信息化，2017，20（13）.

[56] 牟沛然，付冰.旅游管理体制改革的探索[J].品牌（下半月），2015（11）：214-215.

[57] 申敏暄.谈我国旅游管理体制的发展与改革[J].旅游纵览（下半月），2016（6）：26.